Literaturwissenschaft im Grundstudium · 2

Literaturwissenschaft im Grundstudium

herausgegeben von
Werner Faulstich
und
Hans-Werner Ludwig

Band 2 · 1980

Elke Platz-Waury

Drama und Theater

Eine Einführung

 Gunter Narr Verlag Tübingen

CIP-Kurztitelaufnahme der Deutschen Bibliothek

Platz-Waury, Elke:
Drama und Theater: e. Einf. / Elke Platz-Waury. — 2., durchges. Aufl. —
Tübingen: Narr, 1980.
(Literaturwissenschaft im Grundstudium; Bd. 2)
ISBN 3 - 87808 - 922 - 8

2., durchgesehene Auflage

© 1980 · Gunter Narr Verlag Tübingen
Druck: Müller + Bass, Tübingen
Printed in Germany
ISBN 3 - 87808 - 922 - 8

Inhaltsverzeichnis

Vorbemerkung

(Anleitung zum Gebrauch)

Die Zahl der Bücher über das Drama ist inzwischen unüberschaubar geworden und wächst von Monat zu Monat. Die Schwierigkeit des Überblicks und die entmutigende Konfrontation mit der Fülle von einschlägiger Literatur läßt es daher geboten erscheinen, das Bestehende zu sichten und zusammenzustellen. Hier liegt das Ziel dieses Buches. Es versucht, dem Studenten im Grundstudium zu helfen, sich in das Gebiet einzuarbeiten.

Diese Einführung in die Analyse von Drama und Theater zerfällt in zwei Blöcke. Block 1 umfaßt die Problemfelder 1 - 5 und beschäftigt sich mit den Bauelementen des Dramas. Block 2 (Problemfelder 6 - 9) versucht, einige nach Meinung der Verf. wichtige Gattungen des Dramas vorzustellen — zwei aus dem Bereich der langen Tradition seit der Antike (Tragödie und Komödie) sowie zwei für die Entwicklung des Dramas im 20. Jahrhundert einflußreiche Formen. Die jedem Problemfeld vorangestellten Lernziele möchten den Überblick über das jeweils Folgende erleichtern und den Leser zur Aktivität ermutigen. Der abschließende Test hat das Ziel, Gelesenes zu überprüfen und die Fähigkeit zu schärfen, die Informationen des Buches auf ein konkretes Drama anzuwenden. Vom Druckbild her wird dem Leser die Beschäftigung mit den Inhalten so weit wie möglich erleichtert. Wichtige Fachterminologie ist in Großbuchstaben gesetzt, halbfett Gedrucktes setzt Akzente und die Kursivschrift schließlich kennzeichnet Titel sowie Begriffe aus anderen Sprachen. Gerade die solchermaßen hervorgehobenen Wörter erleichtern auch die Rekapitulation des Gelesenen und die Orientierung.

Natürlich ist die Verf. in ihrer Subjektivität befangen. Die Akzentsetzungen spiegeln ihre Erfahrungen mit Studenten im Unterricht wider. Die genannten Beispiele und Dramatiker dienen lediglich der Illustration, ohne den Anspruch einer vollständigen Interpretation bzw. erschöpfenden Darstellung erheben zu wollen.

Mein Dank gebührt vielen, allen voran meinem Mann und meiner Mutter. Ohne deren tatkräftige Hilfe wäre das Buch in der zur Verfügung stehenden Zeit nicht fertig geworden. Frau Ilse Marks hat mit bewundernswerter Geduld das Manuskript hergestellt, und Werner Bißbort sowie Peter Witt halfen bei der Erstellung des Registers und noch mehr. Danken möchte ich auch Herrn Professor Hermann Fischer und Herrn Dr. Klaus Pierwoß vom Nationaltheater Mannheim für die wertvollen Ratschläge und Herrn Klaus Grögerchen für die Entwürfe der Zeichnungen.

Mannheim, November 1977

Elke Platz-Waury

PROBLEMFELD 1: Der mediale Ort des Dramas

1.0 Groblernziele

Folgende Groblernziele sind nach der Erarbeitung dieses Problemfeldes zu erreichen. Der Leser soll

- die vielfältigen Beziehungen von Drama und Theater nennen
- den Einfluß der Bühnenverhältnisse auf die Dramenkonzeption am Beispiel erläutern
- die technischen Realisierungsmöglichkeiten zur Gestaltung des Spielorts beschreiben
- die für eine Theateraufführung konstitutiven Merkmale des dramatischen Textes erkennen
- den Begriff 'szenischer Text' umreißen
- einige Wesensmerkmale des Dramas im Unterschied zu Roman oder lyrischem Gedicht erfassen

1.1 Das Drama als Theaterstück

TEXT 1

Drama is the literary form designed for the theater, where actors take the roles of the characters, perform the indicated action, and utter the written dialogue.[1]

Drama: die dichterische Verdeutlichung eines Geschehens durch *Rollenträger*. Im Unterschied zu Epik und Lyrik wird Drama umgesetzt in die Wirklichkeit der Bühne, muß sich also mit *Theatralischem* verschmelzen. Zum Drama gehört neben dem Wort notwendig das *Mimische*.[2]

Aus den hier zitierten Definitionen zweier gängiger Handbücher zur Literatur geht eindeutig hervor, daß das Drama sich im Unterschied zu anderen literarischen Gattungen (wie etwa dem Roman oder dem lyrischen Gedicht) nicht allein im geschriebenen Text, sondern in der Aufführung im Theater

------

[1] M. H. Abrams. *A Glossary of Literary Terms*. New York, [3]1970, 43.

[2] Ivo Braak. *Poetik in Stichworten*. Kiel, 1969, 117.

verwirklicht. Die enge Beziehung von dramatischem Text und Theateraufführung ist unumstritten,[3] und deshalb sollten die Möglichkeiten und Probleme der Bühnenrealisierung so gut es geht mitreflektiert werden. In seinem
Buch *Semiotik der Literatur* benennt Götz Wienold den Gegenstand der
Dramenanalyse eindeutig:

TEXT 2

> Natürlich fragt man sogleich, was denn eigentlich hier zu analysie-
> ren sei, ob der geschrieben oder gedruckt vorliegende Text eines
> Dramas oder das in einer Aufführung präsentierte Gesamt von Spra-
> che, Körper und Gestik und visuellen Erscheinungen anderer Art
> auf der Bühne, die als Szenarium oder Bühnenbild oder dergleichen
> bezeichnet werden. Eine Lektüre von dramatischen Texten verfährt
> ja ebenfalls weitgehend so, daß sie das, was sprachlich manifestiert
> ist, durch das ergänzt, was im sprachlich Manifestierten impliziert
> ist. Diese Supplementation durch nichtverbale Handlung, die auch
> für die Lektüre eines dramatischen Textes zu seinem Verständnis
> angesetzt werden muß und oft in speziellen Teiltexten, z.B. in Re-
> gieanweisungen angedeutet ist, spricht dafür, als zu Analysierendes
> nicht den bloß sprachlich manifestierten Text anzusetzen, sondern
> zumindest das vom sprachlichen Text Implizierte immer mit zu be-
> rücksichtigen. Es wird aber günstiger sein, dasjenige zu analysieren,
> was bei einer Aufführung eines dramatischen Textes erscheint, und
> dann die Lektüre eines dramatischen Textes als eine reduzierte
> Form einer solchen Rezeption eines dramatischen Textes bei einer
> Aufführung zu beschreiben. Die Ergänzungen, die der Leser dann
> vornimmt, und die jeweiligen individuellen Variationen nach Text
> und Rezipient und Umständen werden dann über spezielle Pro-
> bleme, die sich bei einer solchen Reduktion für unterschiedliche
> Variablen stellen, beschreibbar.[4]

Im Falle des Dramas sehen wir uns also einer besonderen Situation gegenüber. Die Analyse muß zwei ganz unterschiedliche Gegebenheiten berück-

---

[3] Vgl. etwa Gero von Wilpert. *Sachwörterbuch der Literatur.* Stuttgart, [2]1959, 119;
Joseph T. Shipley. *Dictionary of World Literature.* Totowa, rev. Ausg., 1968, 105;
Robert Petsch. *Wesen und Form des Dramas. Allgemeine Dramaturgie.* Halle, 1945,4.

[4] *Semiotik der Literatur.* Frankfurt/Main, 1972, 123 f.

sichtigen: einerseits den in schriftlicher Form vorliegenden Text (das DRA-MA) als Gegenstand literarischer Betrachtung, andererseits die Bühnenrea-lisierung dieses Textes (das THEATERSTÜCK). Es hat sich eingebürgert, daß die Literaturwissenschaft das Drama als gedruckten Text mit seinem biographischen, sozio-kulturellen und gattungstheoretischen Kontext als Forschungsobjekt betrachtet, während für die Theaterwissenschaft die Auf-führung der zentrale Gegenstand der Analyse ist.[5] Ob diese Aufspaltung in zwei getrennte Disziplinen dem Gegenstand jedoch gerecht wird, ist fraglich. Denn die Tatsache, daß ein Drama meist im Hinblick auf eine Aufführung konzipiert ist, wirkt sich in mancherlei Hinsicht aus: Figurendarstellung, Handlungs- und sprachliche Gestaltung werden dadurch beeinflußt. Das Vor-handensein von impliziten wie expliziten Inszenierungshinweisen im vom Autor schriftlich fixierten Text deutet ebenfalls darauf hin. Ganz abgesehen von dieser prinzipiellen Ausrichtung des Dramas auf die Bühnenrealisierung ist natürlich auch der Umfang eines Stückes von den Möglichkeiten der Theateraufführung mitbestimmt.

Obwohl Dramen in der Regel für eine Verwirklichung auf der Bühne gedacht sind, gab es immer wieder Perioden, in denen sie als Lesestücke aufgefaßt wurden. Z. B. betrachtete man die lateinischen Komödien von Plautus und Terenz oder Senecas Tragödien lange Zeit als BUCHDRAMEN.

Was die Beziehung zwischen Dramentext und Theateraufführung angeht, so sind mehrere Positionen denkbar:

Die Eigenständigkeit des dramatischen Textes und damit seine relative Un-abhängigkeit von der Bühne postulierte Friedrich Schiller in seinem Vorwort zu *Die Räuber,* wenn er sagte: ,,Es mag beim ersten *in die Hand nehmen* auf-fallen, daß dieses Schauspiel niemals das Bürgerrecht auf dem Schauplatz be-kommen wird. Wenn nun dieses ein unentbehrliches Requisitium zu einem Drama sein soll, so hat freilich das meinige einen großen Fehler mehr. Nun weiß ich aber nicht, ob ich mich dieser Forderung so schlechtweg unterwer-fen soll. Sophokles und Menander mögen sich wohl die sinnliche Darstellung zum Hauptaugenmerk gemacht haben, denn es ist zu vermuten, daß diese sinnliche Vorbildung erst auf die Idee des Dramas geführt habe: in der Folge aber fand sichs, daß schon allein die dramatische Methode, auch ohne Hin-

---

[5] Arno Paul. ,,Theaterwissenschaft als Lehre vom theatralischen Handeln" in: Aloysius van Kesteren und Herta Schmid, Hrsg. *Moderne Dramentheorie.* Kronberg/Taunus, 1975, 167-192, 178.

sicht auf theatralische Verkörperung ... einen vorzüglichen Wert habe."[6]

Der französische Regisseur Antoine Artaud bezog die entgegengesetzte Position und proklamierte eine weitgehende Unabhängigkeit des Bühnengeschehens vom Text:»... C'est-à-dire qu'au lieu d'en revenir à des textes considérés comme définitifs et comme sacrés, il importe avant tout de rompre l'assujettissement du theâtre au texte, et de retrouver la notion d'une sorte de langage unique à mi-chemin entre le geste et la pensée «[7] Noch radikaler formulierte er die Emanzipation des Theaters im „Zweiten Manifest":»Ainsi, nous renoncerons à la superstition théâtrale du texte et à la dictature de l'écrivain. Et c'est ainsi que nous rejoignons le vieux spectacle populaire traduit et senti directement par l'esprit, en dehors des déformations du langage et de l'ecueil de la parole et des mots.« (S. 148) Hinter dieser Auffassung Artauds stehen weltweit verbreitete Traditionen und Konventionen. Man denke etwa an das balinesische Theater in Asien oder in der westlichen Welt an die Commedia dell'arte.[8] die Pantomime[9] und in unserer Zeit das avantgardistische Straßentheater.[10] Konsequenterweise arbeiten diese Theaterformen nicht mit einem bis in alle Einzelheiten festgelegten Text, sondern mit Szenarien[11] oder, im Falle der Pantomime, ganz ohne gesprochenen Text.

Zweifellos besteht zwischen Drama und Theater ein Spannungsverhälthältnis. Je nach historischer Situation beansprucht bald das eine, bald das andere den Vorrang in der Konkurrenzbeziehung von Drama und Theater. Es gibt Epochen, in denen der Text dominiert und die Aufführung weitgehend vorherzubestimmen sucht. Als Reaktion auf den übertriebenen

----

[6] „Unterdrückte Vorrede" zu *Die Räuber*.

[7] „Le Théâtre de la Cruauté. Premier manifeste" in: *Le Théâtre et son Double*. Paris, 1964, 106.

[8] Stegreifkomödie, die im 16. Jahrhundert in Italien entstand. Ihr lag kein fester Spieltext zugrunde, sondern lediglich eine Szenenskizze mit dem in Akte und Szenen eingeteilten äußeren Handlungsablauf.

[9] Theater- und/oder Tanzvorführung ohne Worte. Sie erfreute sich in der römischen Kaiserzeit großer Beliebtheit und wurde in der Renaissance wiederbelebt. Im elisabethanischen Drama gab es häufig pantomimische Einlagen (sog. *dumb shows*).

[10] Z.B. das von Julian Beck und Judith Malina 1951 gegründete Living Theatre oder Peter Schumanns 1961 gegründetes Bread and Puppet Theatre.

[11] Szenar(io) (od. Szenarium) ist eine Szenenskizze, die den Schauspielern einige feste Anhaltspunkte bietet, während sie ansonsten improvisieren.

Einfluß, den die Schauspieler im 19. Jahrhundert auf das Theater nahmen, versuchte z.B. G. B. Shaw, die Befugnisse von Schauspielern und Theaterleitern soweit wie möglich einzuengen, indem er ausführliche Inszenierungsvorschriften gab.[12] Dramatiker wie Strindberg oder Tschechow hingegen ließen Regisseur und Schauspielern größtmögliche Freiheit in der Ergänzung des Textes durch Tonfall, Stimmfarbe, Gestik etc.

Wir möchten hier dem tschechischen Theoretiker Jan Mukařovsky folgen und beide Komponenten gleichermaßen berücksichtigen, d.h. die Doppelnatur des Dramas als „eine der Lyrik und Epik gleichgeartete und gleichberechtigte literarische Gattung ... wie auch eine der Komponenten des Theaters"[13] ansehen. Daraus folgt, daß wir versuchen müssen, über das Theater in all seinen Aspekten genauso viel herauszufinden wie über den dramatischen Text: „... the drama's medium calls for as much consideration as its content: we must know the theatre at least as well as we know the play."[14] Es gilt also, die Aufführungsbedingungen bestimmter Epochen mitzubedenken. Dies ist vor allem deshalb wichtig, weil die Bühnenverhältnisse die Konzeption des dramatischen Werkes beeinflussen können und ihm damit inhärent sind.

Aufgrund der bisherigen Überlegungen versteht es sich von selbst, daß reine Buch- und Lesedramen, die nie mit dem Blick auf eine mögliche Bühnenaufführung geschrieben worden sind (z. B. John Miltons *Samson Agonistes* und Ludwig Tiecks *Genoveva*) aus unserer Betrachtung ausscheiden. Ob Lesedramen als Sackgasse dramatischen Schaffens angesehen werden sollen oder nicht, darüber sind die Meinungen geteilt. Während Gero von Wilpert dem Buchdrama durchaus positiv gegenübersteht,[15] bezeichnete Joseph L. Styan es rundweg als „non-play".[16] Daß nicht immer eindeutig entschieden werden kann, inwieweit ein Drama als Lesedrama einzustufen ist, zeigt der Fall Byron. Der Dichter entwarf es für die Bühne, aber sein Wunsch erfüllte sich nicht. Mussets als Lesedramen konzipierte Stücke dagegen sind die heute am häufigsten zur Aufführung gelangenden Dramen der französischen Ro-

----

[12] Ein besonders einleuchtendes Beispiel ist Shaws Vorwort zu *Androcles and the Lion*, das mehr als doppelt so umfangreich ist wie der Text selbst.

[13] „Zum heutigen Stand einer Theorie des Theaters" in: van Kesteren, 76-95, 86.

[14] Joseph L. Styan. *Drama, Stage and Audience*. Cambridge, 1975, 3.

[15] *Sachwörterbuch der Literatur*, 72.

[16] *Drama, Stage and Audience*, 1.

mantik, und Goethes *Faust II* war sicher nicht von vornherein für das Theater geplant, wird aber immer wieder inszeniert.

1.2 Bühnenraum und fiktiver Schauplatz

In seinem umfangreichen Vortrag über „Theaterprobleme" schrieb der Schweizer Dramatiker Friedrich Dürrenmatt:

TEXT 3

> Wenn ich es unternehme, ein Theaterstück zu schreiben, so ist der erste Schritt, daß ich mir klar mache, wo denn dieses Theaterstück zu spielen habe. Das scheint auf den ersten Blick keine wichtige Frage zu sein. Ein Theaterstück spielt in London oder in Berlin, in einem Hochgebirge, in einem Spital oder auf einem Schlachtfeld, wie dies nun eben die Handlung verlangt. Doch stimmt dies nicht ganz. Ein Theaterstück spielt auf der Bühne, die London oder das Hochgebirge oder ein Schlachtfeld darstellen muß. Dies ist ein Unterschied, den man nicht zu machen braucht, aber machen kann. Es kommt darauf an, wie sehr der Autor die Bühne mit einbezieht, wie sehr er die Illusion will, ohne die kein Theater auskommt, ob dick aufgetragen, wie Farbberge auf eine Leinwand gehäuft, oder nur durchsichtig, durchscheinend, brüchig. Den dramatischen Ort kann ein Theaterschriftsteller blutig ernst nehmen, als Madrid, als das Rütli, als die russische Steppe, oder nur als Bühne, als die Welt oder als seine Welt.[17]

Dürrenmatt verweist hier auf ein ganz wesentliches Element jedes Dramas wie jeder Theateraufführung: den RAUM als Schauplatz des Geschehens. Wie wichtig die Raumkonzeption für den Dramatiker ist, zeigt auch eine längere Tagebucheintragung Max Frischs „Über das Wesen des Theaters", wo er über die Wirkung der leeren Bühne reflektiert.[18] Wenn wir vom dramatischen Raum sprechen, müssen wir uns der Tatsache bewußt sein, daß sich hier zwei Raumkonzeptionen überlagern: einerseits der reale Bühnenraum, durch die Bühnenform, Kulissen, Positionen der Schauspieler und Beleuch-

––––––––

[17] Zürich, 1955, 22 f.
[18] *Tagebücher 1946-1949.* Frankfurt/Main, 1958, 63 f.

16

tung bestimmt, und andererseits der durch den dramatischen Text evozierte **fiktive** Ort des Geschehens, z.b. Ägypten in Shakespeares *Antony and Cleopatra,* die Küche eines Herrschaftshauses in Strindbergs *Fräulein Julie* oder die Landstraße in Becketts *Warten auf Godot.* Fiktive Bühne und reale Bühne können in einem sehr komplexen Verhältnis zueinander stehen. Dieses wird von Manfred Pfister ausführlich diskutiert.[19]

Totale Verwandlung des Bühnenraums in den fiktiven Aktionsraum, etwa im Naturalismus; „Verfremdung" des Illusionsraums, insofern als die Realität der Bühne deutlich herausgestellt wird, bei Brecht; die Aufhebung der Trennung zwischen realem und fiktivem Raum durch Verlagerung des Theaters in die Normalrealität, wie z.b. im Straßentheater, oder Versuche, auf dem Theater das Theater selbst darzustellen, z.b. von Pirandello in *Sechs Personen auf der Suche nach einem Autor* – all dies sind mögliche Spielarten dieses Verhältnisses.

Die Raumkonzeption im Theater wird allerdings nicht nur durch die Beziehung zwischen realer Bühne und fiktivem Handlungsort bestimmt. Zum „dramatischen Raum" gehören noch der sogenannte „gedachte" Raum *(offstage),* wie er z.b. für die Mauerschau[20] charakteristisch ist, und ebenso der Zuschauerraum.

Die optische und akustische Realisierung des fiktiven Schauplatzes auf der Bühne zeichnet sich durch ein unterschiedliches Maß an Konkretheit aus. Dabei sind die Möglichkeiten einer Bühne mit festem Standort (z.b. der Shakespeare-Bühne) naturgemäß größer als die einer nur für die Dauer des Spiels aufgeschlagenen Bühne *in foro* (z.b. in der Tradition der Commedia dell'Arte oder im modernen Straßentheater). Desgleichen läßt sich die Annäherung des physischen Bühnenraumes an den fiktiven Schauplatz besser bei einer Saalbühne verwirklichen als bei einer Freilichtbühne. Wir können hier an die mittelalterliche Simultanbühne einerseits und an die Illusionsbühne des Realismus andererseits denken. Generell gilt wohl, daß die sog. GUCKKASTENBÜHNE,[21] die sich seit dem 17. Jahrhundert immer stärker durchsetzte, die weitgehende Nachgestaltung des fiktiven Schauplatzes

––––––––

[19] *Das Drama. Theorie und Analyse.* München, 1977, 327-330.

[20] Vgl. 1.2.3

[21] Noch heute bestehende Bühnenform an einer Seite des Zuschauerraums und von diesem durch einen Vorhang abgetrennt. Erlaubt die Verwendung von Kulissen.

durch Kulissen, Requisiten und Beleuchtung erleichterte,[22] während die Illusion des fiktiven Schauplatzes sich im griechischen Theater oder auf der
Shakespearebühne in wesentlich geringerem Maße verwirklichen ließ, schon
allein deshalb, weil diese Bühnen auf mehreren Seiten von Zuschauern umgeben waren. Dennoch kann man nicht von einer „linearen Zunahme in der realistischen Konkretisierung des Schauplatzes"[23] sprechen. Die Rückkehr zur
stilisierten oder bewußt anti-illusionistischen Bühne im 20. Jahrhundert
— eine Wende, die durch Regisseure wie Adolphe Appia, Edward Gordon
Craig oder Bertolt Brecht maßgeblich beeinflußt wurde[24] — verhindert eine
solche Schlußfolgerung.

1.2.1 Der Einfluß des Bühnenraums

Aufgrund der Tatsache, daß der Dramatiker bei der Konzeption seines
Stückes meist die realen Gegebenheiten der Bühne, auf der sein Werk zur
Aufführung kommen soll, kennt, können wir eine Wechselbeziehung zwischen konkreten Bühnenverhältnissen und Dramen annehmen. Wie die Möglichkeiten des konkreten Bühnentyps für die Konzeption von Dramen genutzt werden, läßt sich anhand von zwei Beispielen, der mittelalterlichen
SIMULTANBÜHNE und der SHAKESPEAREBÜHNE, aufzeigen.

BEISPIEL 1: *Everyman*

Die spätmittelalterliche Moralität[25] *Everyman* wurde für die Darstellung auf
einer Simultanbühne geschrieben. Ob sie allerdings wie die meisten *morality
plays* im Freien oder, wie die Interludien,[26] im geschlossenen Raum gespielt

----

[22] Rolf Badenhausen und Harald Zieske, Hrsg. *Bühnenformen, Bühnenräume, Bühnen-
dekorationen.* Berlin, 1974.

[23] Pfister, 347.

[24] Vgl. dazu die Textauszüge von oder Aufsätze über Adolphe Appia, Bertolt Brecht
und Edward Gordon Craig in: Eric Bentley, Hrsg. *The Theory of the Modern Stage.*
Harmondsworth, [2]1970.

[25] Engl. *morality play.* Schauspiel mit moralisch-religiöser Thematik, in dem Verkörperungen guter und böser Eigenschaften auftreten und um die Seele des Menschen
kämpfen.

[26] Wörtl. „Zwischenspiel". Dramatische Kurzform, die im 15. und 16. Jhdt. in England sehr beliebt war. Interludien wurden bei Hofe zwischen den Mahlzeiten oder
aber bei Aufführungen längerer Stücke während der Pausen gespielt.

wurde, steht nicht fest.[27]

Die Simultanbühne war nur eine unter mehreren mittelalterlichen Bühnenformen. Auf der räumlichen oder flächigen Bühne waren die einzelnen Spielstätten — man nannte sie *sedes, loca* oder *mansiones* — gleichzeitig (simultan) aufgebaut und von allen Seiten einsehbar. Die Simultanbühne war dekorationsarm, wenn auch z.B. der Himmel oder die Hölle symbolisch gekennzeichnet wurden: Ein hohes Gerüst repräsentierte den Himmel, ein Drachenmaul die Hölle. Zwischen den *mansiones* war eine weite neutrale Spielfläche, die *platea.*[28]

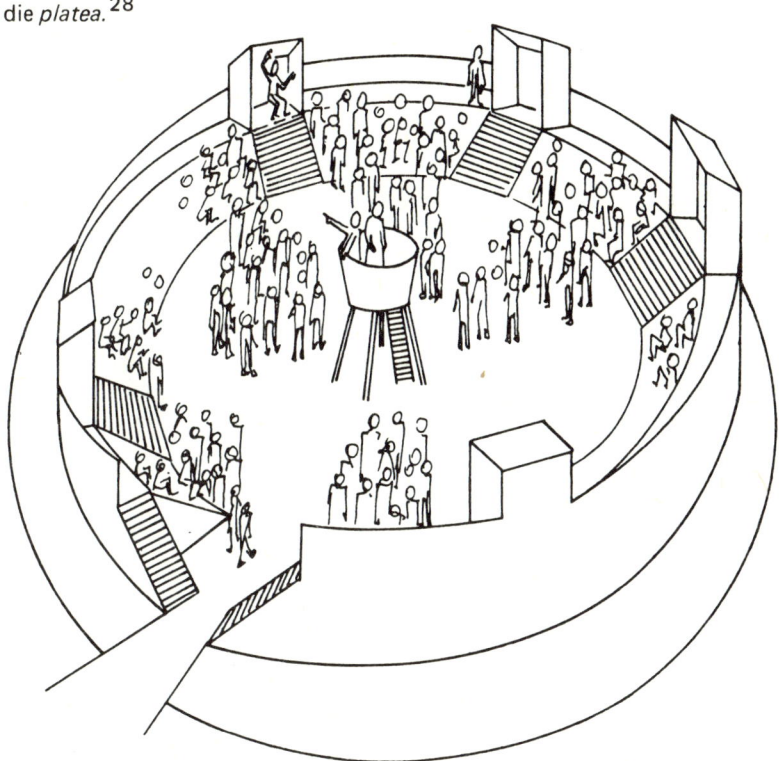

[27] Einleitung zu *Everyman.* A. C. Cawley, Hrsg. Manchester, [4]1968, xxix.

[28] Knapp und anschaulich wird die Simultanbühne bei Ottmar Schubert. *Das Bühnenbild. Geschichte, Gestalt, Technik.* München, 1956, beschrieben.

Die *platea* ist der Aktionsraum, auf dem Everyman die Personifikationen Fellowship, Cousin, Kindred und den Tod trifft. Vielleicht haben Goods and Good Deeds ihre eigenen *sedes* an zwei einander gegenüberliegenden Ecken der Spielfläche, denn beide liegen unbeweglich (Z. 394 ff. und 486 ff.). Wohl in der Mitte der *platea* befindet sich das Haus der Rettung, wo Confession wohnt. Wir können es uns entweder als einfaches Gerüst oder als ein Gebäude mit Zinnen vorstellen. Unten ist das Grab Everymans, oben der Thron Gottes. Die drei Bereiche des Todes, der Welt und des Himmels sind also optisch durch verschiedene Spielebenen gekennzeichnet.

Es ist für diese Moralität charakteristisch, daß sich im Dialog auffällig häufige implizite Regiehinweise zum Wechsel des Spielortes finden. Das heißt, der anonyme Autor weist den Bewegungen innerhalb des Bühnenraumes eine Verdeutlichungsfunktion, wenn nicht gar eine eigenständige Bedeutung zu.[29]

Auf seiner Suche nach Begleitern für seine Reise in den Tod wandert Everyman auf der *platea* umher und begegnet einer Reihe von Figuren. Jede der Personifikationen lehnt es ab, ihn zu begleiten, geht von ihm weg (Z. 296, 377) oder bleibt zurück (Z. 367f., 444f.). So wird die innere Suche der Seele nach Beistand durch eine tatsächliche Wanderschaft auf der Bühne sichtbar gemacht. Der Vorgang wiederholt sich, als Everyman am Grab steht und von Beauty, Strength, Discretion und Five Wits verlassen wird. Die Personifikationen kündigen ihren Abgang an und entfernen sich von Everyman (Z. 801, 813, 831 und 845f.). Auch Everymans Wandlung durch Reue wird durch die Bewegungsregie visualisiert. Er tritt ganz ab und kommt dann wieder (Z. 769f.). Am eindrucksvollsten für die optische Wahrnehmung ist wohl der Weg der Seele Everymans zu Gott, nachdem er vorher in das Grab hineingekrochen ist (Z. 791f.). Zum Gesang der Engel steigt er zu Gott empor (Z. 895) und erscheint dann oben auf dem Gerüst (Z. 917).

Natürlich wird Everymans Weg in den Tod im Drama in erster Linie verbal gestaltet, aber die gesprochenen Worte werden gleichzeitig durch Raumbewegungen optisch unterstützt. Diese sind auf einer Simultanbühne ohne Schwierigkeiten zu verwirklichen, da die Bereiche der Welt, wie sie das Mittelalter verstand, permanent und gleichzeitig den Zuschauern vor Augen stehen. Im Falle dieses Dramas wird der Bühnenraum selbst zum Bedeutungsträger, d.h. in moderner Terminologie, er wird **semantisiert.**

––––––––

[29] Wir orientieren uns im folgenden an Raymond Williams. *Drama in Performance.* London, 1968, 43-52.

BEISPIEL 2: *Die Shakespearebühne*

Auch die elisabethanische Bühne der öffentlichen Theater besaß eine Fülle von Möglichkeiten, den Bühnenraum zum Mitspieler werden zu lassen. Hof, Bühnenplattform, Innenbühne und Oberbühne, Versenkung und „Himmel" stellten eine Vielzahl von Spielflächen und -möglichkeiten dar, deren sich Shakespeare wie andere Dramatiker der Zeit bewußt waren und die sie dramaturgisch geschickt zu nutzen verstanden.

Von wenigen Requisiten wie Spiegel, Dolch, Krone, Fackeln und vor allem Kleidern abgesehen wurde die Illusion des Spielorts verbal vermittelt, sei es durch Vorausdeutungen auf einen Wechsel des Spielorts, durch Ankündigung des Spielorts über die Spielfiguren, durch Prologsprecher oder Chor. Die atmosphärische Vergegenwärtigung des Raumes erfolgte ebenfalls durch das dichterische Wort. Es ist gerade diese Armut an äußeren illusionsschaffenden Mitteln, die Shakespeare eine Reihe von Möglichkeiten eröffnete, den Bühnenraum aktiv mitspielen zu lassen.[30]

Natürlich war der häufige Wechsel des Spielorts, wie er für Shakespeares Dramen charakteristisch ist, auf einer fast leeren Bühne kein großes Problem und erforderte lediglich das Mitdenken des Publikums. (Freilich rief eine solche die Vorstellungskraft der Zuschauer stark beanspruchende Raumgestaltung schon bei Ben Jonson, Shakespeares puristischem Zeitgenossen, Kritik hervor.[31]) Die Gegebenheiten der Shakespearebühne boten jedoch neben dem reibungslosen Szenenwechsel noch eine Fülle dramaturgischer Möglichkeiten, von denen hier nur wenige angesprochen werden können.

Das Vorhandensein mehrerer Spielflächen gestattete ohne weiteres Simultanszenen, wie z.B. in *Richard III,* (V, 3 ff.). Die Oberbühne als Spielort ermöglichte nicht nur publikumswirksame Effekte, wenn Romeo z.B. mittels einer Strickleiter zu Julias Schlafzimmer hinauf- bzw. wieder herunterklettern kann (*Romeo and Juliet,* III, 2, 34f. sowie III, 5, 41) oder macht die berühmte Gartenszene (II, 2) möglich. Der Höhenunterschied zwischen der Oberbühne und den unteren Bühnenbereichen verwies, wenn nötig, auch auf die Hierarchie von Figurenbeziehungen. Ein bekanntes Beispiel ist die Szene vor Flint Castle in *Richard II,* wo Richard II. sich Bolingbroke unterwirft:

BEISPIEL 3: *Richard II,* III, 3, 176-183

Northumberland. My lord, in the base court he doth attend
        To speak with you; may it please you to come down?

Richard. Down, down I come, like glist'ring Phaeton,
        Wanting the manage of unruly jades.
        In the base court? Base court, where kings grow base,
        To come at traitor's calls, and do them grace!
        In the base court? Come down? Down, court! down king!
        For night-owls shriek where mounting larks should sing.

Die Möglichkeiten der Innenbühne für Szenen intimeren Charakters ge-

----

[30] Zur Shakespearebühne siehe die Ausführungen in: Ina Schabert, Hrsg. *Shakespeare Handbuch.* Stuttgart, 1972, 86-97.

[31] Prolog zu *Every Man in His Humour,* Z. 13-15.

genüber der weit geräumigeren Vorderbühne wurden z.B. sowohl von Marlowe in *Dr. Faustus* genutzt, wo Dr. Faustus in seiner Studierstube gezeigt wird (Z. 28), als auch von Shakespeare in *Romeo and Juliet* (IV, 5, 10f.), wenn Julia scheintot in ihrem Bett entdeckt wird, oder in *The Tempest* (V, 1, 172), als die Liebenden Ferdinand und Miranda in Prosperos Zelle beim Schachspiel beobachtet werden. Neben der Tatsache der Semantisierung der Spielflächen ging es dabei gleichzeitig aber um einen Schau- und Überraschungseffekt in der Art eines Tableaus.[32]

Die Raumerfahrung bei Shakespeare ließe sich noch an mancherlei Beispielen aufzeigen,[33] die beweisen, daß die physische Bühnenform in die Konzeption bestimmter Textpassagen einging.

1.2.2 Lokalisierungstechniken zur Gestaltung des fiktiven Schauplatzes

Die Architektur des Bühnenraums ist jedoch nicht allein ausschlaggebend für die Raumgestaltung im Drama. Vielmehr wird der konkrete Bühnenraum durch eine Reihe von Bühnenmitteln in einen mehr oder weniger illusionistischen szenischen Raum verwandelt.[34] Inwieweit der Schauplatz detailliert und wirklichkeitsnah ausgestaltet bzw. bis zu welchem Grad er stilisiert ist, bleibt für jede historische Epoche zu bestimmen und unterliegt dem Geschmackswandel von Dramatikern, Theaterleitern und Publikum. Die technischen Mittel zur Gestaltung des fiktiven Schauplatzes sind dagegen historisch relativ konstant. Im wesentlichen lassen sich zwei unterschiedliche Kategorien von Lokalisierungstechniken aufstellen: einerseits die allein im Medium der Bühne optisch realisierten NONVERBALEN LOKALISIERUNGSTECHNIKEN (Kulissen, Beleuchtung, Versatzstücke und Requisiten), welche einen bestimmten Schauplatz suggerieren, andererseits die im Haupttext vorgegebenen VERBALEN LOKALISIERUNGSTECHNIKEN, d.h. die im Text gesprochenen Raumangaben. Natürlich müssen auch die nonverbalen Lokalisierungstechniken in der dramatischen Textvorlage

------

[32] Schabert, 92.

[33] Vgl. die Einbeziehung des Zuschauerraums für große Aufzüge in *Henry VIII*, V,4 oder die wirkungsvolle Verwendung der Versenkung als Grab (*Hamlet*, V,1), als Aufenthaltsort der Hexen (*Macbeth*, IV, 1) oder als Dunkelkammer (*Twelfth Night*, IV, 2).

[34] Walter Unruh. „Der Technische Raum als Voraussetzung für den szenischen Raum''. *Maske und Kothurn,* 11 (1965), 289-305.

verbal fixiert sein, und zwar im Nebentext.[35] Wenn wir hier dennoch von „nonverbalen" Raumangaben sprechen, dann deshalb, weil sie in der Theateraufführung allein im außersprachlichen Bereich realisiert werden.

Die wichtigste Form der verbalen Lokalisierungstechniken ist der GESPROCHENE RAUM.[36] Häufig wird dafür auch der Begriff WORTKULISSE verwendet. Es handelt sich hier um oft poetische Textpassagen im Haupttext, die einen imaginären Raum schaffen und so die Möglichkeiten der Bühne ergänzen. Diese Technik war vor allem in jenen Epochen weit verbreitet, in denen die Möglichkeiten der Bühne zur Illusionsgestaltung begrenzt waren, z.B. im elisabethanischen Theater; sie spielt aber im modernen epischen Theater wieder eine große Rolle. Im Leseakt erfüllen sie die Funktionen, die bei der Aufführung dem Bühnenbild, den Requisiten, der Beleuchtung usw. zukommen.

BEISPIEL 4: *Romeo and Juliet,* II, 3, 1-8

> *Friar.* The gray-eyed morn smiles on the frowning night,
> Check'ring the eastern clouds with streaks of light;
> And fleckéd darkness like a drunkard reels
> From forth day's path and Titan's burning wheels.
> Now, ere the sun advance his burning eye
> The day to cheer and night's dank dew to dry,
> I must upfill this osier cage of ours
> With baleful weeds and precious-juicéd flowers.

Mit der Erfindung der Kulissenbühne trat der gesprochene Raum notwendigerweise zurück. Schon die Barockdramen und die barocken Opernlibretti enthielten vielerlei direkte szenische Bemerkungen im Nebentext, zumindest über die rasch wechselnden Dekorationen, die durch die Verwendung des Mittelvorhangs im Jesuitentheater besonders variationsfähig wurden. Als aber die französische Klassik mit Hilfe der Lehre von den drei Einheiten die Einortbühne bevorzugte, fiel erst recht die Nötigung zum gesprochenen Raum weg.[37]

------

[35] Vgl. die Ausführungen in 1.3.

[36] Neben dem „gesprochenen Raum" gibt es ebenso die „gesprochene Dekoration", das „gesprochene Requisit" oder die „gesprochene Aktion". Vgl. Heinz Kindermann. „Der gesprochene Raum". *Maske und Kothurn,* 11 (1965), 207-232.

[37] Vgl. ebd., 226.

Was die NONVERBALEN Lokalisierungstechniken anlangt, so werden u.a. Kulissen, Versatzstücke, Requisiten und Beleuchtung als illusionsschaffende Hilfsmittel eingesetzt. Diese optischen Wahrnehmungselemente sind im allgemeinen gleichzeitig auf der Bühne präsent, wirken damit **synästhetisch** und sind im Gegensatz zur Gestik und Mimik der Schauspieler über einen längeren Zeitraum dem Zuschauer vor Augen. Vor allem ist jedoch die Tatsache von Bedeutung, daß sie nicht bloße Objekte darstellen, sondern Zeichencharakter haben.[38] Denn alles, was die Zuschauer auf der Bühne zu sehen und zu hören bekommen, ist als Mitteilung für sie gedacht und besitzt damit Zeichenwert. Dies gilt vor allem dort, wo die auf der Bühne vorhandenen Gegenstände von den Mitspielern für selbstverständlich genommen werden. Infolgedessen sind Drama und Theater ein Forschungsgegenstand der Semiotik geworden, jener Wissenschaftsdisziplin, die sich mit der Theorie und Analyse von Zeichen befaßt. Besonders deutlich wird der Zeichencharakter des szenischen Raums, wenn man die Bühnenbilder des naturalistischen Theaters betrachtet. Als Illustrationsbeispiel eignet sich die Küche der Mutter Wolff in Gerhart Hauptmanns *Der Biberpelz:*

BEISPIEL 5: *Der Biberpelz,* Szenerie zu Akt I

> Kleiner, blaugetünchter, flacher Küchenraum mit niedriger Decke; ein Fenster links; eine rohgezimmerte Tür ins Freie führend rechts; eine Tür mit ausgehobenem Flügel mitten in der Hinterwand. —
> ... Eine alte Küchenbank, mehrere Schemel ...
> Durch den leeren Türrahmen der Hinterwand blickt man in einen zweiten Raum. Darin steht ein hochgemachtes, sauber gedecktes Bett, darüber hängen billige Photographien in noch billigeren Rahmen, Öldruckköpfe in Visitenkartenformat usw. ...
> Auf dem Herd in einem Blechleuchter steht ein brennendes Talglicht . . .

Hier geht es einmal darum, ein möglichst detailliertes Bild des Spielorts zu konstruieren, um damit „eine starke Illusionswirkung" zu erreichen.[39] Darüber hinaus hat das Bühnenbild aber die Funktion, die Bedingtheit der Figuren durch ihre Umwelt zu verdeutlichen. Dies hob Emile Zola in seiner

---

[38] Siehe Umberto Eco. *Einführung in die Semiotik.* München, 1972, vor allem 195 ff.

[39] August Strindberg. *Über Drama und Theater.* Marianne Kesting und V. Arpe, Hrsg. Köln, 1966, 104.

Schrift *Le Naturalisme au Théâtre* hervor: » Le milieu doit déterminer le personnage. Lorsqu'un décor sera étudié à ce point de vue, qu'il donnera l'impression vive d'une description de Balzac, lorsque, au lever de la toile, on aura une première donnée sur les personnages, sur leur caractère et leurs habitudes, rien qu'à voir le lieu où ils se meuvent, on comprendra de quelle importance peut être une décoration exacte. C'est là que nous allons, évidemment; les milieux, ces milieux dont l'étude a transformé les sciences et les lettres, doivent fatalement prendre au théâtre une place considérable. ... «[40]

Betrachtet man die den szenischen Raum konstituierenden optischen Theaterzeichen aus einer historischen Perspektive,[41] so erhalten sie eine unterschiedliche Bedeutung. Während Versatzstücke und Requisiten schon auf der mittelalterlichen und der elisabethanischen Bühne Verwendung fanden, setzten sich die Kulissen und Soffitten, von Italien ausgehend, erst im 17. Jahrhundert durch. Voraussetzung waren der Übergang zur Saalbühne und die Entwicklung einer zuverlässigen Theatermaschinerie, um die Kulissen zu bewegen. Seit der Einführung der elektrischen Beleuchtung hat auch das Licht eine eigene Zeichenfunktion erhalten. Kerzen, Öllampen und Gaslicht erlaubten es nicht in gleichem Maße, künstlerische Absichten des Dichters oder Regisseurs sichtbar zu machen. Heute konkurriert der Beleuchter mit dem Bühnenbildner. Je nachdem, welche Aufgaben ihm übertragen werden, kann das Licht als Mittel atmosphärischer Gestaltung eingesetzt werden oder die Aufmerksamkeit des Zuschauers auf wichtige Gegenstände und Personen lenken und ihm damit Anhaltspunkte für die Entschlüsselung der zahlreichen, gleichzeitig auf ihn eindringenden optischen Wahrnehmungen geben.[42]

Besonders deutlich läßt sich der Zeichencharakter der nichtsprachlichen räumlichen Darstellungsmittel an den REQUISITEN aufzeigen. Das Requisit ist gerade deshalb interessant, weil es zwischen der Figur (mit Maske und Kostüm) und dem Bühnenbild eine Mittelstellung einnimmt. Es kann einmal zur Figur gehören, ein anderes Mal zum Bühnenbild, ,,je nachdem, ob es in das aktionale Spiel der Figur einbezogen wird oder nicht."[43] Stuhl und Kis-

---

[40] In: *Oeuvres Complètes*. Henri Mitterand, Hrsg. Paris, 1968, Bd. 11, 353.

[41] Bezüglich einer detaillierten semantischen Klassifikation der nichtsprachlichen Darstellungsmittel vgl. Bernhard Wuttke. *Nichtsprachliche Darstellungsmittel des Theaters*. Diss. Münster, 1973, 135-144.

[42] Vgl. Lee Simonson. ,,The Ideas of Adolphe Appia" in: Bentley, 1970, 27-50.

[43] Pfister, 355.

sen sind in Shakespeares *Henry IV* Bestandteile der Einrichtung der Taverne in Eastcheap und fungieren so innerhalb des szenischen Raums als Objekte. Sie erhalten jedoch in dem Augenblick eine zusätzliche Bedeutung und werden zu Symbolen, wo Falstaff sie in parodistischer Absicht als äußere Zeichen der Königswürde umfunktioniert mit den Worten: „This chair shall be my state, this dagger my sceptre, and this cushion my crown." (*Henry IV*, II, 4, 349ff.) Desdemonas Taschentuch in *Othello*, Richter Adams Perücke in Kleists *Der Zerbrochene Krug*, der Fächer in Oscar Wildes Komödie *Lady Windermere's Fan* oder der Biberpelz in Hauptmanns gleichnamigem Stück sind weitere Beispiele für die Semantisierung von Requisiten. Sie haben sowohl Mitteilungscharakter für die Figuren im Drama als auch für die Zuschauer.

Im nichtsprachlichen Bereich können Gegenstände die gleiche Vieldeutigkeit erlangen, wie sie Worten im sprachlichen Bereich eigen ist. Daher ist ihre Entzifferung wichtig, vor allem dann, wenn sie − oft gleichzeitig − mehrere Bedeutungen haben. So soll die Limonade in Schillers *Kabale und Liebe* dem ersten Anschein nach Walters Durst stillen, dient in Wirklichkeit aber dazu, Luise Miller das Gift zu verabreichen, und führt so die Katastrophe herbei. Überdies kann sie als momentane Versöhnungsgeste zwischen den Liebenden betrachtet werden.

1.2.3 Die Einheit des Ortes

Im Zusammenhang mit der Raumkonzeption im Drama bleibt noch ein letzter Aspekt zu erwähnen, die Diskussion um die EINHEIT des ORTES. Man verstand darunter einen möglichst konstanten Spielort als Schauplatz des Geschehens und wollte die Einhaltung der dramaturgischen Forderung mit der Autorität von Aristoteles rechtfertigen, obwohl dieser sich explizit nur über die Einheit der Handlung (*Poetik*, Kap. 8) und andeutungsweise über die Einheit der Zeit (*Poetik*, Kap. 7) geäußert hatte.

Dort, wo die Einheit des Ortes streng gewahrt wird, sei es, weil die technischen Möglichkeiten der Bühne einen reibungslosen Szenenwechsel nicht gestatten, sei es, weil die Ereignisse nicht glaubhaft auf der Bühne dargestellt werden können, oder weil die Aufmerksamkeit des Zuschauers nicht vom Geschehen abgelenkt werden soll, greift der Theaterdichter gerne zu einem dramaturgischen Kunstgriff, der mit dem Begriff MAUERSCHAU (Teichoskopie) bezeichnet wird. Hier handelt es sich um die Vermittlung von Vorgängen, die sich außerhalb der Bühne − im GEDACHTEN RAUM − abspielen, und zwar gleichzeitig mit dem Geschehen auf der Bühne. Meist

werden diese nur berichteten Ereignisse durch einen erhöht stehenden Beobachter von einer Mauer, einem Hügel oder Turm geschildert und können so
in das Gesamtgeschehen miteinbezogen werden. Für diese Einbeziehung des
gedachten Raumes in die dramatische Handlung gibt es eine Fülle von Beispielen. William Shakespeare verwendete diesen Kunstgriff in *Julius Caesar*
(V,3), Johann Wolfgang Goethe im *Götz von Berlichingen* (III), Friedrich
Schiller in *Wilhelm Tell* (IV,1) und Heinrich Kleist im *Prinz von Homburg*
(II,2).

1.3 Haupttext und Nebentext im Drama

Die vorhergehenden Ausführungen haben immer wieder wenigstens andeutungsweise gezeigt, daß wir im Drama — anders als im Roman — zwei unterschiedliche Textformen vorfinden. Roman Ingarden wählte dafür die Be-
zeichnungen HAUPTTEXT und NEBENTEXT:

TEXT 4

> Vor allem ist es auffallend, daß in einem „geschriebenen" Drama
> zwei verschiedene Texte nebeneinanderlaufen: einerseits der Neben-
> text, d.h. Angaben darüber, wo, in welcher Zeit usw. sich die betref-
> fende dargestellte Geschichte abspielt, wer gerade spricht und even-
> tuell auch, was er momentan tut usw.; andererseits der Haupttext
> selbst. Der letztere besteht ausschließlich aus Sätzen, die von den
> dargestellten Personen „wirklich" a u s g e s p r o c h e n sind.[44]

Der Haupttext umfaßt also alle gesprochenen Darstellungsmittel, d.h. Dialog und Monolog, der Nebentext alles, was im gesprochenen Haupttext nicht
enthalten ist: Dramentitel, Vorwort oder Widmungsbrief, Personenverzeich-
nis, Akt- und Szenenmarkierung, Auftritt bzw. Abgang von Personen sowie
natürlich alle Angaben zur Szenerie, der Schauspieleraktion, zu akustischen
Phänomenen usw. Im Nebentext gibt der Autor Interpretationshilfen sowohl in bezug auf die Deutung seines Werks (Titel, Vorwort, Widmungsbrief) als auch auf die Art der Bühnenrealisierung (Angaben zu Auftritten
oder Abgängen, zur Szenerie, Akt- und Szeneneinteilung usw.). Damit wird
der Nebentext zum integralen Bestandteil des Dramas und sollte genauso
analysiert werden wie das gesprochene Wort.

------

[44] *Das literarische Kunstwerk.* Tübingen, [3]1965, 220.

Gerade diejenigen Passagen im Nebentext, welche das Stück für das Theater „schaffen"[45] sind von besonderem Interesse, erweist sich hier der Autor doch als Regisseur. Auf die Bedeutung der Bühnenanweisungen oder szenischen Bemerkungen, wie diese Art von Nebentext gemeinhin genannt wird, verweist Eugène Ionesco, wenn er schreibt: »... mon texte n'est pas seulement un dialogue mais il est aussi 'indications scéniques'. Ces indications scéniques sont à réspecter aussi bien que le texte, elles sont nécessaires.«[46] Charakteristisch für die Bühnenanweisungen ist, daß sie zwar verbal formuliert sind, aber zu den nichtsprachlichen Darstellungsmitteln des Theaters gehören; denn bei der Theateraufführung wirken die durch Bühnenbild, Beleuchtung, Gestik, Mimik oder Schauspielerbewegung, Musik, Stimmfärbung und Geräusche übermittelten Informationen unmittelbar optisch und akustisch auf den Zuschauer.

In bezug auf die BÜHNENANWEISUNGEN lassen sich eine Reihe von Fragen stellen, die hier kurz berührt werden sollen.[47] Erstens ist die Antwort auf die Frage nach dem **Umfang** der Bühnenanweisungen aufschlußreich. Macht der Autor ausführliche Angaben, dann legt er die Inszenierung weitgehend fest und schränkt die Möglichkeiten des Regisseurs beträchtlich ein. G. B. Shaw tat dies in voller Absicht, wie er in einem Vorwort sagte: „... the fact that a skillfully written play is infinitely more adaptable to all sorts of acting than available acting is to all sorts of plays ... finally drives the author to the conclusion that his own view of his work can only be conveyed by himself. And since he could not act the play single-handed even if he were a trained actor, he must fall back on his powers of literary expression, as other poets and fictionists do."[48] Es ist verständlich, wenn die Theaterleute sich gegen allzu starke Einmischungen von auktorialer Seite wehren. Deutlich zum Ausdruck brachte dies der berühmte englische Regisseur Edwar Gordon Craig, der Bühnenanweisungen als Zumutung empfand: „As for the stage directions, descriptions of scenes, etc., with which the

---

[45] S. Baluchatyj. „Probleme der dramaturgischen Analyse" in: van Kesteren, 59-75, 69.

[46] *Notes et Contre-Notes.* Paris, 1962, 185.

[47] Vgl. Erika Sterz. *Der Theaterwert der szenischen Bemerkungen im deutschen Drama von Kleist bis zur Gegenwart.* Berlin, 1963, 15-48.

[48] *Collected Plays with Their Prefaces.* London, 1970-1974, Bd. 1, 28.

author may interlard his copy, these are not to be considered by him [i.e. the stage-director] for if he is master of his craft he can learn nothing from them . . . He [the playwright] offends in that he poaches on their [the stage-directors'] preserves. If to gag or cut the poet's lines is an offence, so is it an offence to tamper with the art of the stage-director."[49]

Ganz unterschiedlich fällt auch die Antwort auf die zweite Frage nach dem **Inhalt** der Bühnenanweisungen aus. Bei der Lektüre von Friedrich Schillers *Kabale und Liebe* z.b. wird einem bewußt, daß der Dramatiker vor allem die Bewegungen der Figuren steuert: MILLER *hastig ins Zimmer;* LUISE *sprengt ihn ängstlich an;* MILLER *rennt wie toll auf und nieder;* MILLER *wirft seine Perücke ins Zimmer,* usw.[50] Dagegen legt der amerikanische Dramatiker Edward Albee viel Wert auf die genaue Festlegung der Sprechweise, so daß sich der Charakter der Figuren und die Art der zwischenmenschlichen Beziehungen aus den Bühnenangaben erschließen läßt. Hinweise wie *impatiently, grumbling, braying, softly, hurt, disbelieving* sind in dieser Hinsicht recht aufschlußreich.[51] Der moderne englische Dramatiker John Whiting hinwiederum war gegen eine solchermaßen detaillierte Autorenregie im Text, die er als restriktiv und „mechanisch" betrachtete.[52] Er beschränkte sich auf sehr ausführliche Hinweise zu Bühnenbild und Beleuchtung, nicht etwa, weil er der Vorstellungskraft von Regisseur, Bühnenbildner und Beleuchter mißtraute, sondern weil diese Angaben wichtige Aufschlüsse über die Atmosphäre des Geschehens vermittelten und damit die Interpretation steuerten.

In diesem Zusammenhang ergibt sich drittens die Frage nach der **Realisierbarkeit** der Bühnenanweisungen auf der Bühne. Tennessee Williams' Beschreibung des Bühnenbilds zu *The Glass Menagerie* z.B. liefert nicht nur die nötigen Angaben, sondern erhellt gleichzeitig die symbolischen Implikationen des Schauplatzes.

———————

[49] „The Art of the Theatre. The First Dialogue" in: Bentley, 1970, 119f.

[50] Alle Beispiele sind II, 4 entnommen.

[51] Die szenischen Bemerkungen sind in den ersten hundert Zeilen von *Who's Afraid of Virginia Woolf?* enthalten.

[52] „Writing for Actors" in: John Whiting. *The Art of the Drama.* London, 1970, 103-110, 107.

BEISPIEL 6:

> The Wingfield apartment is in the rear of the building, one of those vast hive-like conglomerations of cellular living-units that flower as warty growths in overcrowded urban centres of low-middle-class population and are symptomatic of the impulse of this largest and fundamentally enslaved section of American society to avoid fluidity and differentiation and to exist and function as one interfused mass of automatism.

> The apartment faces an alley and is entered by a fire-escape, a structure whose name is a touch of accidental poetic truth, for all of these huge buildings are always burning with the slow and implacable fires of human desperation . . . (Z. 1-11)

Eine solche Art von Bühnenanweisung nähert den dramatischen Nebentext dem Bereich der epischen Darstellung an, ein Verfahren, das seit G.B. Shaw, August Strindberg und Gerhart Hauptmann häufig angewendet wird. Paul M. Levitt sieht darin das Bemühen der Dramatiker, im Schrifttext ihrer Theaterstücke die Eindeutigkeit und Differenzierung zu erreichen, die einem Romanautor möglich ist. Außerdem kann man diese Bühnenanweisungen auch als Zeichen dafür verstehen, daß Dramen in zunehmendem Maße für die Lektüre mitkonzipiert sind, und die Regiehinweise als Lesehilfen betrachtet werden können.[53]

Eine letzte Frage läßt sich hinsichtlich der Bühnenanweisungen stellen: Geben sie Informationen, die im Haupttext nicht enthalten sind, oder verstärken sie nur im Haupttext bereits implizierte Angaben? Beispiel 7 verdeutlicht die erste Möglichkeit, Beispiel 8 die zweite:

BEISPIEL 7: Max Frisch, *Biedermann und die Brandstifter,* Szene 2

> BABETTE. Du bist zu gutmütig. Das mach ich nicht mit, Gottlieb. Du läßt dein Herz sprechen, während ich die ganze Nacht nicht schlafen kann. . . ich will ihm ein Frühstück geben, aber dann, Gottlieb, schick ich ihn auf den Weg.

> BIEDERMANN. Tu das.

------

[53] *A Structural Approach to the Analysis of Drama.* Den Haag/Paris, 1971, 40f.

31

BABETTE. In aller Freundlichkeit, weißt du, ohne ihn zu kränken.

BIEDERMANN. Tu das. *Er stellt die Tasse hin.* Ich muß zum Rechtsanwalt. *Er gibt Babette einen Gewohnheitskuß, in diesem Augenblick erscheint Schmitz, der ein Schaffell trägt; sie sehen ihn noch nicht.*

BEISPIEL 8: Heinrich von Kleist, *Amphitryon,* III, 4 zu 5

AMPHITRYON: . . .
Oh! hier im Busen brennt's mich aufzuklären,
Und ach! ich fürcht' es, wie den Tod.
(Er klopft.)

FÜNFTER AUFTRITT

Jupiter. Die Vorigen.

JUPITER. Welch ein Geräusch zwingt mich herabzusteigen? Wer klopft ans Haus? Seid ihr es, meine Feldherrn?

Die Technik der im Haupttext implizit vorhandenen Bühnenanweisungen war im älteren Drama sehr häufig. Deshalb konnte man auf Anweisungen im Nebentext weitgehend verzichten.

1.4 Text und Bühnenrealisierung

Wie in 1.1 festgestellt wurde, ist der dramatische Text im allgemeinen für eine Theateraufführung konzipiert. Durch die Realisierung auf der Bühne kommt es zu tiefgreifenden Umwandlungen des gedruckten Textsubstrats, die einmal darauf zurückzuführen sind, daß die Medien Buch und Theater unterschiedlichen Produktions-, Verbreitungs- und Rezeptionsbedingungen unterliegen (vgl. 2.1). Zum anderen erfährt der schriftliche Text durch den Theaterapparat selbst Veränderungen, welche sich nicht nur auf Kürzungen, Szenenauslassungen oder -umstellungen beschränken.

TEXT 5

Zu dem Text — der ja vielfach bereits das Verlagsstadium durchlaufen hat und als Buch vorliegt oder als neuer Text dem Theater angeboten wird — tritt die szenische Umsetzung durch den „kommunikativen Apparat Theater"; dies läßt den geschriebenen Text zum gespielten Vorgang werden. Wie beschrieben,[54] dient der Text dabei weitgehend als Partitur, mit deren Hilfe die beteiligten Theaterberufe das multimediale Werk „Aufführung" realisieren.[55]

Die Etymologie der beiden Begriffe „Drama" und „Theater" deutet diese Veränderung des schriftlichen Textes bereits an. *To drama* bedeutet im Griechischen „das Ding, das getan wird" (für „getan" substituieren wir den Begriff „agiert") und *théatron* heißt „Ort des Schauens". Der deutsche Terminus „Schau-spiel" und das englische *play* geben diese beiden Aspekte des Agierens bzw. Sehens zumindest teilweise wieder. Außerdem müssen wir ergänzen, daß Worte **gesprochen** werden. Bei der Aufführung wird also die schriftliche Darstellung in Schauspieleraktion umgesetzt, die Beschreibung der Spielwelt in visuell wahrnehmbare Bühnenbilder verwandelt und die gedruckten Worte werden gehört. Zwar unterschiedlich im Vokabular, aber in der Aussage identisch, betonen der Theaterregisseur Edward Gordon Craig und der Semiotiker Götz Wienold jeweils eine Trias der für die Theateraufführung charakteristischen Elemente. Ersterer nennt „action", „scene" und „voice" als die Grundbestandteile des Theaters,[56] letzterer bezeichnet die Phänomene mit den Begriffen „vorgeführte Handlung" („performativer Text"), „szenischer Kontext" und „vorgetragene Rede" („sprachlicher Text").[57] Die folgende Skizze soll die Aspekte, welche jeweils hinsichtlich der drei Grundbestandteile einer Theateraufführung betrachtet werden können, kurz darstellen.

AKTION	SZENE	STIMME
Raumbewegung	Bühnenform	Stimme
(Choreographie)	Bühnenbild	
	Beleuchtung	gesprochenes Wort

------

[54] Vorher war auf die Inszenierung von Georg Büchners *Leonce und Lena* unter der Regie von Liviu Ciulei eingegangen worden.

[55] *Funkkolleg Literatur.* Studienbegleitbrief 2. Weinheim/Basel, 1976, 106.

[56] Bentley, 1970, 137.

[57] *Semiotik der Literatur*, 124.

Mimik	Projektionen/Film	
	Geräuscheffekte	Gesang
Gestik	Musik	
	Aussehen der Figuren	
	Kleidung	

Die hier vorgenommene Dreiteilung ist nicht absolut zu sehen. Wir könnten
die unter AKTION, SZENE und STIMME subsumierten Theaterzeichen
ebenso gut nach anderen Prinzipien gliedern.[58] Zum Beispiel lassen sich die
Zeichen des Theaterrepertoires nach primär **darstellergebundenen** und primär **raumgebundenen** szenischen Mitteln unterscheiden. Welche theater-
sprachlichen Mittel in die eine und die andere Kategorie fallen, stellt Bernhard Wuttke dar:

TEXT 6

Zum Bereich des Schauspielerischen gehören Mienen- und Gebärden-
spiel, Haltung, Stellung und Bewegung im Raum (Raumgebärden) sowie die paraverbalen Darstellungsmittel, d.h. die stimmlichen Qualitäten und die Sprechweise. Die szenischen Mittel schaffen die Umwelt, in der sich die Akteure auf der Bühne bewegen: die Dekoration
mit Kulissen und Versatzstücken, mit Bühnenaufbauten und Ausstat-
tungsgegenständen, unterstrichen und erweitert durch die Beleuchtung. Hinzu treten bisweilen erläuternde Projektionen von Lichtbil-
dern oder Filmen, schließlich auch Bühnenmusik und Geräuschef-
fekte.[59]

Daneben ist auch die Gliederung der einzelnen Zeichen nach dem jeweiligen
Übermittlungskanal möglich. Bei der Umsetzung des schriftlichen Textes in
die Theateraufführung werden vor allem **optische** und **akustische** Kanäle als
Zeichenträger benutzt. Nur selten spricht die Theateraufführung andere Sin-
neswahrnehmungen über den olfaktorischen, gustatorischen und haptischen
Kanal an. Tast-, Geruchs- und Geschmackssinn werden vereinzelt von experi-
mentellen Theatergruppen eingesetzt. Z.B. arbeitete das Living Theatre mit
Räucherstäbchen, das Bread and Puppet Theatre teilte Bier unter die Anwesenden aus und das Liquid Theatre stellte Berührungskontakte in den Mittelpunkt der Aktionen. Welcher Zeichenträger dominiert, ist nur am konkreten
Beispiel zu entscheiden. Vorrangig ist aber die Beziehung zwischen ,,dem

------

[58] Vgl. Wuttke, 102-104.

[59] Ebd., 101.

was ich sehe und dem, was ich höre"[60].

Schließlich läßt sich fragen, ob die theatralischen Darstellungsmittel dem innerdramatischen Kommunikationskreis angehören, also ausschließlich zur Welt des Stückes gehören, oder ob sie primär im Hinblick auf die Zuschauer konzipiert sind. Bühnenraum, Beleuchtung, Projektionen wirken in erster Linie publikumsorientiert; Kostüme, Requisiten, Mimik, Gestik und Sprechstimme besitzen hingegen schon für die Figuren eines Stückes Zeichencharakter.

Die Analyse der im vorhergehenden genannten Aspekte verweist auf drei wichtige Probleme. Da die Angaben im Nebentext im allgemeinen nur einen geringen Teil der szenischen Hinweise erfassen, ist der Leser von seiner Phantasie und der Interpret des Theaterstücks von einer konkreten Aufführung abhängig. Dies ist ein ernsthaftes Hindernis für die adäquate Drameninterpretation als Schau-spiel, das nur überwunden werden kann, wenn Theateraufführungen, im Film oder auf Videobändern konserviert, der Analyse zugänglich sind. Dann allerdings läßt sich — die gedruckte Textvorlage ergänzend — ein **szenischer Text** erstellen, welcher die Bewegungen der Schauspieler genauso erfaßt wie ihre Sprechweise, und überdies die Requisiten sowie das gesamte Bühnenbild, die Masken und Kostüme genau registriert. Ein Vergleich der beiden Textformen ergibt eine Reihe von aufschlußreichen Erkenntnissen — von der Frage nach einer adäquaten Rollenbesetzung bis zur Beurteilung der Inszenierung. Die kontrastive Betrachtungsweise erlaubt Rückschlüsse nach beiden Seiten. Sowohl der gedruckte Text als auch die szenische Umsetzung werden schärfer in ihren jeweiligen Eigenheiten erfaßt.

Eine zweite Schwierigkeit für die Analyse der den szenischen Text konstituierenden Komponenten ist in der Komplexität der einzelnen Zeichen zu sehen. Sie „sind in der Mehrzahl keine elementaren Bestandteile, sondern 'Superzeichen', d.h. Zeichen höherer Ordnung, die sich aus mehreren Einzelzeichen zusammensetzen."[61] Am offenkundigsten ist dies in bezug auf das Bühnenbild mit seinen Bestandteilen Bühnenraum, Kulissen, Versatzstücken, Requisiten und Beleuchtung, um nur die wesentlichsten Einzelzeichen zu nennen. Es gilt aber auch für die Schauspielerstimme, deren Wir-

---

[60] Frisch, „Über das Theater", 261.
[61] Wuttke, 109.

kung von Stimmlage, Stimmfülle und Klangfarbe sowie zusätzlich von Sprechtempo, Artikulation und Akzentuierung geprägt ist.

Drittens liegt eine Schwierigkeit in der notwendigerweise subjektiven Auslegung der Bühnenanweisungen durch den einzelnen Regisseur, die schwer wissenschaftlich zu fassen ist. Es lassen sich höchstens spezifische Realisierungen historisch-empirisch beschreiben, aber welche davon den Intentionen des Autors am nächsten kommt, ist nicht eindeutig zu entscheiden. Auf diese Problematik weist John J. Enck in der *Encyclopedia of Poetry and Poetics* hin, wo es heißt: „One paradox in evaluating any play depends upon its need for production; until having seen a performance one can scarcely possess a very accurate grasp of it, but, afterwards, that single interpretation may unduly influence one's judgments. This condition marks all drama, but, especially, the poetic will partake of the cast's inflection."[62]

Die bisherigen Äußerungen beinhalten bereits einige Wesensmerkmale des Dramas als Theaterstück. Aufgrund seiner Wirkung in Zeit und Raum ist das Theaterstück erstens **mehrdimensional**. Da zumindest akustische und visuelle Zeichen als Bedeutungsträger fungieren, ist es zweitens **multimedial**.[63] Die Mitteilungen über den optischen und akustischen Kanal werden dem Zuschauer nicht nacheinander, sondern gleichzeitig präsentiert. Folglich ist das Theaterstück drittens **synästhetisch**, denn es werden mehrere Sinne auf einmal angesprochen.[64] Diese Gleichzeitigkeit der Wahrnehmungen läßt sich auch genetisch von den einzelnen, bei der Theateraufführung mitwirkenden 'Künsten' erklären, die „mit ihrem Eintritt ins Theater ihre Selbständigkeit aufgeben, sich gegenseitig durchdringen, in gegenseitige Widersprüche eintreten, sich wechselseitig vertreten, kurz 'sich auflösen'."[65] Das Theaterstück ist in diesem Sinne viertens ein **Gesamtkunstwerk,** aber mit keiner seiner Komponenten zwangsläufig verbunden.

Fünftens ist der szenische Text die Präzisierung und **Konkretisierung** des gedruckten Textes.

----

[62] Alex Preminger, Hrsg. Princeton, [2]1975, Stichwort „*Dramatic Poetry".*

[63] Siehe *Funkkolleg Literatur,* 2, 95.

[64] Styan, 1975, 4.

[65] Mukařovsky in: van Kesteren, 80. Es handelt sich um Musik, Bildhauerei, Malerei, Architektur, Tanz und Film.

In Abwandlung des von Roman Ingarden eingeführten Begriffes versteht F. Vodička darunter „die konkrete Gestalt eines bestimmten Werkes, das Gegenstand ästhetischer Rezeption geworden ist."[66] Im Vergleich zum Textsubstrat hat der szenische Text einen Informationsüberschuß, engt aber gleichzeitig die dem Text inhärente Offenheit in Richtung auf eine Interpretation hin ein.

Insofern als der szenische Text eine Konkretisation des gedruckten Textes ist, hat er sechstens ein hohes Maß an **Variabilität**. Dies macht ein Vergleich verschiedener Inszenierungen ein und desselben Dramas sofort augenfällig. Die dem gedruckten Text inhärente Variabilität erklärt auch die jeweils andere Rezeption des Werkes sowohl in den einzelnen historischen Epochen als auch in historisch gleichzeitigen Realisierungen mehrerer Regisseure.

Die genannten Eigenschaften des szenischen Textes ergeben sich aus der Tatsache, daß das Drama nicht nur zwischen Buchdeckeln existiert, sondern von der Intention seines Autors her erst in der Theateraufführung Wirklichkeit wird. Sie sind Teil seiner Wesensbestimmung und unterscheiden es vom Roman oder vom lyrischen Gedicht. Allerdings ist die Situation des Theaterstücks noch nicht adäquat umrissen, wenn man die spezifische Kommunikationssituation außer acht läßt. Implizit ist in diesem Kapitel immer wieder deutlich geworden, daß das Drama im Hinblick auf die Zuschauer konzipiert ist und in seiner Verwirklichung von der Vielzahl der bei der Aufführung Beteiligten mitbestimmt wird. Diese beiden Aspekte sollen im folgenden Problemkreis behandelt werden.

---

[66] Felix Vodička. „Die Konkretisation des literarischen Werks — Zur Problematik der Rezeption von Nerudas Werk" in: Rainer Warning, Hrsg. *Rezeptionsästhetik*. München, 1975, 84-112, 91.

PROBLEMFELD 2: Die Kommunikationssituation des Dramas

2.0 Groblernziele

Der Leser soll aufgrund der folgenden Ausführungen

- die spezifische Kommunikationssituation des Dramas erkennen
- die Unterschiede zwischen der Dramenrezeption im Leseakt sowie bei der Theateraufführung aufzeigen
- das Expedientenensemble (Autor/Theaterapparat) und die Perzipienten (Leser/Zuschauer) näher charakterisieren.
- die „Absolutheit" des Dramas problematisieren
- die Techniken, die dem vermittelnden Kommunikationssystem angehören, kennenlernen
- die vom Autor intendierten Wirkungen des Dramas diskutieren
- den Bezug von Drama und gesellschaftlicher Realität aufzeigen können

2.1 Theateraufführung und Dramenlektüre als Kommunikationsprozesse

Haben wir in 1.1 das Theater als den realen und imaginären Ort der Verwirklichung eines dramatischen Textes verstanden, so müssen wir die Implikationen des Begriffs nun erweitern. Für Allardyce Nicoll bedeutet Theater „a performance given by one group of persons (who may be called 'the actors') before an assembled audience".[1] Nicoll nennt in dieser Arbeitsdefinition zwei wesentliche Gruppen, ohne die das Theater nicht existieren kann: die Schauspieler und das Publikum. Das reicht jedoch zu einer Bestimmung der Kommunikationssituation nicht aus, denn zum Ort der Begegnung, den Schauspielern und den Zuschauern kommt ein weiterer Gesichtspunkt hinzu: das dramatische Werk selbst, das den Kontakt zwischen Schauspielern und Publikum auslöst und deren Beisammensein im Theater einen Sinn verleiht. Das folgende Zitat von Gerhart Hauptmann faßt diese vier genannten Gegebenheiten zusammen:

TEXT 1

Die Bühne ist ein Spiel, aber kein Kinderspiel. . . . Die Bühne besteht aber aus vielerlei: dem Haus mit dem Apparat der Bretter und Lein-

––––––––

[1] *The Theatre and Dramatic Theory.* London, 1962, 11.

wand, den Schauspielern, dem zu spielenden Stück und dem Publikum. Die Vervollkommnung eines dieser Faktoren ist eine Vervollkommnung des Ganzen, das in der Wechselwirkung dieser vier Faktoren sich entwickelt.[2]

Daß diese vier Aspekte das Kommunikationssystem des Dramas bestimmen, zeigt eine alte dramaturgische Konvention, das SPIEL im SPIEL. Hier wird die Theatersituation sozusagen gedoppelt, indem ein Teil der Figuren auf der Bühne einem anderen Teil ein Stück vorspielt und so die Kommunikationssituation des Theaters auf der Bühne wiederholt: das Publikum im Zuschauerraum ist durch ein gespieltes Publikum auf der Bühne repräsentiert; die Produktionsbedingungen des Stückes in der Realität werden gespiegelt (Schauspieler spielen Schauspieler, Regisseur usw.); auf der realen Bühne wird eine zweite Bühne aufgebaut und schließlich entspricht dem großen Theaterstück ein kleines Drama. Bekannte Beispiele für Dramen mit Spiel im Spiel sind Shakespeares *Hamlet*, Beaumont und Fletchers *The Knight of the Burning Pestle*, Ludwig Tiecks *Die verkehrte Welt* oder Bertolt Brechts *Kaukasischer Kreidekreis*.

Das Spiel im Spiel hat eine Vielzahl von Funktionen: Zum einen kann es das Medium selbst, also das Drama bzw. das Theater thematisieren; sodann kann es auf die thematischen Bezirke des realen Dramas abheben oder schließlich Hilfsmittel zur Beeinflussung der Handlung sein, um nur einige wichtige Möglichkeiten zu nennen.[3]

Zwischen Schauspielern und Zuschauern findet über das Drama ein Austausch und infolgedessen ein Kommunikationsakt statt.

Der Begriff KOMMUNIKATION wird von *communicare* (etwas gemeinsam machen) abgeleitet und als Übermittlung und Austausch von Mitteilungen verstanden. „Dieser Prozeß setzt damit zumindest drei Elemente voraus: zwei Seiten, zwischen denen der Austausch stattfindet, und ein Etwas, das übermittelt wird. ... Derjenige, der etwas mitteilt, wird Expedient (auch Sender oder Kommunikator) genannt; derjenige, dem etwas mitgeteilt wird, heißt Perzipient (auch Empfänger oder Rezipient)."[4]

––––––––

2 Gerhart Hauptmann. *Die Kunst des Dramas: Über Schauspiel und Theater.* Zus.gestellt v. Martin Machatzke. Berlin, 1963, 137.

3 Vgl. Pfister, 1977, 299 ff.

4 Wuttke, 54.

Zur näheren Bestimmung der bereits genannten Kommunikationssituation erweist sich das folgende Modell Max Benses als nützlich, (das für unsere Zwecke leicht verändert wurde):[5]

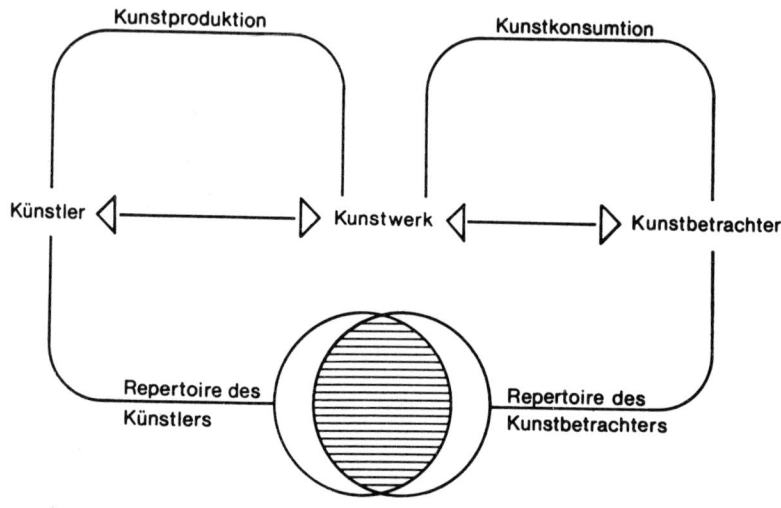

Versucht man, die beiden Größen Drama und Theaterstück in dieses Modell einzubringen, so ergeben sich auf den ersten Blick eine Reihe von Problemen, die sich aber lösen lassen, wenn wir — den zwei möglichen Seinsweisen von Drama entsprechend — zwei Kommunikationsreihen erstellen: zum einen die Verbindung von Autor — Drama — Leser, zum anderen die von Theaterapparat — Aufführung des Dramas — Zuschauer. Im ersten Fall ist der Code rein sprachlicher Natur (sowohl im Haupttext als auch im Nebentext), im zweiten Fall bedient er sich der gesamten audiovisuellen Möglichkeiten des Theaterapparats.

──────
[5]*Einführung in die informationstheoretische Ästhetik*. Reinbek, 1969, 66 f.

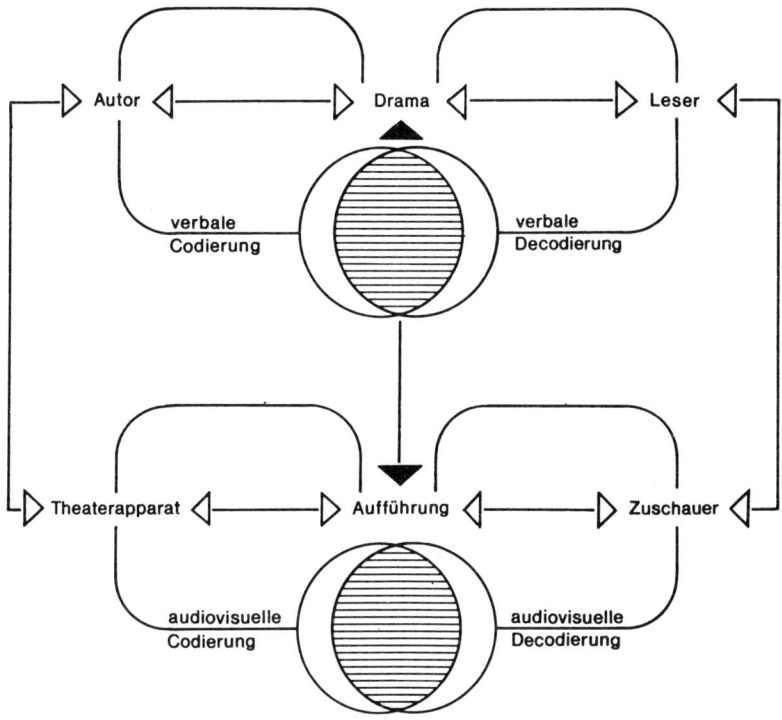

Wir müssen uns allerdings darüber im klaren sein, daß die beiden Erscheinungsformen des Dramas nicht unverbunden nebeneinander stehen, sondern — wie die Skizze zeigt — aufeinander bezogen sind: Der Autor kann in Beziehung zum Theaterapparat sowie zum Zuschauer treten und umgekehrt; Drama und Aufführung bedingen einander insofern, als die Aufführung im allgemeinen auf der schriftlichen Spielvorlage beruht und das Drama seinerseits auf eine Aufführung hinzielt usw.

Vergleicht man die Kommunikationsreihe 1 (Autor – Drama – Leser) mit der Kommunikationsreihe 2 (Theaterapparat – Aufführung – Zuschauer), so läßt sich ein wesentlicher Unterschied feststellen. Im ersten Fall sind Textproduktion und Textkonsumtion voneinander getrennt. Die Beziehung des Autors zum Leser ist linear. Der Leser hat im allgemeinen keinen Einfluß auf die Abfassung oder Abänderung des Dramentextes. Zwischen der Abfassung des Dramas und seiner Rezeption im Leseakt kann ein beliebig langer Zeitraum liegen. Lediglich im kreativen Schaffensakt durchdringen sich beide Phasen, „denn jede Kreation im Sinne der Produktion von Innovationen zerfällt in Teilkreationen, zwischen die sich Urteile, Akte der Anerkennung oder der Verwerfung schieben. Die Phase der Produktion wird also beständig von der Phase der reflexiven Konsumtion begleitet . . . "[6]

Was die Kommunikationsreihe 2 betrifft, so ist die Produktion nicht von der Konsumtion zu trennen. Spielen und Zuschauen sind gleichzeitig. Da das von der Aufführung bedingte Verhalten des Publikums auf die Schauspieler zurückwirkt und deren weiteres Agieren beeinflußt, ist die Kommunikation nicht linear, sondern folgt einem Rückkopplungsprinzip.[7]

Durch die Rückwirkung des Zuschauerverhaltens auf die Theateraufführung unterscheidet sich im übrigen die Kommunikationsstruktur des Dramas während der Theateraufführung von der Übermittlung eines Dramas im Massenmedium Fernsehen. Im Gegensatz zur kreisförmigen Interaktion zwischen Sender und Empfänger ist die Beziehung bei der Massenkommunikation einseitig. Die Aussage der Massenmedien läßt sich virtuell unabhängig vom Publikum realisieren, während im Theater der Zuschauer die Aufführung mitbeeinflußt, sei es auch nur durch Pfiffe, Zwischenrufe, Gelächter oder Applaus.[8]

Besonders deutlich ist die Interaktion von Schauspielern und Zuschauern in modernen Formen des GRUPPENTHEATERS (z.B. beim Living Theatre).

----

[6] Ebd., 66.

[7] Dieser Begriff stammt aus dem Bereich der Systemanalyse. Man versteht darunter die Rückwirkung von Ereignissen (a zu b zu c zu a) im Gegensatz zu einer linearen Bewegung (a zu b zu c zu d). Vgl. Paul Watzlawick, e.a. *Menschliche Kommunikation*. Bern/Stuttgart/Wien, [4]1974, 29-33.

[8] Vgl. Edward Balcerzan und Zbigniew Osiński. „Die theatralische Schaustellung im Lichte der Informationstheorie" in: Walter Kroll und Aleksander Flaker, Hrsg. *Literaturtheoretische Modelle und kommunikatives System*. Kronberg, 1974, 371-411.

Hier wird die Beziehung so eng, daß sich die Grenzen zwischen Bühne und Auditorium verwischen. Die Zuschauer sollen selbst Mitspieler sein. Aber auch in konventionelleren Theaterformen ist der Einfluß des Publikums beträchtlich. Spielerisch vorgeführt zeigt sich das schon in *Hamlet* (III,2), wo das Spiel im Spiel abgebrochen werden muß, weil die königlichen Zuschauer verärgert das „Theater" verlassen.

Aufgrund der Tatsache, daß bei der Aufführung eines Dramas Produktion und Konsumtion parallel verlaufen, ist dem Drama ein höheres Maß an UNMITTELBARKEIT und GEGENWÄRTIGKEIT zueigen als anderen, nicht für die Aufführung bestimmten literarischen Formen. Immer wieder haben sowohl Dramatiker als auch Kritiker auf dieses Phänomen verwiesen und daraus wichtige Folgerungen gezogen.[9] Eine der beachtenswertesten Konsequenzen ist der **Prozeßcharakter** des Dramas als Theaterstück. „Ein Drama ist nicht, es ereignet sich", wie Friedrich Dürrenmatt es nannte.[10] Zwar ist es möglich, das Drama bei der Lektüre als ein Objekt zu betrachten, dies geht jedoch keinesfalls bei einer Theateraufführung; denn das Stück existiert erst am Ende einer Aufführung als Ganzes. Vorher **ist** es nur, soweit es jeweils gespielt ist, und ändert sich mit jedem Augenblick des Weiterspielens. Insofern als das Publikum der Aufführung folgen muß, sie nicht anhalten oder rückwärts spielen lassen kann, ergeben sich gewisse Notwendigkeiten für die Konzeption des Dramas, die hier bereits angedeutet und in den folgenden Problemfeldern ausführlicher beleuchtet werden sollen: Knappheit, Klarheit, Stimmigkeit, Lebendigkeit, Einprägsamkeit und Abgerundetheit sind jene Prinzipien, welche Figurenkonzeption, Handlungsgestaltung, Zeitbehandlung im Drama und sprachliche Formgebung beherrschen. Die Zuschauer müssen dem Dramenverlauf folgen können und sind im allgemeinen nicht geneigt, dies länger als drei Stunden zu tun.[11]

----

[9] Vgl. z.B. bereits Goethe und Schiller. *Briefwechsel,* Brief vom 23.12.1797 und 26.12.1797 oder Thornton Wilder. „Some Thoughts on Playwriting" in: James L. Calderwood und Harold E. Toliver, Hrsg. *Perspectives on Drama.* New York/London/Toronto, 1968, 5-13, 12.

[10] *Theaterprobleme,* 15.

[11] Vgl. Nicoll, 57-59.

2.2 Die Partner in der Theatersituation

Fragt man nach den Expedienten und Perzipienten im Kommunikationssystem des Dramas und läßt den Text für einen Augenblick außer acht, so ergeben sich eine Reihe von Fragestellungen. In bezug auf die Expedienten stellt sich das Problem, wer der eigentliche Sender ist, der Autor als Schöpfer der schriftlichen Textvorlage oder das Theaterensemble, das deren Realisierung vornimmt. Es ist auch nicht unerheblich, ob ein einzelner Leser oder eine Vielzahl von Zuschauern als Rezipienten vorgestellt werden.

2.2.1 Das Expedientenensemble: Autor — Theaterapparat - Regisseur — Schauspieler

Im Gegensatz zu anderen literarischen Texten hat das Drama nicht einen einzigen Schöpfer, sondern an der Erstellung des Spieltextes sind eine ganze Reihe von Personen beteiligt. Ist der Autor noch weitgehend allein verantwortlich, solange es sich um den gedruckten Text handelt, spielen Regisseur, Bühnenbildner, Beleuchter und Schauspieler für den szenischen Text eine nicht minder wichtige Rolle. Die folgende Skizze deutet den Weg eines Dramas vom Autor bis zur Aufführung an:[12]

----

[12] Eine sehr viel kompliziertere Skizze des Produktionsganges eines Dramas findet sich in: Martin Hürlimann, Hrsg. *Das Atlantisbuch des Theaters.* Zürich, 1966, 347, abgedr. in *Funkkolleg Literatur,* 2,98.

44

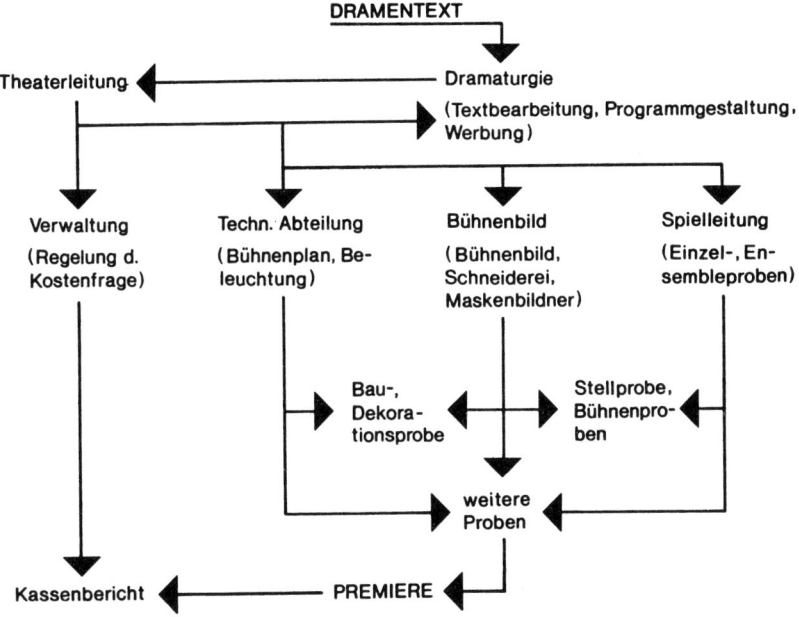

Der Verwaltungsapparat unserer großen Theater übt einen nicht zu unterschätzenden Einfluß aus. Er entscheidet mit über den Spielplan, sucht die Regisseure aus, engagiert Schauspieler und bewilligt die für eine Inszenierung benötigten finanziellen Mittel.

Die Skizze zeigt, wieviele Faktoren bei der Analyse eines Theaterstücks zu beachten sind.[13] Die Realisierung eines Dramas auf der Bühne ist eine Ensembleleistung und in hohem Maße arbeitsteilig. Daher konnte Thornton

---

[13] Vgl. Heinz Kindermann. „Notwendigkeit und Aufgaben der Spielplanforschung". *Maske und Kothurn*, 1 (1955), 156-166.

Wilder in seinen „Thoughts on Playwriting" zu Recht sagen: „The theatre is an art which reposes upon the work of many collaborators."[14]

Unter diesen „Kollaborateuren" sind Autor, Regisseur und Schauspieler sicher am wichtigsten. Der AUTOR erlangt in diesem Zusammenhang nicht nur aufgrund seiner schöpferischen Leistung große Bedeutung. Vor allem die Rolle, die er sich als Dramatiker in bezug auf die Gesellschaft zuweist, verdient Beachtung.

Die **Autorensoziologie** hat eine Reihe von Autorenstereotypen beschrieben, welche „sich auf zwei Grundmodelle reduzieren lassen: eine expressive Funktion, in der der Dramatiker einen bereits bestehenden gesellschaftlichen Konsensus affirmativ artikuliert, und eine instrumentale Funktion, in der ein Konsensus erst hergestellt oder verändert werden soll."[15] Der Autor kann in der Rolle des Interpreten eines religiös-politischen Mythos auftreten oder als Verkünder religiöser, moralischer und gesellschaftlicher Verhaltensnormen fungieren. Er mag sich als Unterhalter oder Kritiker der Gesellschaft seiner Zeit empfinden usw.

Zweifellos sind die SCHAUSPIELER für die Übermittlung des Dramentextes an die Zuschauer von erstrangiger Bedeutung. Es gehört zum Wesen des Theaters, daß es aktorgebunden ist. Mit ihrem Körper und ihrer Stimme verfügen sie über ein reiches Repertoire an Signalen, die sie in den Dienst der Rollengestaltung stellen. Der wichtigste Faktor ihrer Wirkung ist jedoch ihre konkrete menschliche Existenz. Darauf verweist John Whiting in seinem Aufsatz „Writing for Actors", wenn er schreibt: „. . . the actor's power lies not in his voice, his face or his mind, but in his humanity. Only in the theatre can we call upon men as men to interpret and communicate."[16]

Die Wirkung eines Dramas im Lektüreakt muß daher anders sein als die eines aufgeführten Theaterstücks. Während die Figuren mit ihren Handlungen und Sprechakten bei der Lektüre im Bereich der Phantasie verbleiben, werden die Figuren im Theater gleichzeitig imaginativ und sinnlich wahrgenommen. Auf der Bühne steht ein Mensch, ich sehe seine körperliche Gestalt,

---

[14] Calderwood, 5.

[15] Pfister, 1977, 53. Vgl. allgemein S. 51-53.

[16] in: *The Art of the Dramatist,* 104.

sein Kostüm, seine Miene, seine Gebärden, auch seine weitere Umgebung, lauter Dinge also, die ich etwa beim Lesen nicht habe, nicht als sinnliche Wahrnehmung."[17]

Eine Mittlerrolle zwischen Autor, Schauspieler und Drama nimmt der RE-GISSEUR ein; denn „sein spezifischer Stil, seine Auffassung von Ensemble-arbeit, seine dramentheoretischen Positionen"[18] beeinflussen die Auffüh-rung in entscheidendem Maße. Der Regisseur interpretiert die im schriftli-chen Textsubstrat verborgenen Ansichten des Autors, er koordiniert die Be-mühungen einer Vielzahl von Menschen um die Verwirklichung des Dramas und er überprüft die Wirkung des Spiels aus der Perspektive des Publikums. Hier liegt der wesentliche Unterschied zum *actor-manager* des 18. und 19. Jahrhunderts. Da dieser selbst mitspielte, konnte er die Wirkung nie anders als vom Blickwinkel des Schauspielers beurteilen. Die Handschrift des Regis-seurs charakterisiert die Inszenierung, verfälscht oder erhellt sie. Daher ist es verständlich, wenn moderne Dramatiker sich gerne an der Wahl des Regis-seurs für die Inszenierung ihrer Stücke beteiligen wollen.

2.2.2 Leser und Zuschauer als Perzipienten[19]

Bereits zu Beginn des Kapitels war die „Notwendigkeit des Betrachters, Zu-schauers oder Aufnehmenden"[20] für das Drama hervorgehoben worden. Gleich ob es im Leseakt oder durch Zuschauen rezipiert wird, immer bezieht es sich auf ein Gegenüber. Dies gilt auch dann, wenn das Publikum nur sel-ten direkt angesprochen wird. Ohne Perzipienten wären so wichtige dramati-sche Phänomene wie die DRAMATISCHE IRONIE[21] oder die DISCREP-

----

[17] Frisch. „Theaterprobleme", 259.

[18] *Funkkolleg Literatur 2*, 86.

[19] Der Begriff 'Perzipient' ist hier m.E. dem Begriff 'Rezipient' vorzuziehen, weil letz-terer passive Konnotationen hat, ersterer hingegen auf die Aktivität des Zuschauers verweist.

[20] Hans Christoph Angermeyer. *Zuschauer im Drama*. Frankfurt, 1971, 9.

[21] Darunter versteht man die im Drama häufig auftretende Situation, in der eine Figur aufgrund ihrer Fehleinschätzung der Lage sich anders verhält, als sie sich verhalten sollte, oder Aussagen macht, von denen das Gegenteil zutrifft. Der Zuschauer be-sitzt in solchen Fällen einen Wissensvorsprung gegenüber den Figuren.

ANCY of AWARENESS[22] nicht denkbar. Allerdings ist die Art der Perzeption unterschiedlich, je nachdem, ob es sich um einen Leser oder einen Zuschauer handelt. Der Leser nimmt das Drama als Einzelner wahr, der Theaterzuschauer dagegen als Teil eines Kollektivs. Außerdem ist die Wahrnehmung beim Lesen eine primär geistige, beim Zuschauen jedoch eine geistige und sinnliche. Infolgedessen unterscheidet sich der Akt des Lesens grundsätzlich von dem des Zuschauens.

TEXT 2

Vergleicht man die beiden Kommunikationsformen des Theaters miteinander, so ist der entscheidende Vorteil des Zuschauers gegenüber dem Leser darin zu sehen, daß ihm die „Überführung des Textes in physische Repräsentanz" von den Schauspielern und den übrigen Mitgliedern des künstlerischen Apparates abgenommen wird. Er wohnt der Aktualisierung der theatralischen Zeichenträger bei und kann sie unmittelbar auf sich wirken lassen. Doch die Dekodierung der Textvorlage durch andere hat eine wichtige Konsequenz, die sich als Nachteil der Aufführung gegenüber der Lektüre erweist: Die Aufnahmegeschwindigkeit des Publikums wird von der Bühne her bestimmt und nicht von ihm selbst, was dazu führt, daß sich bei störenden Einflüssen auf den Kanal die Gefahr von Informationsverlusten vergrößert.[23]

Solche Störungen sind z.B. ein zu großer Abstand des Betrachters von der Rampe oder ein ungünstiger Blickwinkel, Geräusche anderer Zuschauer, usw.

Während der Zuschauer nur die ihm von der Bühne aus übermittelten verbalen und nonverbalen Zeichen entschlüsseln und ordnen muß, ist der Leser darauf angewiesen, die zahlreichen Hinweise auf die Darstellungsmittel des Theaters im Haupt- und Nebentext erst imaginativ zu schaffen: „[He] must,

------

[22] Als solche bezeichnet Bertrand Evans (Shakespeare's Comedies. Oxford, 1960) die unterschiedliche Wahrnehmung der jeweiligen Situation bei Bühnenfiguren und Zuschauern. In Shakespeares Komödien z.B. durchschaut das Publikum aufgrund seines Informationsvorsprungs die Vorgänge, während die auf der Bühne agierenden Personen sich häufig täuschen und aufgrund unzulänglicher Einschätzungen der Lage handeln.

[23] Wuttke, 89 f.

48

so to speak, perform the whole play in his imagination; as he reads each effect must come home to him . . . "[24]

Sicher ist die Art und Zusammensetzung des Publikums für die Erfassung der Rezeption eines Dramas von großer Bedeutung. Die Publikumsforschung gehört sowohl in das Gebiet der Literaturwissenschaft als auch der Theaterwissenschaft, der Psychologie und der Soziologie. Kulturelle, politische und religiöse Vorstellungen, welche die Zuschauer prägen, spielen eine große Rolle hinsichtlich der Häufigkeit des Theaterbesuchs, der Art der Rezeption eines bestimmten Stückes und der dem Theaterbesuch möglicherweise folgenden vertiefenden Auseinandersetzung mit dem dramatischen Werk.[25] Vor allem die von kommerziellen Faktoren bestimmte Theatersituation in den angelsächsischen Ländern zeigt, wie der bestehende — oder auch durch ausgeklügelte Angebote veränderbare — Publikumsgeschmack bei den Entscheidungen des etablierten Management von Belang ist.

Da der größte Teil der Londoner Theater — die in England den Erfolg oder Mißerfolg eines Dramas bestimmen[26] — auf kommerzieller Basis betrieben werden, haben von vornherein nur solche Dramen eine Chance, aufgeführt zu werden, die eine große Anzahl von Zuschauern anziehen, damit eine lange Laufzeit garantieren (meist mehrere Monate, manchmal Jahre), und die hohen Investitionskosten einer Produktion wieder hereinbringen. Der größte Teil des Publikums setzt sich aus einem eher weiblichen als männlichen Mittelklassepublikum zusammen, das im Theater unterhalten werden möchte.[27] — Arbeiter scheinen in England genauso selten ins Theater zu gehen wie in Österreich.[28] — Folglich haben Musicals und Shows den größten Anteil am Spielplan (13 Produktionen im Vergleich zu nur 2 Shakespeare-

---

[24] Harley Granville-Barker und G. B. Harrison, Hrsg. *A Companion to Shakespeare Studies*. Cambridge, 1934, 84.

[25] Vgl. Reinhard Zobel. *Der Dramentext — ein Kommunikatives Handlungsspiel*. Göppingen, 1975, 84 ff.

[26] Vgl. Richard Martin. „Hinter den Kulissen. Einige erfolgsbedingende Faktoren des englischen Theaters: Geld, Macht und Subvention" in: Klaus-Dieter Fehse und Norbert H. Platz, Hrsg. *Das zeitgenössische englische Drama*. Frankfurt/Main, 1975, 11-24, 12.

[27] Peter H. Mann. „Surveying a Theatre Audience: Findings". *British Journal of Sociology*, 18 (1967), Heft 1, 75-90, 77 und 81.

[28] Zu diesem Ergebnis kommt Margret Dietrich. „Versuch, mit Arbeitern über Theater zu sprechen. Vorläufige Auswertung". Wien. Theaterwissenschaftliches Institut der Universität, 1972.

stücken und 1 Inszenierung eines ausländischen Klassikers).[29]

Die Situation ist dort anders, wo die Kosten des Theaters wenigstens teilweise von staatlichen Subventionen abgedeckt werden. (In Deutschland bedeutet das 50 - 65 % der laufenden Kosten im Schauspielbereich und bis zu 80 % im Bereich des Musiktheaters.[30]) Es ist auffällig, daß die subventionierten Theater meist REPERTOIREtheater sind, die gleichzeitig mehrere Inszenierungen im Spielplan haben und Abend für Abend ein anderes Drama anbieten. Die geringere Notwendigkeit der subventionierten Theater, die Kosten eines Stückes wieder hereinzubringen, veranlaßte John Russell Brown dazu, öffentliche Subventionen als „Theatre's most pernicious enemy" zu bezeichnen.[31] Andererseits erlaubt es jedoch die größere Unabhängigkeit vom Publikum, auch moderne, schwierige oder kostspielige Werke in den Spielplan aufzunehmen.[32] — Nur in geringem Maße wird der Spielplan im Hinblick auf die Abonnenten, durch die ein Teil der Kosten getragen werden,[33] gestaltet. Zwar achtet man auf eine Mischung von Oper, Operette, klassischem Schauspiel und Werken der Moderne, nimmt aber keine übermäßige Rücksicht auf deren Geschmack.[34]

Die Zusammensetzung des PUBLIKUMS ist nicht nur für die Rezeption eines Dramas von Bedeutung, sondern auch für dessen Abfassung. Bekanntlich trug Shakespeare der sozialen Schichtung seiner Zuschauer Rechnung, indem er Ungebildeten und Gebildeten ein Beteiligungsangebot machte und sie sowohl mit derbem Humor wie mit intellektuellen Subtilitäten und poetischen Glanzlichtern zu fesseln versuchte.[35] Auch Molières Lustspiele sind

––––––––

[29] Vgl. die Übersicht bei Martin, 11.

[30] Die Zahlen finden sich im *Funkkolleg Literatur*, 2, 99.

[31] „The Subtle Perils of Subsidy". *Theatre Quarterly*, 11 (1973), 33-39, 34.

[32] Der Spielplan für die Spielzeit 1977/78 in Mannheim zeigt folgende Verteilung: 14 „klassische" Opern; 2 moderne Opern; 5 Operetten; beim Schauspiel halten sich klassische und moderne Stücke die Waage.

[33] Vgl. Henning Rischbieter. „Theaterpolitik, Theaterfinanzierung: Theater in der Bundesrepublik 1949-76 — ein stabiles oder ein starres System?" *Theater heute*, Jahresheft 1976, 178 ff.

[34] Ebd., 180-182 über die Auswirkungen des Abonnementsystems.

[35] Vgl. Alfred Harbage. *Shakespeare's Audience*. New York, 1941.

auf ein bestimmtes Publikum zugeschnitten: *la cour et la ville* als Repräsentanten des Ideals vom *honnête homme.*[36] Lessings, Schillers oder Ibsens Dramen schließlich illustrieren ebenfalls die gegenseitige Bedingtheit von Sozialstruktur der Zuschauer und Problematik der Dramen.[37] Besonders einleuchtend läßt sich der Einfluß des von der jeweiligen Publikumsstruktur abhängigen Geschmacks der Zuschauer auf die Textproduktion auch an Bearbeitungen von Dramen aus früheren Epochen veranschaulichen.[38]

Es ist allerdings zu berücksichtigen, daß die Konzeption eines Dramas nicht unbedingt von einem **realen** Publikum abhängig zu sein braucht. Es kann sich auch um ein **virtuelles** — nur gedachtes Publikum handeln. Dies trifft dann zu, wenn Dramatiker mit ihrem Werk dem Zeitgeschmack vorauseilen — das absurde Theater ließe sich hier als Beispiel anführen — und das Publikum erst allmählich die in den Werken dargestellten Fragen als für sich relevant erachtet.

Für eine Analyse des Zuschauerverhaltens sind noch einige weitere Faktoren von Bedeutung. Das Verhalten eines Zuschauers ändert sich, je nachdem, ob er in einer kleinen Gruppe Gleichgesinnter sitzt oder in einer Masse aufgeht. Das Theaterpublikum nimmt eine Mittelstellung zwischen Kollektiv und Individuum ein.

Kollektiverfahrung gehört zu den Grundbedingungen der Dramenrezeption im Theater. Sie ist mit der Geschichte des Dramas seit seinen rituellen Anfängen in Griechenland eng verbunden. Diese Tatsache unterscheidet es von anderen Kunstgattungen sowohl innerhalb der Literatur als auch nach außen in bezug auf die Malerei, Bildhauerei oder Musik.

Einerseits haben die Verhaltensweisen des Theaterpublikums eine Reihe von Gemeinsamkeiten mit denen der Menge, andererseits unterscheiden sie sich: Erstens ist es wie jede Menschenmasse dadurch charakterisiert, daß der Einzelne in der Gesamtheit aufgeht und ein gewisses Gruppengefühl entsteht. Dennoch ist sich der Theaterbesucher im Gegensatz zum Glied einer Masse

----

[36] Erich Auerbach. *Das französische Publikum des 17. Jahrhunderts.* München, 1933.

[37] Dies wird bei Lessings *Minna von Barnhelm,* Schillers *Kabale und Liebe* sowie Ibsens *Nora* besonders deutlich.

[38] Vgl. die auf der Shakespeare-Tagung 1977 in Gießen gehaltenen Vorträge von Hermann Fischer und Herbert Grabes über die Bearbeitungen von Shakespeares *Measure for Measure. Shakespeare Jahrbuch* (West), 1978/79.

immer noch seiner Individualität bewußt. — Zweitens hat das Publikum, wie die Masse, ein niedrigeres intellektuelles Niveau als der einzelne Theaterbesucher und ist emotional leichter zu beeinflussen. Darauf gründet zum Teil die Wirkung von Theaterstücken, vor allem des Lachens in der Komödie.[39]

Das Theatererlebnis vereint die einzelnen Zuschauer für die Zeit der Aufführung zu einem ganzheitlichen Publikum, das, wie Uri Rapp in seiner Studie *Handeln und Zuschauen* deutlich macht, ebenso durch Rollenverhalten gekennzeichnet ist, wie das bei den Schauspielern der Fall ist:[40]

TEXT 3

> Die Zentrierung der Wahrnehmung, Aufmerksamkeit und Kathexis auf die Handelnden und deren Interaktion macht die Anwesenden aus einer in Teilgruppen und Einzelne mit nicht relevanten Rollen aufgespaltene Menge . . . zu einer einheitlichen; diese Einheitlichkeit ist nicht eine Kollektivseele oder eine nur metaphysisch zu definierende „Gemeinschaft", sondern ein Publikum, das durch die Übernahme . . . der Rolle S [= spectator, Zuschauer] zu einer einheitlichen Gesamtheit zusammengefaßt wird.

Für den Leser wie für den Zuschauer ist die Rezeption des Dramas kein passives In-sich-Aufnehmen, sondern Aktivität: Er muß die Aussagen der einzelnen Figuren koordinieren, die Rollen als solche definieren und aus seiner Überperspektivität (vgl. 2.3) heraus die Äußerungen der *dramatis personae* zu einem Sinngefüge zusammenschließen. Gerhart Hauptmann verwies in seinen Bemerkungen über das eigene Drama *Die Ratten* auf diese aktive Haltung des Zuschauers, wenn er schrieb:

TEXT 4

> Vom Teil zur Einheit des Ganzen muß der Zuschauer schreiten und wieder vom Ganzen zu den Teilen den Weg hin und her, wie ihn der Dichter während des Schaffensprozesses immer wieder geschritten

––––––

[39] Siehe Lise Gauthier-Florenne. „Le public et la foule" in: André Villiers, Hrsg. *Théâtre et Collectivité*. Paris, 1953, 37-48 und Nicoll, 19 ff. sowie Jan Doat. *Entree du Public. La Psychologie Collective et le Théâtre*. Paris, 1947.

[40] Uri Rapp. *Handeln und Zuschauen*. Darmstadt/Neuwied, 1973, 190 f. Zum folgenden ebd. 230 f.

ist. So entsteht, so rundet sich das Werk, so muß das Werk vom Zuschauer neu geschaffen werden, wenn es zu seiner Existenz in ihm ge-
langen soll, wie es im Dichter seine Existenz erzwang.[41]

2.3 Inneres und vermittelndes Kommunikationssystem

2.3.1 Die Absolutheit des Dramas

Sowohl die kommunikative Beziehung zwischen dem Autor, Drama und Leser als auch dem Theaterapparat, der Aufführung und dem Zuschauer gehört
einem ÄUSSEREN KOMMUNIKATIONSSYSTEM an. Rücken wir nun die
Kommunikationssituation im Drama selbst in den Mittelpunkt, so wird die
Existenz eines INNEREN KOMMUNIKATIONSSYSTEMS deutlich, in dem
die Schauspieler als Rollenträger ausschließlich miteinander kommunizieren.
Aufgrund der Geschlossenheit des inneren Kommunikationssystems kam Peter Szondi zu dem Ergebnis, das Drama sei „absolut" im Sinne einer weitge-
henden Unabhängigkeit von Autor wie Zuschauern.

TEXT 5

Das Drama ist absolut. . . . Es kennt nichts außer sich.
Der Dramatiker ist im Drama abwesend. . . . Das Drama ist lediglich
als Ganzes zum Autor gehörend, und dieser Bezug gehört nicht we-
senhaft zu seinem Werksein.
Die gleiche Absolutheit weist das Drama dem Zuschauer gegenüber
auf. Sowenig die dramatische Replik Aussage des Autors ist, sowenig
ist sie Anrede an den Zuschauer.[42]

Diese Charakterisierung trifft zweifelsohne den Kern des Dramatischen,
denn der Autor vertritt seine Absichten weder durch ein direktes Sprachrohr
noch über einen Erzähler.

TEXT 6

Certainly, the method of rendering meaning through the juxtaposing
of characters, and not through the telling of an author, is properly
the method of drama, and not of narrative forms. . . . Having to do

----

[41] Hauptmann, 114 f.
[42] *Theorie des modernen Dramas.* Frankfurt, [9]1973, 15.

without authorial narrative, the playwright is almost wholly dependent upon dramatic juxtapositions (which create *scenes*) to communicate action and meaning.[43]

Die *dramatis personae* präsentieren ihnen eigene Einstellungen, die mit den Maßstäben des Autors nicht identisch zu sein brauchen. Dies hebt Pirandello hervor, wenn er feststellt: „If he [i.e. the author] really has created characters and placed men, not mannequins, on the stage, each one of them will have a specific way of expressing himself. Then the play, when read, will seem to have been written by more than one author, its dialogue made up in the heat of action by the individual characters, not by their creator."[44] Lediglich das Drama als Ganzes trägt den Stempel der Autors.

Überzeugt die These von der Absolutheit des Dramas in bezug auf das Verhältnis von Autor und Werk, so muß sie in bezug auf den Zuschauer und Leser modifiziert werden. Denn implizit ist jede Kommunikation im Drama Metakommunikation zum Publikum hin, sonst könnte man nicht von einer Rhetorik der Aufführung sprechen. Die Paradoxie der Kommunikationssituation des Dramas liegt gerade darin, daß zwar eine Geschlossenheit des Kommunikationssystems explizit vorgestellt sein mag, implizit aber die Zuschauer die Adressaten sind.

Das Streben nach absoluter Geschlossenheit des inneren Kommunikationssystems ist nur für bestimmte Autoren charakteristisch. Dramatiker wie Ibsen, Strindberg und Tschechow wollten den Eindruck von totaler Eigenständigkeit der Spielwelt aufrechterhalten und vermieden daher jeglichen direkten Appell an den Zuschauer. Die Guckkastenbühne mit ihrer Trennung von Bühnen- und Zuschauerraum durch die Rampe, den Vorhang und die Beleuchtung unterstützte ihre Bestrebungen. Das Publikum blickt hier gleichsam in einen Raum, in dem die vierte Wand fehlt, ohne daß dies den agierenden Personen bewußt ist. Die Schauspieler tun ebenfalls so, als spielten sie nicht vor Zuschauern.

2.3.2 Das „vermittelnde" Kommunikationssystem

Es gibt eine Reihe von Dramen- und Bühnenformen, die der Existenz des

––––––––

[43] Paul M. Levitt. *A Structural Approach to the Analysis of Drama.* Den Haag, 1971, 17.

[44] „Spoken Action" in: Bentley, 1970, 155.

Publikums nicht nur implizit, sondern auch explizit Rechnung tragen, indem eine zeitweilige direkte Hinwendung zum Publikum stattfindet. Im folgenden sollen einige der häufigsten rhetorischen — d.h. der direkten Hinwendung zum Zuschauer dienenden — Konventionen vorgestellt werden, die dem zwischen der Welt der Zuschauer und der Spielwelt des Dramas VERMITTELNDEN KOMMUNIKATIONSSYSTEM angehören. In bezug auf das innere Kommunikationssystem sind sie als ILLUSIONSDURCHBRECHUNGEN zu werten. Diese dramaturgischen Techniken haben mehrere Funktionen: Einerseits heben sie die Fiktivität der Handlung im inneren Kommunikationssystem hervor und betonen damit den Spielcharakter des Dramas (Prolog, Epilog, Spielleiter). Andererseits gibt es dramaturgische Konventionen, welche in erster Linie der Information des Publikums dienen und ihm das Verständnis von Handlung und Charakteren erleichtern (Beiseitesprechen und Monolog). Schließlich werden sie auch zur Steuerung der Rezeptionshaltung eingesetzt und erleichtern dem Zuschauer die Bewertung des Spielgeschehens (Kommentarfiguren, Chor). Dabei ist zu beachten, daß alle Funktionen gleichzeitig erfüllt werden können, aber nicht müssen.

In zahlreichen Dramen bilden PROLOG und EPILOG den Rahmen für die Spielhandlung des inneren Kommunikationskreises und überbrücken die Distanz zwischen der Bühne und den Zuschauern. Ob dafür nun besondere Sprecher eingeführt oder ob sie von an der Spielhandlung teilnehmenden Schauspielern gesprochen werden, ihre Aufgabe ist stets dieselbe: Der Schauspieler wendet sich direkt an das Publikum, um ihm Mitteilungen über Inhalt, Voraussetzungen oder Bewertungen des Spiels zu machen. Zwei Beispiele können dies verdeutlichen.

BEISPIEL 1: Ben Jonson. *The Alchemist.* Prolog

> Fortune, that favours fools, these two short hours
>   We wish away; both for your sakes, and ours,
> Judging spectators: and desire in place,
>   To th'author justice, to ourselves but grace.
> Our scene is London, 'cause we would make known,
>   No country's mirth is better than our own.
> No clime breeds better matter, for your whore,
>   Bawd, squire, imposter, many persons more,
> Whose manners, now called humours, feed the stage:
>   And which have still been subject, for the rage
> Or spleen of comic writers. Though this pen
>   Did never aim to grieve, but better men;

Howe'er the age, he lives in, doth endure
   The vices that she breeds, above their cure.
But, when the wholesome remedies are sweet,
   And, in their working, gain, and profit meet,
He hopes to find no spirit so much diseased,
   But will, with such fair correctives be pleased.
For here, he doth not fear, who can apply.
   If there be any, that will sit so nigh
Unto the stream, to look what it doth run,
   They shall find things, they'd think, or wish, were done;
They are so natural follies, but so shown,
   As even the doers may see, and yet not own.

BEISPIEL 2: William Shakespeare. *The Tempest.* Epilog (Spoken by Prospero)

Now my charms are all o'erthrown,
And what strength I have's mine own,
Which is most faint: now, 'tis true,
I must be here confin'd by you,
Or sent to Naples. Let me not,
Since I have my dukedom got,
And pardon'd the deceiver, dwell
In this bare island by your spell;
But release me from my bands
With the help of your good hands:
Gentle breath of yours my sails
Must fill, or else my project fails,
Which was to please. Now I want
Spirits to enforce, Art to enchant;
And my ending is despair,
Unless I be reliev'd by prayer,
Which pierces so, that it assaults
Mercy itself, and frees all faults.
   As you from crimes would pardon'd be,
   Let your indulgence set me free.

Die beiden Textpassagen verweisen direkt auf die Theatersituation und betonen damit die Fiktivität und den Spielcharakter des Folgenden bzw. Vorhergegangenen. Aufführungsdauer, Publikumsappell, Schlußapplaus und (im Epilog zu *The Tempest*) Rollenspiel sind wesentliche Bestandteile des Theaterereignisses, dessen Bedingungen Schauspielern wie Zuschauern bewußt sind.

Auf andere Weise wird die Fiktivität des Spielgeschehens in jenen Dramen unterstrichen, in denen eine SPIELLEITERfigur das folgende Geschehen vorstellt. Diese Funktion wurde bereits im antiken Drama vom Chor übernommen, z.B. bei Sophokles in *Antigone*. Auch die Passionsspiele des Mittelalters hatten einen *praecursor,* der die Spiele einführte. Besonders wichtig ist die Spielleiterrolle im epischen Theater des 20. Jahrhunderts. Der „Sänger" in Brechts *Kaukasischem Kreidekreis,* der *stage manager* in Thornton Wilders *Our Town* oder Tom in Tennessee Williams *The Glass Menagerie* stellen auf der vermittelnden Kommunikationsebene den Kontakt zu den Zuschauern her, präsentieren die eigentliche Spielhandlung und exponieren sie damit explizit in ihrem Spielcharakter.

Anders als die bisher vorgestellten dramaturgischen Konventionen dienen BEISEITESPRECHEN, MONOLOGE und direkte Anreden an die Zuschauer eher der Publikumsinformation als der Akzentuierung des Spielcharakters. Die Glaubhaftigkeit dieser Redeformen beruht auf der „Verabredung" zwischen Autor und Publikum, daß die Versprachlichung von im Alltagsleben meist Unausgesprochenem akzeptiert wird, „damit gewisse Erfordernisse der Darstellung erfüllt werden können."[45] Denn in der Tat ist es wenig wahrscheinlich, daß Intriganten und Heuchler wie Iago in *Othello* oder Tartuffe in der gleichnamigen Komödie ihre Pläne so offen formulieren würden. Ihre Selbstäußerungen sind durch den konventionellen Charakter des Kunstgriffs sanktioniert. Der Zuschauer übernimmt hier die Rolle des Vertrauten und wird für die Dauer der direkten Anrede in das Spiel miteinbezogen.

In besonderem Maße gilt dies für das BEISEITESPRECHEN *(aside)*. Diese Redeform ist dadurch gekennzeichnet, daß die Figur an anderen Figuren vorbei zum Publikum hinspricht, wobei die Mitspieler nichts zu hören vorgeben. In den *asides* wird die Spielhandlung kommentiert, der Sprecher enthüllt geheime Absichten oder er charakterisiert andere Charaktere. Die damit verbundene Wirkung illustriert der folgende Auszug aus der Intrigenkomödie *Volpone* von Ben Jonson. Moscas *asides* sind gewissermaßen eine dritte Stimme im Dialog mit Corbaccio.

---

[45] Wolfgang Clemen. *Shakespeares Monologe*. Göttingen, 1964, 9. Vgl. auch 11.

BEISPIEL 3: *Volpone,* I, 4, 122-131.

MOSCA.   You are he
            For whom I labour here.
CORBACCIO.   Ay, do, do, do.
            I'll straight about it.
MOSCA [aside] Rook go with you raven!
CORBACCIO. I know thee honest
MOSCA [aside] You do lie sir.
CORBACCIO   And —
MOSCA [aside] Your knowledge is no better than your ears, sir.
CORBACCIO. I do not doubt to be a father to thee.
MOSCA [aside] Nor I to gull my brother of his blessing.
CORBACCIO. I may ha' my youth restored to me, why not?
MOSCA [aside] Your worship is a precious ass —
CORBACCIO.   What say'st thou?
MOSCA.   I do desire your worship to make haste, sir.

Der MONOLOG *(soliloquy)* wird als Selbstäußerung auf leerer Bühne gesprochen und tritt in einer Fülle von Funktionen auf: als „Übergangsmonolog"
zur Überbrückung zwischen zwei Auftritten (Gotthold Ephraim Lessing,
Emilia Galotti, III, 2); als „epischer Monolog" zur Vorbereitung neuer Situationen oder Einführung nicht dargestellter Vorgänge (J. W. Goethe, *Faust,*
Erster Teil, Eingangsmonolog, „Nacht"); als „Reflexionsmonolog" zur Analyse der Situation und der eigenen Gefühle (Shakespeare, *Hamlet,* I, 2, 129-
159); als „Entscheidungs-" oder „Konfliktmonolog", in dem das Für und
Wider weiterer Handlungen debattiert wird (Corneille, *Le Cid,* I,6) usw.
Meist verquicken die Monologe mehrere der genannten Funktionen miteinander, wie der Eingangsmonolog in Shakespeares *Richard III* zeigt: das Publikum wird über die Ausgangslage informiert, der Protagonist stellt sich
selbst vor und legt seine Pläne dar.

BEISPIEL 4: *Richard III*, I, 1, 28-40

            Why, I, in this weak piping time of peace,
            Have no delight to pass away the time,
            Unless to spy my shadow in the sun
            And descant on mine own deformity:
            And therefore, since I cannot prove a lover,
            To entertain these fair well-spoken days,
            I am determined to prove a villain
            And hate the idle pleasures of these days.
            Plots have I laid, inductions dangerous,

By drunken prophecies, libels and dreams,
To set my brother Clarence and the king
In deadly hate the one against the other:
And if King Edward be as true and just
As I am subtle, false and treacherous,
This day should Clarence closely be mewed up,
About a prophecy, which says that G
Of Edward's heirs the murderer shall be.
Dive, thoughts, down to my soul — here Clarence comes.

In noch stärkerem Maße als Beiseitesprechen und Monologe dienen direkte Anreden an das Publikum sowie von Kommentarfiguren gesprochene KOMMENTARE der Beurteilung des Geschehens. Kommentarfiguren gehören insofern ebenfalls dem vermittelnden Kommunikationssystem an, als sie aus der eigentlichen Spielhandlung entweder immer wieder heraustreten, aus der Rolle fallen (wie dies häufig die Intrigantenfiguren in satirischen Komödien tun) oder gar nicht erst in die Handlung integriert sind. Letzteres läßt sich an Ben Jonsons Komödie *Every Man Out of His Humour* aufzeigen, wo die „Freunde" des Autors, Cordatus und Mitis, das Geschehen betrachten und bewerten, ohne direkt in es einzugreifen. Wie der Chor in der antiken Tragödie haben sie eine Doppelrolle: Sie sind einerseits Sprachrohr des Autors und repräsentieren andererseits den idealisierten Rezipienten. Als „idealische Stellvertreter der Zuschauer"[46] suggerieren sie dem Publikum die vom Autor intendierte Rezeptionsperspektive.

Der Begriff der PERSPEKTIVE wurde bisher weitgehend in der Romandiskussion gebraucht, ist aber nach neueren Forschungen[47] für das Drama ebenfalls von Bedeutung. Den beiden für das Drama erstellten Kommunikationskreisen entsprechend ist grundsätzlich zwischen den Figurenperspektiven der *dramatis personae* im drameninternen Kommunikationssystem und der Rezeptionsperspektive der Zuschauer zu unterscheiden. Letztere ist durch die Zusammenschau aller dramenimmanenten Perspektiven gekennzeichnet; sie ist „Metaperspektive".[48] Die intendierte Rezeptionsperspek-

------

[46] August Wilhelm Schlegel. *Über dramatische Kunst und Literatur.* Heidelberg, 21817, 1. Teil, 90.

[47] Manfred Pfister. *Studien zum Wandel der Perspektivenstruktur in elisabethanischen und jakobäischen Komödien.* München, 1974.

[48] Vgl. Rapp, 65f.

tive kann, muß aber nicht, vom Autor gesteuert werden. Dramentitel, Prolog, sprechende Namen, Chor oder Kommentare sind als solche rezeptionslenkenden Kunstgriffe zu betrachten. Auch die Figurentypen des Narren, Dieners, Vertrauten oder Freundes liefern dem Zuschauer Rezeptionsvorgaben.

Aufgrund der Beziehung von Figurenperspektiven und intendierter Rezeptionsperspektive erstellte Manfred Pfister drei Typenreihen für das Drama.[49] Im „a-perspektivischen Drama" agieren die Personen nicht in einer autonomen Spielwelt, sondern sie sind als Sprachrohre der Weltsicht des Dramatikers zu verstehen. Figurenperspektive und Rezeptionsperspektive sind weitgehend identisch. Dies gilt für das didaktische Drama, z.B. für die Moralitäten. Im „Drama der geschlossenen Perspektivenstruktur" ist die Rezeptionsperspektive vom Zuschauer selbst zu finden. Die Figuren vertreten jeweils die ihrer Disposition und Kenntnis des Spielgeschehens entsprechende Perspektive. Die Rezeptionsperspektive entsteht aus der Kontrastierung und Korrespondenz der Figurenperspektiven. Dramenformen, welche einen hohen Absolutheitsgrad im Szondischen Sinne haben, z.B. die Stücke Ibsens oder Tschechows, gehören in diese Kategorie. Dabei ist es möglich, daß der Autor durch Titel, Figurenkonstellationen und andere dramaturgische Kunstgriffe Orientierungshilfen gibt. Existiert im „Drama der geschlossenen Perspektivenstruktur" noch eine intendierte Rezeptionsperspektive, so fehlt diese im „Drama der offenen Perspektivenstruktur" völlig. Die Figurenperspektiven stehen in einem so komplexen und teilweise widersprüchlichen Verhältnis zueinander, daß die vom Autor intendierte Rezeptionsperspektive nicht mehr festzulegen ist. Ein Beispiel dafür findet man in G.B. Shaws *Man and Superman*.

Die auf den vorhergehenden Seiten vorgestellten dramaturgischen Kunstgriffe wurden nach der sie dominierenden Funktion gegliedert, sind jedoch potentiell polyfunktional. Die Aufgaben des Chors im Drama (z.B. bei Shakespeares *Henry V*) beschränken sich nicht nur darauf, das Spielgeschehen zu umrahmen. Der Chor kann auch Zeitspannen überbrücken, die Ereignisse kommentieren, das Publikum informieren, genauso wie im Monolog meist mehrere Funktionen miteinander verbunden werden. Gemeinsam ist all diesen dramaturgischen Konventionen die Herstellung einer weiteren, zwischen innerem und äußerem Kommunikationssystem vermittelnden Ebene, welche die für das Drama postulierte Absolutheit relativiert und einschränkt. Sie unterscheiden sich jedoch durch den Grad ihrer Integration in die interne Spiel-

---

[49] Eine ausführliche Diskussion der Perspektivenstruktur findet sich in: Pfister, 1977, 90-103.

handlung. Sind Prologe, Vorspiele, Epiloge und manche Spielleiter- sowie Kommentarfiguren eindeutig aus dem eigentlichen Spielgeschehen ausgeklammert, so durchbrechen hingegen Monologe, *asides* sowie die ans Publikum gerichteten Kommentare von Chor und am Spiel teilnehmenden Figuren das innere Kommunikationssystem, ohne ganz aus ihm herauszutreten.

Sollen diese Techniken wirkungsvoll eingesetzt werden, ist ein engerer Publikumskontakt nötig, als ihn die Guckkastenbühne mit ihrer Betonung der trennenden Rampe herzustellen vermag. Es ist auffällig, daß die Spielkonventionen der vermittelnden Kommunikationsebene vor allem in jenen Dramen auftreten, welche für Bühnentypen konzipiert wurden, deren physische Gestalt die Grenze zum Zuschauerraum leicht überspielbar macht: das griechische Theater, die mittelalterliche Simultanbühne (vor allem in der Kreisform), die elisabethanische Schürzenbühne mit ihrer weit ins Publikum vorspringenden Plattform und die moderne Arenabühne. Die Guckkastenbühne dagegen schafft eine genaue Trennungslinie zwischen Zuschauerraum und Bühne.

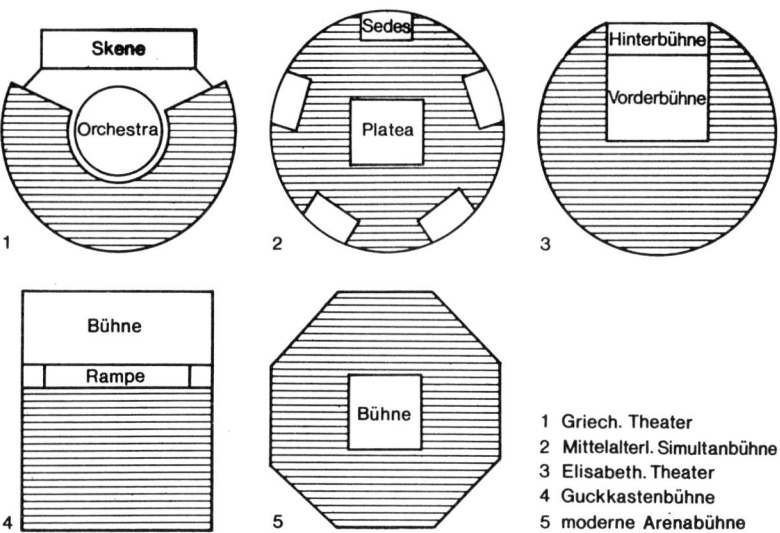

1 Griech. Theater
2 Mittelalterl. Simultanbühne
3 Elisabeth. Theater
4 Guckkastenbühne
5 moderne Arenabühne

61

Mit Ausnahme der Guckkastenbühne ist die Grenze zwischen Zuschauer-raum und Bühne bei den hier skizzierten Bühnenformen nicht scharf gezo-gen. Der Zuschauer kann einerseits in den Bühnenraum eindringen, wie dies im elisabethanischen Theater zum Bedauern mancher Autoren üblich war;[50] andererseits kann der Zuschauerraum in die Bühnenaktion miteinbezogen werden – eine Praxis, die vor allem von modernen Regisseuren immer wie-der geübt wird.

2.4   Intendierte Wirkungen des Dramas

TEXT 7

> ... a play ought to be, *A just and lively image of human nature,* *representing its passions and humours, and the changes of fortune to* *which it is subject, for the delight and instruction of mankind.*[51]

> ... und darum wählte er [d.h. der Gesetzgeber] vor allem andern die Bühne, die dem nach Tätigkeit dürstenden Geist einen unendlichen Kreis eröffnet, jeder Seelenkraft Nahrung gibt, ohne eine einzige zu überspannen, und die Bildung des Verstandes und des Herzens mit der edelsten Unterhaltung vereinigt.[52]

Passagen wie die hier angeführten lassen sich beliebig vermehren, denn von der Antike bis in die Moderne wurden dem Drama wichtige Funktionen zu-gewiesen. Auf den allgemeinsten Nenner gebracht, sind sie unter drei Begrif-fe zu subsumieren: das Drama will **unterhalten, belehren** sowie intellektuell und emotional **stimulierend wirken.** In der Renaissance hoben die Theore-tiker in ihren Diskussionen immer wieder diese dreifache Wirkung der Bühne hervor: *delectare, prodesse et movere.* Zur Absicherung stützten sie sich auf Horaz, der in der Schrift *De Arte Poetica* die Absicht der Dichter als „aut prodesse volunt aut delectare poetae" charakterisiert hatte. (Z. 333)

------

[50] So klagte z.B. Ben Jonson immer wieder darüber, daß die auf der Bühne sitzenden Zuschauer die Aufmerksamkeit der übrigen Zuschauer vom Drama ablenkten. Mit dieser Gewohnheit setzten sich die Koproduzenten Francis Beaumont und John Fletcher in souveräner Weise in ihrer Komödie *The Knight of the Burning Pestle* auseinander.

[51] John Dryden. *An Essay of Dramatic Poesy* in: Norbert H. Platz, Hrsg. *English Dramatic Theories,* I. Tübingen, 1973, 82.

[52] Schiller. „Die Schaubühne als eine moralische Anstalt betrachtet" in: *Werke,* 2 Bde. München, o.J., Bd. 2, 472.

Es ist selbstverständlich, daß das Drama — wie alle Literatur — **unterhalten** solle. Bereits Sir Philip Sidney hatte in seiner *Apologie der Dichtkunst* dem Dichter den Vorrang vor dem Philosophen und Geschichtsschreiber gegeben, weil er auf unterhaltsame Weise belehren und zu einem tugendhaften Leben führen könne.[53]

Die **belehrende** Wirkung darf nicht in einem engen Sinne als moralische Unterweisung ausgelegt werden. Zwar war dies zweifelsohne das Ziel vieler Dramatiker von der Renaissance bis ins 18. Jahrhundert. Die Forderung ist jedoch in einem viel umfassenderen Sinne zu verstehen, nämlich als Aufdeckung seinsmäßiger Gegebenheiten oder gesellschaftlicher Zustände, als Hilfe zur Selbstfindung des Zuschauers im ästhetischen Erlebnis.[54] Durch die Einsicht in die Wirklichkeit ist das Drama in einem allgemeineren Sinne erzieherisch, als dies ein bloßes Lehr- und Propagandatheater zu sein vermag. In dieser Hinsicht wirken selbst noch jene Dramatiker belehrend, die es, wie Edward Albee oder Eugène Ionesco, weit von sich weisen, didaktische Autoren zu sein.

Der Wirkungsprozeß des Dramas geht aber noch weiter. Über die angenehme Unterhaltung und nützliche Belehrung hinaus soll das Drama an Gefühl und Verstand appellieren, um Verhaltensänderungen anzuregen: Die Abbildung abstoßender Menschen und Ereignisse soll abschrecken, die Darstellung positiver Gestalten den Wunsch zur Nachahmung wecken und die Analyse gesellschaftlicher Mißstände zu deren Beseitigung auffordern.

Die Kategorie des *movere* wurde seit der Renaissance als sehr wichtiger Faktor für die Rechtfertigung des Theaters betrachtet. Über den Gefühlsappell wollte man die Menschen zu einem guten Leben führen.[55] Diese persuasive Wirkung ist für das moderne Drama im Sinne einer Therapie und Hilfe zur Selbsterkenntnis durch Fremderkenntnis umdeutbar: „Mitten in der Aufführung wird im Zuschauer-Ich ein bis dahin verschlossen gebliebener Vorhang weggezogen oder eine bis dahin bestandene Ich-Verkrampfung gelöst — gleichgültig, ob das sofort ins Bewußtsein tritt oder ob es erst bei

---

[53] Sir Philip Sidney. *Apology for Poetry*. Geoffrey Shepherd, Hrsg. London, repr. 1967, 106 ff.

[54] Hans Georg Gadamer. *Wahrheit und Methode*. Tübingen, [4]1975, 60-66.

[55] Vgl. dazu Kap. I in Norbert H. Platz. *Ethik und Rhetorik in Ben Jonsons Dramen*. Heidelberg, 1976, 18-26.

viel späteren Analogiebegegnungen des Ich offenbar wird."[56]

Die drei hier vorgestellten Wirkungsmöglichkeiten sind vom Autor im Text angelegt, sind also **Intention**. Damit sie tatsächlich realisiert werden, versucht der Dramatiker, die Reaktionen des Lesers und Zuschauers durch eine Reihe von „Rezeptionsmustern" im Text zu steuern. Hier liegt die Funktion der in 2.3 behandelten dramaturgischen Konventionen des vermittelnden Kommunikationssystems. Aber auch die Identifikation mit der Hauptgestalt, die Einführung einer Berater- oder Vertrautenfigur, deren Sicht sich der Zuschauer anschließen kann, sowie der gesamte Handlungsverlauf gehören zu den rhetorischen Steuerungsmechanismen, welche die Rezeptionshaltung und die mögliche Wirkung bestimmen.[57]

Die Wirkungen des Dramas werden aus einer doppelsinnigen Haltung des Zuschauers heraus möglich. Einerseits hat er die Fähigkeit dabeizusein, andererseits befindet er sich in einer Distanzhaltung, die ihm eine Überperspektivität erlaubt. Je nachdem, welcher Faktor akzentuiert wird, überwiegen Empathie und Engagement oder Beobachtung und Reflexion. Beide Haltungen sind aber gleichzeitig im Zuschauer vorhanden.

Im satirischen Drama und epischen Theater dominiert z.B. die **Distanzhaltung**; die Wirkung der romantischen Komödie und der Tragödie beruht dagegen eher auf der **Identifikationsfähigkeit**. Im absurden Drama wird der Zuschauer, was seine Reaktionen anlangt, verunsichert. Identifizieren kann er sich nicht, eine absolute Distanz ist ebenso unmöglich. Aus dieser Spannung heraus entwickelt sich entweder eine totale Ablehnung oder eine intensive Auseinandersetzung mit den Grundbedingungen der menschlichen Existenz.

Zweifellos werden die rhetorischen Wirkungsmöglichkeiten des Dramas durch die Unmittelbarkeit und Gegenwärtigkeit der Aufführung verstärkt. „So gewiß sichtbare Darstellung mächtiger wirkt als toter Buchstabe, so gewiß wirkt die Schaubühne tiefer und dauernder als Moral und Gesetz", schrieb Schiller.[58] Kollektiverlebnis und lebendige Anschauung räumen gerade dem aufgeführten Drama eine stärkere persuasive Wirkung ein als etwa

----

[56] H. Kindermann. „Plädoyer für die Publikumsforschung". *Maske und Kothurn,* 17 (1971), 297.

[57] Vgl. Rolf Fieguth. „Zur Rezeptionslenkung bei narrativen und dramatischen Werken". *Sprache im Technischen Zeitalter,* 47 (1973), 186-201.

[58] Schiller. „Die Schaubühne als eine moralische Anstalt", 466.

dem Roman oder dem Epos. Inwieweit die intendierten Wirkungen aber auch aktualisiert werden, bleibt einer präzisen Rezeptionsforschung vorbehalten, die über eine allgemeine Feststellung wie die John Osbornes hinausgeht, der in bezug auf das englische Drama der 50er Jahre feststellte: „In an odd way the theatre, I believe, has had more influence on English life in the last five years than the cinema or the novel .... It's helped to create a new context of English life."[59]

2.5 Drama und Wirklichkeit

Der Rückbezug der im Drama dargestellten Welt auf die Realität des Zuschauers ist jedoch vor allem deshalb möglich, weil zwischen Theater und Gesellschaft eine auffallende Affinität besteht. Diese Affinität hat in dem vielzitierten Theatergleichnis ihren sprachlichen Ausdruck gefunden. Ben Jonson notierte in den *Discoveries:* „I have considered our whole life is like a play: wherein every man forgetful of himself is in travail with expression of another . . though the most be players, some must be spectators."[60] Die Vorstellung von der Welt als Bühne, den Menschen als Schauspielern in verschiedenen Rollen und dem menschlichen Drama ist alt und von der Antike bis zur modernen Soziologie[61] immer wieder verwendet worden. Der Theatertopos ist jedoch mehr als eine Metapher. Das Theater kann nur deshalb als Analogie zur menschlichen Lebenswelt dienen, „weil es in sich selbst ein Abbild und Symbol menschlicher Interaktion ist."[62] John Arden nennt es „a tactile piece of human existence which will be recognized as true and meaningful and illuminating . . ."[63]

Für die Theatersoziologie kennzeichnen die Begriffe „**Rollenspiel**" und

----

[59] „That Awful Museum" in: Paul Goetsch, Hrsg. *English Dramatic Theories IV: 20th Century.* Tübingen, 1972, 104-107, 104.

[60] *Works,* I, 191.

[61] Vgl. Petronius' klassischen Ausspruch: „Totus mundus agit histrionem" und Irving Goffmans Verwendung der Theatermetaphorik zur Erklärung menschlichen Rollenverhaltens in *The Presentation of Self in Everyday Life.* New York, 1959.

[62] Rapp, 31. Vgl. auch Alphons Silbermann. „Theater und Gesellschaft" in: Hürlimann, Hrsg., 387-406.

[63] „Building the Play: An Interview with John Arden". *Encore,* 32 (July-Aug. 1961), 22-41.

„menschliche **Interaktionen** in Situationen" gleichermaßen das Wesen von Theater und Gesellschaft. Nach ihrer Ansicht ist das Theater als Paradigma der Gesellschaft zu betrachten. Die beiden gemeinsame Komponente ist die „Theaterhaftigkeit" *(theatricality)* bzw. die Darstellung, „d.h. derjenige Aspekt des menschlichen Handelns, der für die Wahrnehmungen der anderen geschieht (unbeabsichtigt oder beabsichtigt) und deshalb sowohl eine informative wie eine rhetorische Funktion erfüllt".[64]

Gerade bei den Dramen des 20. Jahrhunderts, die sich mit „Menschen und Beziehungen — gestörten Beziehungen, die der Erklärung bedürfen"[65] befassen, ist ein Interpretationsansatz, der soziologische Erkenntnisse berücksichtigt, äußerst fruchtbar. Dies gilt für John Arden sowie Edward Albee in England und Amerika oder Friedrich Dürrenmatt im deutschsprachigen Raum. Für sie trifft Martin Walsers Feststellung zu: „Der Zeitgenosse horcht und horcht auf, und schließlich entdeckt er, daß ihn dieser Text doch viel mehr angeht, als er befürchtet hatte. Ein aktueller Funke hat gezündet."[66]

Die Dramatiker früherer Jahrhunderte nahmen für ihre Werke ebenfalls in Anspruch, daß sie Wirklichkeit spiegelten, allerdings in einem etwas anderen Sinne. Wie alle Dichtung wurde auch das Drama als mimetische Kunst angesehen, die das faktische Sosein nachahmte. Der von Aristoteles in die Dramendiskussion eingeführte Mimesis-Begriff geht jedoch über das Faktische hinaus und bezieht sich auf die typischen Züge, welche das Leben positiv oder negativ prägen, und verweist schließlich auf die Seinsgegebenheiten in ihrem idealen Endzustand.[67] Diese dreifachen Implikationen des Mimesis-Begriffs werden auch in der gerade für die Komödie immer wieder zitierten, Cicero zugeschriebenen Definition greifbar:[68] *imitatio vitae* als Nachahmung faktischen Soseins, *speculum consuetudinis* als Ermittlung seinsimma-

---

[64] Rapp, 32. Vgl. zur „Theaterhaftigkeit" Elizabeth Burns. *Theatricality. A Study of Convention in the Theatre and in Social Life.* London, 1972.

[65] Arnold Wesker. „Interview" in: Walter Wager, Hrsg. *The Playwrights Speak.* London, 1969, 222.

[66] in: *Theater heute,* 1 (1965), 1.

[67] S. H. Butcher. *Aristotle's Theory of Poetry and Fine Arts.* London, 1895, Nachdr. 1951, 152.

[68] Der Grammatiker Donatus schrieb diese Definition Cicero zu. Abgedr. in: H. W. Lawton, Hrsg. *Handbook of French Renaissance Dramatic Theory.* Manchester, 1949, 12.

nenter Grundzüge und schließlich *imago veritatis* als Verweis auf die Nachahmung idealer Normen. Gilt schon für die satirische Komödie, daß die idealen Normen *ex negativo* evoziert werden, so ist diese Vorstellung angesichts des grundsätzlichen Zweifels an der Existenz verbindlicher Normen nicht unreflektiert auf das Drama des 20. Jahrhunderts übertragbar.

Fassen wir die hier entwickelten Gedanken zusammen und ergänzen die am Ende von Problemfeld I genannten Charakteristika von Drama und Theater. Über unsere Bestimmung des Theaters als Ort der Realisierung des Dramas hinausgehend, ist zusätzlich unter Theater der gesamte Kommunikationszusammenhang von Textrealisierung in der Aufführung und von Zuschauern zu verstehen. Dieser zeichnet sich durch Unmittelbarkeit, Gegenwärtigkeit und Dynamik der Präsentation aus. Die Dynamik entsteht einerseits aus der Entfaltung der menschlichen Interaktionen im Drama selbst sowie unter den Zuschauern und natürlich den Schauspielern, andererseits aus den Wirkungen, welche von der Bühne auf das Publikum ausgehen.

Wenn wir den Begriff „Drama" im Kommunikationszusammenhang von Produktion, Realisation und Rezeption eingrenzen, so ergeben sich mehrere mögliche erkenntnistheoretische Standortbestimmungen: Vom Autor aus gesehen ist das Drama ein Entwurf, der in der Aufführung realisiert wird. Sofern das Drama bestimmte Funktionen hat, ist es gleichzeitig ein Akt: „Das geschriebene (oder sonstwie vorgegebene) Drama ist eine Handlung, vorgestellt modo futuri exacti, aber gegenwärtig präsentiert".[69] Rücken wir noch obendrein den Zuschauer ins Blickfeld, so ist das Drama eine Kommunikation, die für die Zuschauer einen Sinn ergibt. Für den Theaterapparat und die Zuschauer sowie die Leser ist das Drama weiterhin ein Gegenstand, dessen spezifischer Qualitätscharakter in den menschlichen Interaktionen besteht. Sowohl die Schauspieler als auch die Zuschauer treten zu diesem 'Objekt' in Beziehung, erstere interpretierend und gestaltend, letztere interpretierend und in ihrer Wirklichkeit vielleicht weiteragierend. Keine der Standortbestimmungen trifft ausschließlich zu: Das Drama ist ebenso Intention wie Kommunikation, Akt genauso wie Objekt. Dies gilt auch für die Theateraufführung.

––––––––

[69] Rapp, 236 f.

PROBLEMFELD 3: Die dramatische Figur

Wenn wir die Betrachtung der Figur an den Beginn der Diskussion über die drei sich gegenseitig bedingenden Grundkategorien des Dramas Figur — Handlung — Sprache stellen, dann weniger, weil hier eine Entscheidung in der Auseinandersetzung um den Primat des einen über das andere gefällt wird.[1] Vielmehr soll die Reihenfolge der Eindrücke nachvollzogen werden, die der Zuschauer hat, wenn er ein Drama im Theater sieht. Nachdem er den Schauplatz erst einmal im Überblick erfaßt hat, nimmt er wohl als nächstes die Figuren wahr, die dann etwas sagen und / oder tun. Wahrnehmungspsychologisch gehört der stärkere Eindruck wohl den Figuren. Vielleicht meinte Dürrenmatt deshalb: ,,It's a silly prejudice to say that plays have to live from plots. They live from characters. Writing for a play means putting characters on the stage; of course, then they develop plots among themselves."[2]

3.0 Groblernziele

Nach der Lektüre dieses Problemfeldes soll der Leser über folgende Aspekte Auskunft geben können. Er soll

— die Begriffe Figur, Charakter, Typ und Individuum gegeneinander absetzen

— die wichtigsten Charakterisierungstechniken kennen

— die Bedeutung des Rollenkonzepts in bezug auf den dramatischen Charakter umreißen

— einige gängige Bewertungskriterien in Kontrastpaaren anordnen und beschreiben

— den Begriff der Figurenkonstellation gegenüber der Konfiguration absetzen

— das Prinzip zur Erstellung einer Konfigurationstabelle durchschauen, um Rangordnung und Funktion von Figuren meßbar zu machen

----

[1] Vgl. auch 4.2 und 5.1.

[2] Friedrich Dürrenmatt. ,,Interview" in: Wager, 55. Ähnlich äußerte sich Pirandello. ,,Spoken Action" in: Bentley, 1970, 155.

68

3.1 Die Begriffsproblematik: Figur — Charakter — Typ — Individuum

Der Begriff DRAMATISCHE FIGUR ist mit Bedacht gewählt, da der Terminus CHARAKTER im Deutschen die „Gesamtheit der geistig-seelischen Eigenschaften einer Person, ihr Gepräge, ihre Sinnes- Wesensart bezeichnet,[3] also weder eindeutig noch dramenspezifisch ist. Der englische Sprachgebrauch erlaubt dagegen die Verwendung von *character* im Sinne von „personality in a novel or a play".[4] Gleich zu Beginn der Ausführungen zu dem Phänomen ‚Figur' im Drama muß hervorgehoben werden, daß wir es hier mit einem künstlichen Gebilde zu tun haben, das im Gesamtkontext des Dramas bestimmte Funktionen übernimmt: „a fictitious character is *a force in a story*".[5] Dieses Konstrukt kann einen „Charakter" im obigen Sinne haben, braucht es aber nicht.

TEXT 1

„A character on the stage who can present no convincing argument or information as to his past experiences, his present behaviour or his aspirations, nor give a comprehensive analysis of his motives, is as legitimate and as worthy of attention as one who, alarmingly, can do all those things."[6]

Pinter, von dem dieses Zitat stammt, hebt hier auf die Bühnenexistenz von Figuren ohne und solchen mit Charakter ab. Beide haben gleichermaßen ihre Daseinsberechtigung und treten oft in ein und demselben Drama auf.

Die historische Betrachtung der dramatischen Figuren vom Mittelalter bis zur Moderne läßt eine Entwicklung erkennen, die wesentlich durch eine zunehmende Differenzierung und Individualisierung geprägt ist. Gemeinsam ist der Figurenkonzeption bis zu Beginn des 20. Jahrhunderts das Vorhandensein moralischer und/oder psychischer Eigenschaften, die es erlauben, von Charakter zu sprechen. Bereits der antike *ethos*-Begriff, wie er von Aristoteles in der *Poetik* und der *Nikomachischen Ethik* gebraucht wurde, akzen-

------

[3] *Der Große Duden,* Bd. 5, *Fremdwörterbuch,* Mannheim, 1960, 103.

[4] *Shorter Oxford English Dictionary,* Oxford, repr. 1964, 292. Bei den englischen Zitaten ist die erweiterte Bedeutung im Vergleich zum Deutschen zu berücksichtigen.

[5] Eric Bentley. *The Life of Drama.* New York, 1967, 45.

[6] Harold Pinter in: Wager, 139.

tuierte einen moralischen Kern der *dramatis persona* und damit ein habitualisiertes, d.h. zur Gewohnheit verfestigtes Verhalten. ,,Charakter ist nun das, was durch die Entscheidung und deren [moralische, Verf.] Qualität offenbar gemacht wird . . . "[7]

Aristoteles' Formulierung mit ihrer Betonung eines auf bestimmte Ziele ausgerichteten Wollens prägte die dramatische Figurenkonzeption von der Renaissance bis ins 19. Jahrhundert sowohl in England als auch in Deutschland. Noch Hegel verwies auf die aristotelische Charakterdefinition: ,,Das Wesen der dramatischen Person war durch den auf das Erreichen eines Zwecks gerichteten Willen bestimmt, der sich gegen alle Widerstände durchsetzt."[8] Hegels Aussage macht deutlich, daß der aristotelische Charakterbegriff nicht nur durch das Vorhandensein von bestimmten Eigenschaften gekennzeichnet ist, sondern daß diese sich in dramatischer Handlung niederschlagen, sobald der Wille der Figur mit einem übermenschlichen Gesetz oder dem Wollen anderer Charaktere in Konflikt gerät. Auf eine vereinfachte Formel gebracht heißt dies: das auf die Verwirklichung bestimmter Ziele ausgerichtete Wollen gründet in der moralisch/psychischen Veranlagung. Hinzu kommt, daß die Figur ihr zielgerichtetes Handeln gegen göttliche oder menschliche Mächte setzt. So allgemein gefaßt gilt dies für Ödipus wie für König Lear und Hedda Gabler.

Trotz der Tatsache, daß die mittelalterlichen PERSONIFIKATIONen[9] das moralische Figurensubstrat mit dem aristotelischen Charakterkonzept gemeinsam haben, gibt es einen wesentlichen Unterschied: Im antiken Drama, in der Renaissance, im 18. und 19. Jahrhundert sind die Figuren in ihrem Wollen und Handeln aus sich selbst heraus erklärbar. In deutlichem Gegensatz hierzu lassen sich die Personifikationen der spätmittelalterlichen Moralitäten in England und im barocken geistlichen Jesuitendrama jedoch nur vom religiösen Weltbild her verstehen.

Jede Information, die wir über die Personifikation erhalten, ist auf ihre moralische Eigenschaft bezogen. Dies beginnt beim Namen, 'Humanum Genus', 'Voluptas', 'Stultitia', um nur einige Beispiele aus *The Castell of Perseverance* zu nennen. Aber auch die Kleidung, persönlichen Requisiten, Rede und

---

[7] *Poetik*, Kap. 6.

[8] *Vorlesungen*, Frankfurt, 1970, Bd. 14, 484.

[9] Verkörperung abstrakter Eigenschaften, z.B. Geiz, Gnade oder Tod, deren dramatisches Handeln in der Auseinandersetzung von guten und bösen Kräften um den Menschen ihren Stellenwert hat.

Handlungen zielen darauf ab, die jeweilige abstrakte Eigenschaft zu verdeutlichen, und sind völlig auf eine Funktion innerhalb des allegorischen Sinnzu-
sammenhanges abgestimmt.

Zum Beispiel tritt Anima (die Seele) in *Wisdom* zu Beginn „als Jungfrau, in
einem weißen Gewand" und einem „schwarzen Mantel mit dem Emblem der
Weisheit" auf; später im Stück, um den Fall von Mind, Will und Understan-
ding anzuzeigen, „ganz schauderhaft anzusehen, übler als ein Teufel; unter
dem schrecklichen Mantel der Seele hervor rennen sechs Knaben als Teufel
verkleidet."[10]

Im 16. und 17. Jahrhundert wandelte sich die Figurenkonzeption in England und Deutschland grundlegend. Die Figuren wurden nun nicht mehr
als Verkörperungen religiöser und moralischer Ideen, sondern als Menschen in einem sozialen Kontext gesehen:

TEXT 2

Sixteenth-century secular dramatists inherited this form of drama-
tized *personnage* through personification. Instead of symbolizing
spiritual values derived from popular Christian doctrine, characters
often personified qualities derived from the chivalric tradition and
passions familiar in social life. They were no longer, as in the Morality plays, named as the vice or virtue which they personified but
were presented as if they were real persons whose actions were
prompted by intentions, recognisably typical of the socially real
world, and were not exclusively symbolic. In this way *impersonation*, the portrayal of a person through imitation of behaviour, derived from observation and experience of ordinary life began to re-
place *personification*. The difference of the two modes lay in their
frames of reference. Personification referred always to man in his
relationship with the unseen, inferred world of spiritual reality or to
universals or to spiritual beings, impersonation to the known social
world.[11]

Allerdings sind wir damit noch weit von einer individualisierten Figurenkon-

----

[10] *The Macro Plays*. Marc Eccles, Hrsg. Early English Text Society, 1969, 114 f. und
144.

[11] Elizabeth Burns, 163.

zeption entfernt. Vielmehr wird das Überindividuelle, Allgemein-Repräsentative an den Figuren betont, sei es im sozialen Typ (z.B. dem Höfling, König, Bauern) oder im moralisch-psychologischen Typ (dem Eifersüchtigen, Geizigen, Melancholiker). Für den TYP ist charakteristisch, daß er — im Gegensatz zur einsinnigen Personifikation — potentiell mehrschichtig ist, d.h. durch eine größere Fülle von Merkmalen gekennzeichnet sein kann. Dies wird deutlich, wenn wir die im englischen Drama des 16. und 17. Jahrhunderts häufige Typenfigur des *malcontent* auf ihre Eigenschaften hin untersuchen. Meist ist der *malcontent* ein Gelehrter, der keine Aufstiegsmöglichkeiten besitzt. Er ist mißgelaunt, neidisch, bissig und melancholisch.[12] Auch der Prahlhans, oft als Soldat posierend, ist von mehr als einer Eigenschaft gekennzeichnet. Eitelkeit und Dummheit sowie Feigheit sind hervorstechende Merkmale, wobei die Feigheit durch das Auftischen erfundener Heldentaten komisch vertuscht wird.[13]

Hier wurden bewußt zwei unterschiedliche Arten von Typenfiguren als Beispiele gewählt. Der Gelehrte ist ein dem zeitgenössischen Leben nachgebildeter sozialer Typus.[14] Der Prahlhans dagegen gehört zu jenen literarisch bereits vorgeprägten Typen *(stock figures)*, die zwar äußerlich der jeweiligen Zeit angepaßt werden, sich aber in ihren wesentlichen Eigenschaften gleich bleiben. Weitere Beispiele sind der eifersüchtige Ehemann, der Geizhals, der Schurke, der *senex iratus* (mißtrauisch-gereizte alte Vater), der leichtsinnige junge Mann oder der Clown. Diese Typenfiguren sind meist nach den von der Rhetorik in die Poetik übernommenen Anregungen zur Personendarstellung, den *loci,* aufgebaut.[15] Als besonders einflußreich für die Figurenbezeichnung erwiesen sich die Kategorien 'Nationalität', 'Beruf', 'Geschlecht', 'Alter', 'Vermögensstand' sowie 'Status', die miteinander kombiniert und bestimmten moralisch-psychischen Eigenschaften zugeordnet wurden.

Es gibt eine Reihe von Gründen dafür, daß Typenfiguren im Drama weit ver-

––––––––

[12] Edgar Elmer Stoll. „Shakespeare, Marston, and the malcontent type". *Modern Philology,* 3 (1906), 281-303.

[13] Daniel C. Boughner. *The Braggart in Renaissance Comedy.* Minneapolis, 1954. Bekannte Verkörperungen sind Plautus' *miles gloriosus,* der bramarbasierende Capitano in der *commedia dell' arte* und Falstaff in Shakespeares *Henry IV.*

[14] Vgl. auch den Parvenü *(upstart),* den Geistlichen, den Höfling, den Usurpator. Der Handlungsreisende oder Playboy sind moderne Formen.

[15] Eine erhellende Darstellung der rhetorischen *loci* findet sich in Madeleine Doran. *Endeavors of Art.* Madison, 1964, 218-221.

breitet sind. Einmal begünstigt der Zwang zur Ökonomie ihren Einsatz. Weit wichtiger als diese pragmatische Begründung ist jedoch die Lebensechtheit solcher Figuren; denn sie sind in einem Abstraktionsprozeß als Verkörperungen typischer Verhaltensweisen des Menschen entstanden: ,,Types are not contrary to human experience. They are the fruit of it."[16] — Darüberhinaus bereitet die Vielschichtigkeit des dramatischen Typs bereits mögliche Konflikte vor, die komisch oder tragisch gelöst werden können:

Die in Shylock (Shakespeares *The Merchant of Venice*) widerstreitenden Gefühle des Vaters, der den Verlust seiner Tochter beklagt, und des Geizhalses, der seinen gestohlenen Reichtum nicht verschmerzen kann, verdeutlichen die komischen Konfliktmöglichkeiten;[17] Luise Millers Konflikt zwischen Tochterpflicht und Liebe in Schillers *Kabale und Liebe* zeigt die tragischen Implikationen der den Typ des jungen Mädchens verkörpernden Gestalt.

Schließlich ist im Typ bereits der Keim zum individuellen Charakter angelegt, denn je mehr Eigenschaften in ihm kombiniert sind, desto eher nähert sich die Typencharakterisierung dem individuellen Portrait. Im übrigen erinnern die Rollenfächer im Theater (z.B. Erster Liebhaber, komische Alte, Bonvivant, Naive) daran, daß die Tendenz zur Typisierung mit der Entwicklung des Dramas eng verbunden war.

Finden sich *Typen*figuren vor allem in der satirischen Komödie und im Melodrama, so neigt die *Charakter*zeichnung in der Tragödie und romantischen Komödie stärker zur INDIVIDUALISIERUNG. Die Fülle der charakterisierenden Details prägt die Figur zu einer einmaligen, unverwechselbaren Erscheinung. Indem wir als Zuschauer/Leser den Charakter in verschiedenen Situationen erfahren, die immer wieder neue Seiten seines Ich enthüllen, entsteht vor unseren Augen die Illusion einer komplexen Gestalt, in der sich Gutes und Schlechtes mischt, die wandlungsfähig ist und eine Vergangenheit besitzt. Die Vielfalt der verborgenen Motivationen, welche eine individualisierte und psychologisierte Figur formen, zeigt sich vor allem in der Figurenkonzeption des realistischen und naturalistischen Dramas, etwa bei Ibsen oder Gerhart Hauptmann.[18]

––––·––––

[16] G. B. Tennyson. *An Introduction to Drama.* New York, 1967, 51. Vgl. auch Bentley, 1967. ,,In praise of types", 40-46.

[17] Shakespeare. *The Merchant of Venice,* II, 8, 12-24.

[18] Vgl. Paul Goetsch. *Bauformen des modernen englischen und amerikanischen Dramas.* Darmstadt, 1977, 90f.

Die Entfremdung und der Identitätsverlust des modernen Menschen schlugen sich auf verschiedene Weise in der Figurenkonzeption nieder. Auffällig ist die Tendenz zur ENTPERSÖNLICHUNG im Drama des 20. Jahrhunderts. Der Mensch als Marionette, der fragmentierte oder verdinglichte Mensch, dem die Autonomie der Entscheidung versagt ist, der austauschbare Mensch: dies sind die Vorstellungen, die den Figuren des expressionistischen oder absurden Dramas zugrundeliegt. „Weil die Menschen nicht sie selber sind, können sie nur die anderen sein. Sie sind vertauschbar."[19]

Die durch Nummern oder Farben unterschiedenen Personen in Georg Kaisers *Gas,* die Fremdbestimmung der Figur in Becketts *Play Without Words I,* die zunehmende Verdinglichung des Mieters in Ionescos *Le Nouveau Locataire* oder der aus Eisenschrott und Slumabfall hergestellte, mit einer Klappe an Stelle eines Mundes versehene Automat in Peter Weiss' *Gesang vom lusitanischen Popanz* illustrieren die Menschensicht moderner Dramatiker. Ihre Figuren sind keine Individuen mehr, die eine kohärente Identität besitzen, sondern künstliche Gebilde, denen Schauspieler manchmal noch das Aussehen von Menschen verleihen.[20]

Ohne daß wir hier einen Abriß der Geschichte des Schauspielstils geben können, sei auf die enge Beziehung zwischen der Figurenkonzeption und ihrer Wiedergabe auf der Bühne verwiesen. Das auf die Darstellung allgemeiner Wesenszüge abzielende Menschenbild der Elisabethaner und der Barockzeit schlägt sich in einer stark formalisierten, rhetorischen Spielweise nieder.[21] Der nuancenreiche, Mimik und Gestik subtil zur Charakterisierung einsetzende Schauspielstil der Stanislawskischule paßt zu den komplexen Figuren des psychologischen Realismus, die einen differenzierten Spielstil verlangen.[22] Schließlich entsprechen die den Mechanismus menschlicher Bewegungen aufzeigenden oder Masken verwendenden Gestalten der modernen Dramatiker einer Figurenkonzeption, die eben diese Gegebenheiten des Menschseins dem Zuschauer vor Augen stellen will.[23]

————————

[19] Hans Hoppe. *Das Theater der Gegenstände.* Bensberg, 1971, 56.

[20] Weitere Beispiele finden sich bei Goetsch, 119f.

[21] B. L. Joseph. *Elizabethan Acting.* Oxford, 2 1964.

22 David Magarshack. „Stanislawsky" in: Bentley, 1970, 219-274.

[23] „One of the main objects behind the work was to try to create a discontinuous style of acting; that is a style which corresponded to the broken and fragmentary way in which most people experience contemporary reality." Dieses Prinzip wurde für die Aufführung der Dramen von Jean Genet und Peter Weiss entwickelt. C. Marowitz und S. Trussler, Hrsg. *Theatre at Work.* London, 1967, 168.

3.2 Charakterisierungsmöglichkeiten

Die Vorstellung von einer Figur resultiert aus der Zusammenschau aller Informationen, die wir im Drama über sie erhalten. Meist wirkt eine Fülle von CharakterisierungsTECHNIKEN zusammen. Grundsätzlich lassen diese sich in zwei Gruppen unterteilen: Entweder vermitteln sie direkte Informationen über eine Figur, dem Leser wird etwas explizit mitgeteilt; oder die Leser/Zuschauer schließen auf das Wesen der Figur, dann sind die Informationen implizit.

Bereits ehe Figuren auf der Bühne erscheinen, können sie im FREMDKOMMENTAR durch andere Figuren vorgestellt und die Erwartung des Lesers auf den tatsächlichen Auftritt spannungsvoll gesteigert werden. DIREKTE Charakterisierung kann lange vor Erscheinen der Figur, unmittelbar vor ihrem Auftritt, während ihres Aufenthaltes auf der Bühne oder nach deren Abgang erfolgen. Wichtig ist, daß dieser Fremdkommentar entweder objektiv richtig oder subjektiv verzerrt sein kann. Ben Jonson und Shakespeare waren Meister dieser Technik, die sie äußerst variabel einsetzten.

BEISPIEL 1: Shakespeare, *Twelfth Night*, I, 5, 89-93

Olivia. O, you are sick of self-love, Malvolio, and taste with a distempered appetite. To be generous, guiltless, and of a free disposition, is to take those things for bird-bolts that you deem cannon-bullets.

BEISPIEL 2: Ben Jonson, *Every Man in His Humour*, II, 1, 38-53

Kitely. My brother Wellbred, sir, I know not how,
Of late is much declined in what he was,
And greatly alter'd in his disposition.
When he came first to lodge here in my house,
Ne'er trust me if I were not proud of him:
. . .
But now, his course is so irregular,
So loose, affected, and deprived of grace,
. . .   as scarce no note remains,
To tell men's judgments where he lately stood.

Trifft Olivia Malvolios selbstgerechte Bigotterie mit ihrem Tadel, so ist Kitelys Bild des Bruders Wellbred durch seine krankhafte Eifersucht verfälscht. Bestärkt im ersten Fall das Verhalten der Figur den Fremdkommentar, so widerlegt Wellbreds Erscheinen die scharfen Worte des Bruders. Er ist, obwohl zu Streichen aufgelegt, intelligent und liebenswert.

Die andere Form der expliziten Figurencharakterisierung, die SELBST-
CHARAKTERISIERUNG, war in den mittelalterlichen Moralitäten eine
wohlbekannte Technik, mit der sich z.b. der Vice[24] einführte. Die Figur
spricht dabei in einem Monolog (z.b. *Hamlet,* II, 2) oder *aside* über sich
selbst. Bei der Auswertung solcher Eigenkommentare für die Figurenanalyse ist darauf zu achten, daß sie perspektivisch gebrochen sein und so ein
verzerrtes Selbstbild widergeben können.

Die direkte Selbstcharakterisierung wird im allgemeinen nur sparsam eingesetzt: Das realistische und naturalistische Drama vermied sie ganz, weil sie
ihm ein illusionshemmendes Mittel der Charakterzeichnung schien. Bereits
Hebbel hatte vor ihrem Gebrauch gewarnt und stattdessen die implizite Charakterisierung empfohlen: ,,Wenn der Dichter Charaktere dadurch zu zeich-
nen sucht, daß er sie selbst sprechen läßt, so muß er sich hüten, sie über ihr
eigenes Inneres sprechen zu lassen."[25]

IMPLIZITE Selbstcharakterisierung zeigt sich vor allem im Sprechen und
Handeln der Figuren, aber auch das Aussehen (Kleidung, Maske, Requisiten,
Körperbau, Mimik und Gestik) sowie die Umgebung erlauben Rückschlüsse.[26] Der erste Eindruck beim Auftreten einer Bühnenfigur ist optischer Natur. Aussehen und Kleidung wirken ganz unmittelbar auf den Betrachter
und geben ihm Informationen über moralische Eigenschaften (z.B. Eitelkeit), Status (Adliger oder Bauer), Beruf (Gewand eines Juristen, Polizisten)
usw. Auf sehr sarkastische Weise parodiert Georg Büchner die Interdependenz
von Aussehen und Charakter, wenn er Woyzeck sagen läßt:

BEISPIEL 3: *Woyzeck,* Beim Hauptmann
Ja, Herr Hauptmann, die Tugend, — ich hab's noch nit
so aus. Sehn Sie: wir gemeine Leut, das hat keine Tugend,
es kommt einem nur so die Natur; aber wenn ich
ein Herr wär und hätt ein' Hut und eine Uhr und
eine Anglaise und könnt vornehm reden, ich wollt
schon tugendhaft sein.[27]

----

[24] Wichtige komische Figur im englischen Drama vor Shakespeare, die mit dem Publikum in engem Kontakt stand und es häufig ansprach.

[25] F. Hebbel. *Sämtliche Werke.* H. Geiger, Hrsg., 2 Bde., Berlin, 1961, Bd. II, 766.

[26] Vgl. dazu die Verf. *Jonsons Komische Charaktere.* Nürnberg, 1976. Kap. III ,,Indi-
katoren des Charakters: Kleidung, Aussehen, Handeln und Sprache", 34-63, wo sich
zahlreiche Beispiele finden.

[27] Weitere sehr aufschlußreiche Beispiele aus den unterschiedlichsten Epochen bringt
Styan, 1975, 37-42.

Da Kleidung, persönliche Requisiten und Bühnenbild nicht vom individuellen Schauspieler abhängen, kann der Autor ihre Ausdrucksfunktion im Nebentext leicht vorplanen. Anders ist das bei den Angaben zu Physiognomie, Mimik, Gestik und Stimme. Diese Gegebenheiten sind in einem solchen Maße vom jeweiligen Schauspieler oder der Regiekonzeption bestimmt, daß sie im schriftlichen Textsubstrat meist nur umrißhaft niedergelegt werden. Die Problematik der richtigen Rollenbesetzung verweist aber dennoch auf ihre Bedeutung.

Die wichtigsten impliziten Informationen werden uns jedoch durch die HANDLUNGen und Sprechbeiträge einer Figur mitgeteilt. Insofern als Aktion und Charakter in einem kausalen Motivationsverhältnis zueinander stehen, erlaubt die Analyse von Figurenhandlungen Rückschlüsse auf deren Wesen. „ . . . in most actions men do not hide their characters, but exhibit them", meinte schon in der Renaissance der italienische Theoretiker Castelvetro,[28] und Lessing schrieb in der *Hamburgischen Dramaturgie:* „Wir wollen es auf der Bühne sehen, wer die Menschen sind, und können es nur aus ihren Taten sehen. (. . .) Auch in den kleinsten kann sich der Charakter schildern; und nur die, welche das meiste Licht auf ihn werfen, sind, nach der poetischen Schätzung, die größten."[29]

Akt I, Szene 1 aus Shakespeares Tragödie *King Lear* bestätigt Lessings Ansicht in hervorragender Weise: Die Teilung seines Reiches unter die beiden unwürdigen Töchter macht des alten Königs Verblendung deutlich. Er hört auf die Schmeicheleien anstatt auf die Stimme der Vernunft und wahren Kindesliebe. Als er sich durch die mahnenden Worte Kents nicht von der falschen Entscheidung abbringen läßt, sondern erst die Tochter Cordelia und dann den treuen Ratgeber verbannt, können wir als Leser/Zuschauer auf Halsstarrigkeit und Neigung zu cholerischer Leidenschaftlichkeit schließen. Überdies ist sein Entschluß, ohne einen zwingenden Grund die Macht abzugeben, Zeugnis für mangelnde Weisheit und Pflichtgefühl, denn „Divided reigns do make divided hearts."[30] Mehr noch als seine Handlungen zeigen jedoch Lears Worte seine Unfähigkeit, zwischen Schein und Wahrheit zu unterscheiden.

––––––––

[28] H.S. Charlton. *Castelvetro's Theory of Poetry.* Manchester, 1913, 102.

[29] G.E. Lessing, „Neuntes Stück" in: *Gesammelte Werke.* 10 Bde., Berlin/Weimar, 1968, Bd. 6, 52.

[30] *Gorboduc,* I, 2, 260. Zu dem ganzen Komplex siehe das Nachwort zur englisch/deutschen Studienausgabe. *King Lear.* Stuttgart, 1973, 257 f.

Wie wichtig die implizite charakterisierende Funktion der SPRACHE ist, machte Ben Jonson deutlich, als er in den *Discoveries* notierte: „*Language most shewes a man: speake that I may see thee. It springs out of the most retired, and inmost parts of us, and is the Image of the Parent of it, the mind. No glasse renders a mans forme, or likenesse, so true as his spech.*"[31] Ein gutes Beispiel für die charakterenthüllende Rede (oder ORATIO MORATA[32] wie sie in der Renaissance genannt wurde) ist Harpagons Klage über den Verlust seines Goldes in Molières Komödie *L'Avare*:

BEISPIEL 4: Molière, *L'Avare*, IV, 7, 1-16

> Au voleur! au voleur! à l'assassin! au meurtrier! Justice, juste Ciel! je suis perdu, je suis assassiné, on m'a coupé la gorge, on m'a dérobé mon argent. Qui peut-ce être? Qu'est-il devenu? Où est-il? Où se cache-t-il? Que ferai-je pour le trouver? Où courir? Où ne pas courir? N'est-il point là? N'est-il point ici? Qui est-ce? Arrête. Rends-moi mon argent, coquin... *(Il se prend lui-meme le bras.)* Ah! c'est moi. Mon esprit est troublé, et j'ignore où je suis, qui je suis, et ce que je fais. Hélas! mon pauvre argent, mon pauvre argent, mon cher ami! on m'a privé de toi; et puisque tu m'es enlevé, j'ai perdu mon support, ma consolation, ma joie; tout est fini pour moi, et je n'ai plus que faire au monde: sans toi, il m'est impossible de vivre. C'en est fait, je n'en puis plus; je me meurs, je suis mort, je suis enterré. N'y a-t-il personne qui veuille me ressusciter, en me rendant mon cher argent, ou en m'apprenant qui l'a pris?

Reden und Handeln der Figuren sind die beiden im Haupttext fixierten Charakterisierungsmethoden, die im Verlaufe eines Dramas kontinuierlich unsere Informationen über die Figur erweitern (im Fall eines komplexen Charakters) oder unseren ersten Eindruck verstärken (im Falle einer typisierten Figur). Daneben kann der Autor von sich aus im Nebentext noch eine Reihe expliziter und impliziter Hilfen geben, z.B. in einem einführenden Kommentar im Nebentext in der Form eines CHARACTER SKETCH.[33] Als moder-

---

[31] *Works.* C. H. Herford und Percy Simpson, Hrsg. 11 Bde. Oxford, 1925-1952, Bd. 8, 625. Allgemein zu dem Problem vgl. Ronald Peacock. *Art of Drama.* London, 1957, 168-171.

[32] So etwa bei Francisco Robortello. *In Librum Aristotelis De Arte Poetica Explicationes.* Florenz, 1548, 68.

[33] Auf Theophrast zurückgehende literarische Kunstform, deren Inhalt die Beschreibung der Person ist. Vom 16. bis zum 18. Jahrhundert war der *character sketch* sehr beliebt.

ne Variante der aus der Antike stammenden Tradition ist John Osbornes Charakterisierung von Jimmy Porter in *Look Back in Anger* zu verstehen.

BEISPIEL 5: John Osborne, *Look Back in Anger,* 9f.

> ... Jimmy is a tall, thin young man about twenty-five, wearing a very worn tweed jacket and flannels. Clouds of smoke fill the room from the pipe he is smoking. He is a disconcerting mixture of sincerity and cheerful malice, of tenderness and freebooting cruelty; restless, importunate, full of pride, a combination which alienates the sensitive and insensitive alike. Blistering honesty, like his, makes few friends. To many he may seem sensitive to the point of vulgarity. To others, he is simply a loudmouth. To be as vehement as he is to be almost non-committal.

Auch die TELLING NAMES (sprechende Namen, die über das Wesen einer Figur Aufschluß geben) gehören zu den expliziten Hinweisen des Autors. Diese Art der Namengebung läßt sich ebenfalls bis in die Antike zurückverfolgen und erwies sich gerade für die Benennung der Komödienpersonen als äußerst fruchtbar.[34] Wenn eine Figur Downright heißt und eine unverblümte, sehr direkte Art des Umgangs mit anderen Figuren hat,[35] dann sind Name und Veranlagung ebenso direkt aufeinander bezogen wie bei dem Sekretär Wurm in *Kabale und Liebe,* dessen niedrige Gesinnung bereits im Namen zum Ausdruck kommt.

Gerade die vorhergehenden Ausführungen sollten zeigen, daß die drei Grundbestandteile Charakter, Sprache und Handeln eng aufeinander bezogen sind und nur zu Analysezwecken getrennt betrachtet werden dürfen.

3.3 Charakter als Rollenspiel

TEXT 3

> Of course a character is a fiction, and whether seen in a technical or an interpretative light has only an existence limited by its play. Yet the actor lives, and for the audience continues to live, both in his

---

[34] Die Tradition reicht von der Alten Komödie Aristophanischer Prägung über die Neue Komödie von Menander, Plautus und Terenz sowie die mittelalterlichen Moralitäten bis zur *comedy of manners* in der Restaurationszeit und zu den Dramen des 18. Jahrhunderts.

[35] Ben Jonson. *Every Man In His Humour.*

own person and his impersonation, for as long as he stands upon the stage. Who knows? — we may take the impression he leaves out of the theatre with us. To this extent he is subject to all the inspection and analysis due to a real person. The paradox of great art is that fiction can come alive.[36]

Alle Charakterisierungstechniken, so differenziert sie eingesetzt sein mögen und so komplex das Charakterbild letzten Endes auch ist, schaffen in Wirklichkeit nur Fiktionen, die vom Autor in einem bestimmten Kontext geschaffen werden. Da wir über die Figur nur das erfahren, was im Rahmen des Dramas von ihr und über sie gesagt sowie durch sie und mit ihr geschieht, kann sie nicht mit einem wirklichen Menschen gleichgesetzt werden. Aus diesem Grund bezeichnete Thomas Mann die Figurendarstellung im Drama als ,,Kunst der Silhouette" und wertete sie gegenüber der vollständigeren, realitätsbezogeneren und plastischeren Charakterzeichnung im Roman ab.[37] Er ließ dabei jedoch außer acht, daß die *dramatis persona* für die Darstellung durch einen lebendigen Schauspieler konzipiert ist, dessen ,,Menschsein" ihr potentiell einen hohen Wirklichkeitsgrad zu verleihen vermag. Im dramatischen Charakter ist also von vornherein eine gewisse Polarität zwischen Fiktion und Wirklichkeit, Stilisierung und Vollständigkeit angelegt, die zu ihrem Wesen gehört, wie allein schon die Etymologie des in diesem Zusammenhang häufig verwendeten Begriffs PERSON zeigt. Dieses Wort (aus lat. *persona*) bezog sich ursprünglich auf die Maske des Schauspielers, umfaßte dann die dargestellte Rolle und bezeichnet erst in neuerer Zeit einen Menschen.[38] Die Tatsache, daß die Schauspieler durch eine Maske agierten, akzentuierte die Diskrepanz zwischen der Rolle und dem sie spielenden Menschen.

Die Maske legt die Rolle fest, stilisiert und typisiert sie — ohne daß das Menschliche verlorengeht. Denn die Zuschauer sind sich des Menschen hinter der Maske ja bewußt. Es gibt eine ganze Reihe von Dramenformen, welche die Masken verwandten, angefangen vom griechischen Drama über die italienische Stegreifkomödie *(Commedia dell'arte)* bis zu O'Neills *The Great*

---

[36] Styan, 1975, 159.

[37] ,,Versuch über das Theater" in: *Schriften und Reden zur Literatur, Kunst und Philosophie*, H. Bürgin, Hrsg., 3 Bde., Frankfurt, 1968, Bd. I, 11.

[38] Siehe *Shorter Oxford English Dictionary* und Friedrich Kluge. *Etymologisches Wörterbuch*. Berlin, 1963.

God Brown, Genêts *Les Nègres* und John Ardens *Happy Haven.* Der realistische Schauspielstil, welcher die Rolle so darstellt, als hätten wir wirkliche Menschen vor uns, ist in diesem Zusammenhang als zeitgebundenes Phänomen zu betrachten: ,,Realistic acting was a direct result of the naturalistic movement in the theatre after Ibsen, and of the continuing expectations of the film and television media long after the stage had dropped them. As a convention, it has already passed into history because of the greater needs of a succession of dramatic movements from symbolism, expressionism and the absurd, which called for abstract characterization, to the forms of epic theatre in Brecht and Genêt, who required the actor to play freely in and out of character."[39]

Gehen wir von der Dualität von ROLLE und Schauspieler in den Dramenfiguren aus, dann erhebt sich die Frage nach der Beziehung zwischen beiden. Auf der einen Seite schafft der Schauspieler einen Charakter, auf der anderen spielt er eine Rolle. Dadurch befindet er sich in einem Spannungsverhältnis zwischen Ich-Identität und Rollen-Ich, ist zugleich gestaltendes Subjekt und gestaltetes Objekt.[40] Er kann beide zur Deckung bringen; dies ist im psychologischen Realismus der Fall, wie er in seiner ganzen Subtilität von dem russischen Regisseur Stanislawski propagiert wurde. Er kann aber auch die Spannung zwischen beiden transparent machen und das Rollenspiel betonen; dann haben wir eine Form der Figurendarstellung Brecht'scher Prägung. Auf jeden Fall findet jedoch eine Interaktion zwischen der Persönlichkeit des Schauspielers und der Rolle statt.

TEXT 4

Schon vielfach wurde die Frage gestellt, ob der Schauspieler die Gestalt aus sich, aus seinen eigenen Gefühlen und Erlebnissen heraus oder getrennt von seinem persönlichen Leben durch die kalte Kalkulation schafft. Als erster hat Diderot diese Frage in seinem berühmten *Paradox über den Schauspieler* aufgeworfen. Die heutige Theatertheorie . . . antwortet darauf in etwa folgender Weise: es ist immer beides gegenwärtig, sowohl das direkte Durchleben der Gestalt durch den Schauspieler als auch das gefühlsmäßige unbeteiligte Schaffen der Gestalt . . . [41]

---

[39] Styan, 1975, 141.

[40] Paul in: van Kesteren, 184.

[41] Mukařowsky in: van Kesteren, 91.

Gleich ob der Schauspieler die Rolle verkörpert oder aufzeigt, seine Tätigkeit ist immer kreativ; denn er interpretiert und präsentiert die Figurenkonzeption des Autors. Da der Dramatiker nicht alle Details der Figur im schriftlichen Textsubstrat niederlegen kann, ist er auf die aktive Mitwirkung des Schauspielers angewiesen. Die relative Offenheit des dramatischen Rollenspiels erklärt, warum es viele Varianten des Hamlet- oder Faustbildes gibt, um nur zwei bekannte Beispiele zu nennen.

Nicht nur der Schauspieler, sondern auch das Publikum ist aktiv; denn von ihm hängt die Identifikation der Rolle ab. In diesem Punkt müssen die in 2.1 und 2.2 gemachten Äußerungen über die Notwendigkeit und Aktivität des Zuschauens ergänzt werden: „(. . .) [es ist] das Publikum, das dem theatralischen Akt erst zum Leben verhilft, das ihn vollendet und das ihm seine zeitliche und überzeitliche Wirkung verleiht. (. . .) Der theatralische Rollenspieler bedarf . . . eines Gegenübers, dessen Aufgabe es ist, die ‚Ver-Stellung' als solche zu interpretieren und zu sanktionieren."[42]

Das Rollenkonzept ist eine Kernvorstellung sowohl der Figurenanalyse im Drama als auch der Betrachtung des Schauspielerverhaltens. Wie der Terminus zu verstehen ist, zeigt die folgende Definition:

TEXT 5

> *Role,* a term borrowed directly from the theater, is a metaphor to denote that conduct adheres to certain „parts" (or positions) rather than to the players who read or recite them. . . The antecedent to the writing, and later reciting and acting of such parts was (and is) the conduct of real-life men and women struggling to make their way in imperfectly organized societies. Thus the metaphorical continuity is from real life to drama, and from drama to a psychological theory about people enacting real-life dramas.[43]

Dieser Begriff spielt sowohl in der Sozialpsychologie als auch der Soziologie eine große Rolle und hat eine Fülle von Interpretationen erfahren.[44] Einerseits wird er als anthropologische Grundkategorie der Wissenschaft vom Menschen verstanden,[45] andererseits — bei den marxistischen Wissenschaft-

---

[42] Paul in: van Kesteren, 185 f.

[43] Theodore R. Sarbin und Vernon L. Allen. „Role Theory" in: *Handbook of Social Psychology.* o.O., 1968, 489.

[44] Vgl. den Forschungsüberblick bei Rapp, 93 ff.

[45] Vgl. René König. „Freiheit und Selbstentfremdung in soziologischer Sicht" in: ders., *Studien zur Soziologie.* Frankfurt, 1971, 69-86.

lern — zur Beschreibung der Einengung des menschlichen Handlungsspiel-
raums auf vorgeschriebene und aufgezwungene Fragmentisierung in der ka-
pitalistischen Gesellschaft gebraucht, als Fassade also, die hinterfragt werden
muß.[46] Für die Figurenanalyse im Drama ist vor allem die den verschiedenen Interpretationen gemeinsame Beobachtung wichtig, daß „Rolle" nur jeweils einen Aspekt, eine **Ansicht** des Individuums bezeichnet, die „auf das
Ganze der Person verweist, ohne es zu sein".[47]

Rollenspiel ist nicht nur die Grundbedingung des Menschen im Leben und
des Schauspielers im Theater[48], sondern auch der Figuren im Drama. Denn
Drama spiegelt — wie in 2.5 ausgeführt wurde — Leben in einem weiten Sinne wider. Shakespeares Werke liefern eine Fülle von Beweismaterial für diese
Annahme. Heinrich der Fünfte in *Henry V* als Feldherr vor Harfleur, als ein-
facher Soldat unter Soldaten im Lager von Agincourt und als Werbender um
die Hand der französischen Königstochter zeigen uns den gleichen Charakter
in verschiedenen Rollen. Man könnte auch sagen, aus der Zusammenschau
der einzelnen Rollen schließen wir auf seinen Charakter. Polonius in *Hamlet*
erscheint als weiser Vater, der den Sohn mit vernünftigen Ratschlägen auf
die Reise schickt, und als Parodie eines Politikers, der schließlich an seiner
mangelnden Diskretion zugrunde geht. Psychologisch lassen sich die Widersprüche und Brüche in dieser Figur nicht erklären, wohl aber, wenn man Polonius von seinen vorbestimmten sozialen Rollen her entschlüsselt.

Besonders deutlich wird das Rollenspiel bei jenen Figuren, die ihre Rolle bewußt transparent machen, in den Charakter hinein und wieder aus ihm her-
ausschlüpfen — anders als im wirklichen Leben, wo sich die Rollen nicht so
leicht ab- und wieder anlegen lassen. Richard III. im gleichnamigen Drama,
Don John (in Shakespeares Komödie *Much Ado about Nothing*) Iago (in
Othello) und viele sonstige Intrigantenfiguren des komischen und ernsten
Dramas spielen mit ihrer Rolle. Moscas Worte in *Volpone*, in denen er sich
selbst charakterisiert, kennzeichnen dieses Verhalten durch das Bild der ver-
änderbaren Maske und reduzieren alle Menschen zu Rollenspielern:

------

[46] Vgl. Jürgen Habermas. *Theorie und Praxis*. Neuwied, 1963, 173 f. und Theodor W.
Adorno. *Negative Dialektik*. Frankfurt, 1966, 272.

[47] Rapp, 95.

[48] In Problemfeld 9 werden wir bei den Figuren des epischen Theaters noch einmal auf
diesen Gesichtspunkt zurückkommen.

BEISPIEL 6: Jonson. *Volpone,* III, 1, 11-29

Almost
All the wise world is little else, in nature,
But parasites, or sub-parasites. And yet,
I mean not those, that have your bare town-art,
To know, who's fit to feed 'em; have no house,
No family, no care, and therefore mould
Tales for men's ears, to bait that sense; or get
Kitchen-invention, and some stale receipts
To please the belly, and the groin; not those,
With their court-dog-tricks, that can fawn, and fleer,
Make their revènue out of legs and faces,
Echo my lord, and lick away a moth:
But your fine, elegant rascal, that can rise,
And stoop, almost together, like an arrow;
Shoot through the air, as nimbly as a star;
Turn short, as doth a swallow; and be here,
And there, and here, and yonder, all at once;
Present to any humour, all occasion;
And change a visor, swifter, than a thought!

Mosca als der erfolgreiche Rollenspieler (zumindest bis kurz vor Schluß der Komödie) steht jenen Rollenspielern gegenüber, denen ihre Rolle Schwierigkeiten bereitet. Bei Shakespeare ist die Verkleidung ein beliebtes Mittel, die Problematik zwischen Ich-Identität und Rollen-Ich deutlich zu machen (vgl. z.B. Rosalind in *As You Like It,* Viola in *Twelfth Night* oder den Herzog in *Measure for Measure*). Zwischen Shakespeares Rollenkonzept und dem modernen Rollenverständnis, wie es z.B. Pirandellos Theaterstücken zugrundeliegt, besteht jedoch ein wesentlicher Unterschied. Während ersteres noch die Möglichkeit einer kohärenten Identität des Charakters zuläßt und man hinter der Rolle den Menschen zu erkennen vermochte, ist bei Pirandello, Genêt oder Beckett dieser Glaube verlorengegangen.

Die Verwandtschaft der rhetorischen *loci* (vgl. 3.1) zum modernen Rollenverständnis ist auffällig, obwohl sich beide Konzepte nicht vollständig decken. Vielleicht kann man den Unterschied folgendermaßen fassen: bei den *loci* überwiegt die rhetorische Absicht − der *locus* wird als Anregung verstanden; beim Rollenspiel wird die Spannweite einer Figur akzentuiert − die verschiedenen Rollen können miteinander in Konflikt geraten oder sich ergänzen.

Als Analyseinstrument ist die moderne Rollentheorie äußerst nützlich, denn man kann von ihr ausgehend auch 'offene' und komplexe Charaktere be-

schreiben, ohne daß man gezwungen ist, eine einzige Formel für eine dramatische Figur zu finden. Othello z.B. ist mehr als nur der eifersüchtige Ehemann, und Hamlet wäre nur sehr partiell erkannt, wenn man ausschließlich
seine Unentschlossenheit betonte. Indem man die einzelnen von den Figuren
bekleideten Rollen erfaßt, die Vorstellungen der jeweiligen Epoche in bezug
auf diese Rollen ermittelt, die Rollenkonformität oder -durchbrechung vor
dem Hintergrund der Erwartungshaltung anderer Figuren und der zeitgenössischen Zuschauer beurteilt sowie Gründe dafür findet, grenzt man das einer
Figur zugrundeliegende Konzept so ein, wie es sich im Drama vorganghaft
offenbart.

3.4 Bewertungskriterien

„All discussions of character are discussions of value, and the words we use
to express value."[49] Diese lapidare Feststellung kennzeichnet die Mehrheit
aller Äußerungen über das Phänomen 'Figur' im Drama. Es ist daher unum-
gänglich, sich die Wertkriterien klarzumachen, die den poetologischen oder
kritischen Aussagen über diese Kategorie implizit oder explizit zugrundelie-
gen.

Eine wichtige Erkenntnis für die Bewertung ist das Bewußtsein, daß Figuren
(wie die Handlung im übrigen auch) primär aus den Bedingungen des Dramas
heraus erwachsen und so verstanden werden sollten. **Konzentration** auf das
Wesentliche, scharfe **Konturierung** (damit die Figuren deutlich erfaßt werden können) und **Funktionalität** sind die notwendigen Voraussetzungen, damit eine Anzahl von Figuren im Zeitraum von zwei bis fünf Stunden eine
Handlung ermöglichen, die von einem aus zahlreichen Individuen unterschiedlicher Herkunft und Bildung zusammengesetzten Publikum als relevant erkannt werden kann. Betonung des Wichtigen ist die Folge, und daher
unterscheiden sich die Figuren aus dem Alltag grundsätzlich von jenen auf
der Bühne. Eric Bentley beschreibt diesen Sachverhalt sehr einprägsam in
seinem Buch *The Life of Drama* (S. 40):

TEXT 6

Released from the compulsion to wash his hands, as it were, a stage
character may concentrate on his main purpose in life. In real life

––––––––

[49] S. W. Dawson. *Drama and the Dramatic.* London, 1970, 60.

such „main purposes", when they exist at all, hide in closets and dark corridors. Our rooms are full of towels, toothbrushes, business letters, telephones, and TV sets.

3.4.1 VERISIMILITUDE und Glaubhaftigkeit

Wenn zwischen der Bühnenfigur und dem Menschen im Alltag ein so prinzipieller Unterschied besteht, was ist dann mit der häufig zu lesenden Forderung gemeint, die Figurenkonzeption müsse lebensecht, wahrscheinlich, glaubhaft sein? Die Renaissance sprach von *VERISIMILITUDE* und verstand darunter die Übereinstimmung der Figur mit wesentlichen Aspekten des Menschlichen. Bewertungsmaßstab war die Doktrin vom DECORUM:

Der Begriff *decorum* war für die Poetiken bis ins 18. Jahrhundert hinein von primärer Bedeutung. Er zielte darauf ab, daß in einem Kunstwerk Handeln, Sprache und Charakter aufeinander abgestimmt waren und den allgemeinen Vorstellungen entsprachen, die man von einer Sache hatte. An einem konkreten Beispiel aufgezeigt hieß dies, alte Männer hatten geizig und mißtrauisch zu sein, Frauen wankelmütig und geschwätzig, der Staatsmann verantwortungsbewußt usw. Es handelte sich also um eine normative Kategorie, die einerseits auf eine absolute Kohärenz des Kunstwerks abzielte, andererseits die im wirklichen Leben in der Fülle der Details verborgenen allgemeinen Ideen herausschälte. Die Gefahr, nur flache Typen zu schaffen, wurde umgangen, indem man das Verhalten im Rahmen der Vorstellungen der Temperamentenlehre psychologisierte.[50]

Für das Drama seit der Mitte des 19. Jahrhunderts ist der Begriff der Lebensechtheit in etwas anderem Sinne aufzufassen. Die Dramatiker des psychologischen Realismus und Naturalismus strebten danach, ein Bild von der Komplexität der Motive für menschliches Handeln wiederzugeben. Ihre Figuren hatten − wie wirkliche Menschen auch − sozusagen eine Lebensgeschichte. Selbst für das absurde Drama kann man das Kriterium der Lebensechtheit noch in Anspruch nehmen, wenn man die Figuren Becketts, Pinters oder Ionescos als Symbole der Selbstentfremdung, Kommunikationsunfähigkeit, Verdinglichung und Fragmentierung der Menschen in unserer Zeit versteht. (Vgl. 3.1)

──────

[50] Vgl. Doran, 217-232 und Burns, 165 f.

3.4.2 Statische und dynamische Charaktere

Seit Aristoteles in der *Poetik* vom Tragödiencharakter gefordert hatte, „daß er in sich gleichmäßig sei",[51] hat die Diskussion um eine konsequente Figurenkonzeption nicht aufgehört. Soll eine Figur sich im Verlauf des Dramas ändern oder sich gleichbleiben? Die Antwort auf diese Frage fällt je nach der dramatischen Gattung unterschiedlich aus. Finden sich in der Komödie eher **statische** Figuren (Shakespeares romaneske Komödien sind eine Mischform), so liegt vor allem den Hauptfiguren der Tragödie ein **dynamisches** Figurenkonzept zugrunde. Für Hebbel war sogar nur die dynamische Figur dramenadäquat;[52] er dachte dabei aber wohl vorwiegend an das ernste Drama. Nach Jan Doat existiert neben der Statik und Dynamik noch eine dritte Möglichkeit, nämlich die der **Opposition**, wenn ein Charakter „sich in ständigem Widerspruch zu sich selbst befindet."[53]

In diesem Zusammenhang müssen wir zwischen zwei Möglichkeiten der Figurencharakterisierung unterscheiden, die sich *nicht* mit dem Gegensatzpaar statisch — dynamisch gleichsetzen lassen. Eine statische Figur kann nämlich mehrere Wesenszüge haben, die dem Zuschauer nach und nach enthüllt werden, ohne daß die Figur sich ändert. Bei einer dynamischen Figur dagegen tritt im Laufe des Dramas ein Wandel oder Umschwung ein. Die Summe der Eigenschaften ist am Ende nicht mehr die gleiche wie am Anfang, während sie bei der statischen Figur konstant bleibt.

3.4.3 Einseitigkeit und Plastizität

Schließlich erlangte E. M. Forsters eigentlich in bezug auf Romanfiguren konzipierte Gegenüberstellung von **flachen** und **runden** Charakteren für die Bewertung der *dramatis personae* Bedeutung.[54] Idealtypisch gesehen handelt es sich hier um zwei Extreme: einerseits eine Figur, deren Verhalten von einem einzigen Wesenszug bestimmt wird, andererseits eine Figur von potentiell unbegrenzten Eigenschaften.

----

[51] Kap. 15.

[52] „Mein Wort über das Drama" in: *Sämtliche Werke*. Richard Maria Weber, Hrsg. Berlin, 1903, Bd. 11, 4 f.

[53] *Entrée du Public*, 143.

[54] *Aspects of the Novel*. London, repr. 1963, Kap. IV, „People".

Sehr kritisch hat Bentley sich mit Forsters Einteilung auseinandergesetzt, vor allem weil „flache" Charaktere genauso lebensnah, glaubhaft und wirkungsvoll sein können wie „runde" Figuren. Damit suchte er der Gefahr der Abwertung eindimensionaler Figuren zu begegnen. An die Stelle von Forsters Kontrastpaar setzt er den Gegensatz einer **„geschlossenen"** und **„offenen"** Figurenkonzeption. Sind letztere mehrdeutig, „rätselhaft" — wie ihre unterschiedliche Rezeption zeigt — so sind erstere im Kontext des Dramas vollständig präsentiert und damit eindeutig.[55]

Im übrigen ist anzumerken, daß selbst Typenfiguren, die nach Forster unter die *flat characters* einzuordnen wären, sehr vielseitig sein können. Dabei darf man wohl sagen, daß typisierte Hauptfiguren komplexer sind als die Nebenfiguren. Auch in bezug auf die 'runden' Figuren ist noch eine Bemerkung angebracht. Der Eindruck der Mehrdimensionalität im Drama entsteht durch einen dramaturgischen Kunstgriff: wir sehen eine Figur in unterschiedlichen Situationen, in denen sie verschiedene Seiten zeigt, und bauen darauf unseren Eindruck eines komplexen Ganzen auf.

3.5 Figurenkonstellation

Bisher haben wir uns ausschließlich mit der einzelnen Figur und verschiedenen Aspekten ihrer Gestaltung befaßt. Da abgesehen vom Einpersonenstück[56] die Einzelgestalt immer zusammen mit anderen Personen auftritt, ist das Figurenspektrum eines Dramas ein wichtiger Gesichtspunkt für die Analyse. Die Untersuchung der Figurenkonstellation kann in dreierlei Hinsicht aufschlußreich sein: erstens für die Charakterisierung, zweitens für die Bestimmung der Rangordnung unter den Figuren und drittens für deren Funktion.

3.5.1 Gruppencharakterisierung

Im dramatischen Kontext werden Figuren nur selten für sich allein charakterisiert, sondern meistens durch das Zusammenspiel mit anderen. So ist Hamlets Charakter erst durch seine Konfrontation mit König Claudius, Rosencrantz und Guildenstern, Polonius, Laertes, Horatio usw. zu bestimmen. Lady Milford und Luise Miller in Schillers *Kabale und Liebe* sind jeweils Folien

---

[55] 1967, 40-46 und 68 f.

[56] Auch Monodrama, wie etwa Jean-Jacques Rousseaus *Pygmalion* (1771) oder Samuel Becketts *Krapp's Last Tape* (1958).

für einander, und Ferdinands Verhalten ist wesentlich durch seinen Vater, den Präsidenten, und den Sekretär Wurm bedingt. Durch Kontrast- und Korrespondenzrelationen zu anderen Figuren kann die Einzelfigur genauer wahrgenommen werden.

Für die englische Restaurationskomödie hat Manfred Pfister — implizit auf die rhetorischen *loci* (vgl. 3.2) zurückgreifend — eine Reihe von Gegensatzpaaren zusammengestellt, die sich, mit Ergänzungen und Änderungen auch auf andere Dramen übertragen lassen:[57] Männliche Figuren stehen weiblichen gegenüber; alte Figuren geraten mit jungen Leuten in Konflikt; Stadt und Land, Adel und Nicht-Adel ordnen die *dramatis personae* bestimmten Gruppen zu; der Intelligenzgrad ist ein Unterscheidungsmerkmal (*wit*-Figuren gegen Dummköpfe) oder Natur und *affectation* scheiden die Figuren. Für jede Person des Dramas kann so ein Satz von Merkmalen erstellt werden, wobei Kontrast- und Korrespondenzbezuge die Unterscheidungskriterien sind.

Versucht man die Figuren nach anderen Gesichtspunkten zu gruppieren, so ergeben sich zwei weitere Möglichkeiten: einmal die Einteilung in Haupt- und Nebenfiguren, d.h. nach ihrer Wichtigkeit;[58] zweitens die Unterscheidung nach ihrer Funktion, z.B. als Intriganten bzw. Opfer der Intrige.

3.5.2 Figurenkonstellation und Konfiguration

Die einzelnen Figuren in einem Drama ordnen sich durch ihre Funktion(en) für Thematik oder Handlung zu bestimmten Konstellationen. Diese können, wie in *King Lear* oder in *A Midsummer Night's Dream*, sehr komplex strukturiert sein: In diesen beiden Shakespearedramen sind die Figuren nicht nur durch die einzelnen Handlungsstränge zu Gruppen zusammengefaßt. Vielmehr durchzieht ein feinmaschiges Netz von Parallelen und Kontrasten das Drama und ordnet die Figuren zu immer neuen Mustern. Es gibt natürlich auch einfachere Konstellationen, z.B. in Schillers *Kabale und Liebe*. Hier sind die *dramatis personae* in fast abstrakter Form arrangiert; der Titel ist bereits eine Vorbereitung darauf. Auch die Gegenüberstellung von Protagonist (Held) und Antagonist (Gegenspieler) im klassischen Drama, die Tren-

---

[57] Pfister, 1977, 227-232.

[58] Zur Bestimmung der Rangordnung eignen sich mehrere Kriterien: Häufigkeit des Auftritts, Dauer der Bühnenpräsenz, Umfang der Redeanteile im Haupttext sowie die Dauer der Rede. Vgl. Aloysius van Kesteren. „Der Stand der modernen Dramentheorie" in: van Kesteren, 41-58, 51.

nung nach Intriganten und Opfern der Intrige, die Teilung in Akteure und kommentierende Beobachter sind solche einfachen Muster.

Verwendet man allgemein den Begriff Figurenkonstellation zur Ordnung der *dramatis personae* im Hinblick auf die Figurengruppierung im ganzen Drama, so ist unter KONFIGURATION „die Teilmenge des Personals" zu verstehen, „die jeweils an einem bestimmten Punkt des Textverlaufs auf der Bühne präsent ist."[59] Indem man die Konfigurationsstruktur für einzelne Akte feststellt, ergeben sich interessante Aufschlüsse in bezug auf die Personenregie und die Bedeutung einzelner Figuren.

Wie die Konfigurationsstruktur für einen Akt zu erstellen ist, zeigt die folgende Skizze. Grundlage ist *Volpone,* Akt I.[60] Die Angaben über Auftritt (Enter) und Abgang (Exit) markieren dabei jeweils den Beginn bzw. das Ende einer Konfiguration. Die Anwesenheit einer Figur wird mit 1, die Abwesenheit mit 0 gekennzeichnet.

Akt / Szene	I,1		I,2				I,3		I,4		I,5			
Konfiguration:	1	2	3	4	5	6	7	8	9	10	11	12	13	14
Personal:														
Volpone	1	1	1	1	1	1	(1)	1	(1)	1	(1)	1	1	1
Mosca	1	0	1	1	0	1	1	1	1	1	1	1	0	1
Kinder+	0	0	1	0	0	0	0	0	0	0	0	0	0	0
Voltore	0	0	0	0	0	0	1	0	0	0	0	0	0	0
Corbaccio	0	0	0	0	0	0	0	0	1	0	0	0	0	0
Corvino	0	0	0	0	0	0	0	0	0	0	1	0	0	0

+Kinder = Androgyno, Nano und Castrone, die hier nur zusammen auftreten.

Die abgebildete Matrix zeigt einige Charakteristika der Struktur von Akt I: Herr und Diener sind fast gleichbedeutend. Mosca dominiert einerseits, weil Volpone in einer Reihe von Konfigurationen untätig ist (1). Andererseits zeigt die konstante Anwesenheit Volpones, daß er hier im Mittelpunkt steht.

----

[59] Pfister, 1977, 235.

[60] Die Szeneneinteilung folgt der Ausgabe von Michael Jamieson. *Three Comedies. Ben Jonson.* Harmondsworth, 1966.

(Die nur einmalige Anwesenheit der „Kinder" deutet auf ihre untergeordnete Rolle hin). Die drei Erbschleicher werden gleichgewichtig behandelt. Indem sie aber alternativ auftreten, wird deutlich, daß ihre Interessen einander widersprechen und daß sie von Mosca und Volpone gegeneinander ausgespielt werden können. — Auch die Personenregie im ersten Akt mit einer Steigerung (Konfiguration 1 bis 11) und Abnahme der Figurenzahl zum Aktschluß (Konfiguration 12 bis 14) sowie die Regelmäßigkeit im Aufbau der Erbschleicherszenen (Konfiguration 7 bis 11) fällt klar ins Auge. Was die Konfliktstruktur des ersten Aktes angeht, so verweist die recht niedrige Konfigurationsdichte von 0,34[61] auf einen losen Kontakt zwischen den Figuren. Dies ist charakteristisch für die Dramenexposition, in der die einzelnen Figuren noch wenig interagieren. Die Konfigurationsstruktur ab dem dritten Akt ergäbe ein ganz anderes Bild.

Die Konfigurationsanalyse ist natürlich nur dort anwendbar, wo die Figuren im Drama wirklich auf der Bühne auftreten. Sog. *offstage characters,* die nie *in persona* erscheinen, sondern nur in den Äußerungen der Figuren über sie lebendig werden, können in keiner Konfigurationstabelle vorkommen. Daraus darf man nicht schließen, daß sie funktionslos sind: Vielmehr werden an der Beziehung der präsenten Figuren zu ihnen die Charaktere und Probleme der anderen aufgezeigt.[62]

----

[61] Die Konfigurationsdichte des ersten Aktes von 0,34 ergibt sich aus der Zahl der mit 1 besetzten Matrixzellen (=29), dividiert durch die Zahl aller Matrixzellen (=84). Die höchste mögliche Konfigurationsdichte ist 1. Sie ist für Dramen mit wenigen Figuren typisch, wo alle Figuren immer auf der Bühne sind.

[62] John Osbornes *Inadmissible Evidence* und *Hotel in Amsterdam* zeigen, wie wichtig solche *offstage characters* sein können.

PROBLEMFELD 4: Handlung im Drama

4.0 Groblernziele

Bei der Erarbeitung dieses Problemfeldes soll der Leser folgende Aspekte erfassen:

— Die Charakteristika der dramatischen Handlung denen der epischen Handlung gegenüberstellen

— die gegenseitige Bezogenheit von Figur und Handeln erkennen und den Begriff „Motivation" erklären können

— Geschichte, Handlung und Geschehen gegeneinander abgrenzen

— die wichtigen Phasen der Struktur der Fabel im „geschlossenen Drama" nennen und beschreiben

— die Merkmale der Handlung in der geschlossenen und offenen Form kontrastiv erfassen

— Probleme der Analyse der Zeitstruktur (Tempo, Vorgriff und Rückgriff, Zeitkonzeption, Spannung) darstellen.

4.1 Merkmale dramatischer Handlungsgestaltung (Konzentration, Selektion, Sukzession, szenische Präsentation)

Die Handlung im Drama stellt sich aufgrund der in Problemfeld 1 erarbeiteten Multimedialität und der in Problemfeld 2 vorgestellten besonderen Kommunikationssituation anders dar als etwa die Handlung im Roman. Die zeitlich begrenzte Aufnahmefähigkeit der Zuschauer zwingt den Dramatiker zur **Konzentration,** und zwar im Hinblick auf den Umfang der dargestellten Handlungen ebenso wie deren Verankerung in einem psychologischen oder sozialen Kontext. Auf diese Notwendigkeit hatte bereits Aristoteles in seiner *Poetik* verwiesen, als er vom Umfang der Handlung forderte, sie solle „übersichtlich sein" und müsse „erinnerlich bleiben können."[1]

Auch dem Grad der Komplexität sind von der Wahrnehmungsfähigkeit der Zuschauer her Grenzen gesetzt, so daß Transparenz und Selektivität zu den weiteren Grundprinzipien dramatischer Handlungsgestaltung gehören. In

————————

[1] Kap. 7; vgl. auch 5.1.

dieser Hinsicht stellen die verwickelten und verästelten Handlungsstränge der Restaurationskomödien einen Grenzfall dar. Sie erfordern ein so hohes Maß an Aufmerksamkeit seitens der Zuschauer, wie es nur bei einem gebildeten und an den dramatischen Konventionen geschulten Publikum vorausgesetzt werden konnte.[2] Die Problematik der Selektion ist besonders dort augenfällig, wo Romane dramatisiert werden, zum Beispiel bei einem Vergleich von Aldous Huxleys Dokumentarroman *The Devils of Loudun* (1952) und John Whitings für die Royal Shakespeare Company verfaßten Bühnenstück *The Devils* (1961).

Der vorherrschende Darstellungsmodus für die dramatische Handlung ist die SZENISCHE PRÄSENTATION. Im Gegensatz zum Roman wird Handlung nicht erzählt, sondern in Bühnenaktion umgesetzt. Dies hatte vor allem in vergangenen Epochen einige Folgen für die Handlungsgestaltung im Drama. Die begrenzten technischen Möglichkeiten der Bühne schlossen die überzeugende szenische Präsentation mancher Ereignisse aus. Vermutlich ließ Shakespeare aus diesem Grund den Kapitän in *Twelfth Night* von der Rettung des Bruders aus dem tosenden Meer berichten.[3] Hinzu kam, daß die Forderung nach dekorumgemäßer Handlungsgestaltung — die ursprünglich auf Aristoteles' Überlegungen zur Glaubhaftigkeit der Handlung zurückging[4] — unschickliche, schreckliche oder unwahrscheinliche Ereignisse von der unmittelbaren Darstellung ausschloß.[5] Diese Forderung besaß lange Zeit Gültigkeit und wurde von einer produktions- und rezeptionsästhetischen Norm in ein gesellschaftliches Tabu umgemünzt, das erst im Naturalismus und in unserem Jahrhundert im 'Theater der Grausamkeit'[6] durchbrochen wurde.

Szenische Präsentation ist zweifellos der dominierende Darstellungsmodus im Drama. Jedoch empfahl schon Horaz, gelegentlich Berichte einzuschie-

---

2 Die Synopse irgendeiner Restaurationskomödie, etwa von William Congreves *The Way of the World,* macht dies offenkundig.

3 *Twelfth Night,* I, 2, 8-17.

4 *Poetik,* Kap. 15.

5 Vgl. auch Horaz. *De Arte Poetica.* Z. 182-188 in: ders. *Sämtliche Werke Lateinisch und Deutsch.* Hans Färber, Hrsg. München, 1964, 241.

6 Der Begriff wurde von dem französischen Regisseur Antoine Artaud geprägt, der über den ästhetischen Schock den Zuschauer ergreifen und verändern wollte. Vgl. zu Artauds Theatertheorie *Funkkolleg Literatur,* 2, 111 ff.

ben, in denen Handlung VERDECKT dargestellt wird.[7] Dabei ist zwischen „zeitlich verdeckter" und „räumlich verdeckter" Handlung zu unterscheiden. Die zeitlich verdeckte Handlung in der EXPOSITION (vgl. 4.3) und im BOTENBERICHT[8] ermöglicht Raffungen und informiert den Zuschauer über ausgesparte Zeiträume; räumlich verdeckte Handlung in der Mauerschau erlaubt die Einführung simultaner Ereignisse, die Aufdeckung seelischer Vorgänge im Berichterstatter und akzentuiert gewisse Phasen des Handlungsverlaufs.[9] Im Gegensatz zur szenisch präsentierten Handlung ist die verdeckte Handlung stets perspektivengebunden, weil das Denken und Fühlen des Berichterstatters den Bericht prägt. Daß sie keine bloße Ersatzfunktion und im Vergleich zur szenischen Präsentation einen geringeren Wirkungsgrad besitzt, wie Horaz meinte,[10] sondern ein ausgezeichnetes „Mittel der dramatischen Ökonomie, der Fokus- und Emphasebildung und der Spannungsweckung"[11] ist (ganz abgesehen davon, daß sie zu poetischen Glanzleistungen führte), zeigen Enobarbus' Beschreibung des ersten Zusammentreffens von Marc Anton und Cleopatra in Shakespeares *Antony and Cleopatra* (II, 2, 190-226), Serapions' Bericht über die Seeschlacht bei Actium in John Drydens *All for Love* (V, 1, 66-95), der Botenbericht in Schillers *Wallensteins Tod* (IV, 10) oder Leicesters Monolog in *Maria Stuart* (V, 10). Im übrigen finden sich szenische und narrative Präsentation der Handlung nicht alternativ im Drama, sondern sie sind häufig redundant: wichtige Vorgänge werden sowohl „offen" als auch „verdeckt" realisiert und damit mehrfach thematisiert:

TEXT 1

Insgesamt ergeben sich für die Thematisierung einer Handlungs- oder Geschehensphase drei Schritte: der sprachlich vermittelte planende oder ankündigende Vorgriff, die szenische Realisierung und der nar-

---

[7] *De Arte Poetica*, Z. 179.

[8] Dramaturgisches Hilfsmittel, das es gestattet, für den Fortgang der Handlung wichtige Ereignisse, die sich außerhalb der dargestellten Zeit abgespielt haben, durch einen Boten berichten zu lassen.

[9] Ausführlichere Diskussionen der „verdeckten" Handlung finden sich in Volker Klotz. *Geschlossene und offene Form im Drama*. München, [4]1969, 30-34 und Peter Pütz. *Die Zeit im Drama*. Göttingen, 1970, 212-218 sowie Pfister, 277-279.

[10] *De Arte Poetica*, Z. 180-182.

[11] Pfister, 1977, 277.

rativ-sprachlich vermittelte informierende oder rekapitulierende
Rückblick. Dieser Dreierschritt muß keineswegs immer voll realisiert
sein, sondern es können auch nur die Positionen Vorgriff und szenische Realisierung, Vorgriff und Rückblick, szenische Realisierung
und Rückblick oder aber auch die szenische Realisierung oder der
Rückblick allein besetzt sein. (...) der Mehrfachthematisierung
kommt ... die Funktion der Emphase zu, da sie ja durch die Durchbrechung des Prinzips der Ökonomie als abweichendes Element die
Aufmerksamkeit auf sich zieht. Über diese allgemeine Funktion der
Emphase hinausgehend kann sie jedoch Spannung erwecken und der
Perspektivenkontrastierung dienen. (...) Eine weitere Funktionali-
sierung ergibt sich schließlich aus dem Bezug von Planung und Realisierung oder von Planung und Rückblick, indem die Veränderung des
Täters durch seine Tat oder der Unterschied zwischen der geplanten
und der ausgeführten Tat als tragisches oder komisches Motiv aufge-
deckt werden können.[12]

Aus der szenischen Präsentation als beherrschendem Darstellungsmodus ergibt sich das Sukzessionsprinzip: ,,zwei aufeinanderfolgende Szenen präsentieren ... normalerweise auch zwei aufeinanderfolgende Phasen der Geschichte."[13] Während gleichzeitige Handlungen, Handlungsüberschneidun-
gen oder Rückblenden dem Romanleser wenig Schwierigkeiten bereiten, da
der Erzähler im episch-vermittelnden Kommunikationssystem Orientierungshilfen gibt, lassen sich solche vom Sukzessionsprinzip abweichende Szenen-
folgen in der Bühnendarstellung nur schwer erfassen. Besonders deutlich
wird dies bei Simultanszenen, wie sie z.B. John Whiting in The Devils konzipierte.[14] Für den Zuschauer ist es meist recht schwierig, gleichzeitig zwei
unterschiedliche Abläufe auf der Bühne bewußt zu verfolgen. Sie können eigentlich nur im Leseakt umfassend rezipiert werden. (Vgl. auch 4.4)

4.2   Handeln und Figur: das Problem der Motivation

Seit Aristoteles in der Poetik den kompromißlosen Ausspruch getan hatte,

---

[12] Ders., 282-284. Als Illustrationsbeispiel wählt er die Intrige gegen Malvolio, Twelfth
Night, II,3; II,5; III,2; III,4; IV,2 und V,1.

[13] Pfister, 273.

[14] Bild 11 und 18 in: The Collected Plays of John Whiting. 2 Bde. Ronald Haymann,
Hrsg. London, 1969, Bd. 2, 156 f. und 163.

„es könnte ja auch ohne Handlung gar keine Tragödie entstehen, dagegen wohl ohne Charaktere,"[15] beschäftigte die Frage nach dem Primat der einen oder anderen Kategorie Dramentheoretiker wie Praktiker. Die Diskussion ist bis heute nicht verstummt.[16] Einen Vermittlungsversuch in unserer Zeit unternahm Käte Hamburger mit ihrem „Versuch zur Typologie des Dramas". Sie löste die Frage nach dem Dominanzverhältnis, indem sie — auf Aristoteles zurückgreifend — beide Kategorien in dem Begriff der **„Handelnden"** *(prattontes)* verschmolz:[17]

TEXT 2

>   Im Begriffe der handelnden Personen — ja, wenn wir beim genauen
>   aristotelischen Begriff bleiben, der Handelnden — fallen Handlung
>   und Handlungsträger zusammen — notwendigerweise, da es ohne Per-
>   sonen keine Handlung gibt.

Durch die Integration von Handlung und Charakter in den „Handelnden" verliert die Frage nach der Überlegenheit einer der beiden Kategorien an Bedeutung[18] und wird durch die Vorstellung eines funktionalen Bezugs abgelöst. Diese Funktionalität des Charakters auf die Handlung hin ist ein wichtiges Strukturmerkmal des Dramas.

Wir können nun noch einen Schritt weiter gehen. Handlung und Charakter haben nicht nur in den Handelnden eine gemeinsame Komponente, sondern die Beziehung zwischen beiden ist in einem **Motivationsverhältnis** bedingt. Einerseits ist die Veranlagung der Figur die Ursache für bestimmte Handlungsweisen; gleichzeitig kann die Person andererseits aber auch durch die Ereignisse der Handlung beeinflußt werden und zum Beispiel ihren Charakter ändern. Sind Figuren und Handlung nicht in einem Motivationsverhältnis miteinander verknüpft — d.h. bekommen wir keine befriedigende Antwort auf die Frage, warum eine Handlung so verläuft, wie sie es tut, und

----

[15] *Poetik,* Kap. 6.

[16] Vgl. R. Münz. *Vom Wesen des Dramas: Umrisse einer Theater- und Dramentheorie.* Halle, 1964, 114-122; John Whiting. *The Art of the Dramatist,* 93 oder S. Baluchatyj „Probleme der dramaturgischen Analyse" in: van Kesteren, 62.

[17] *Poetica,* 1 (1967), 145-153, 146.

[18] Bentley, 1967, 57 kam nach einer Analyse Ibsenscher Dramen zu dem Schluß: „Character and action are so well coordinated that the question of priority loses all relevance."

warum Figuren sich so und nicht anders verhalten — dann sind Handlung und Figuren nicht harmonisch aufeinander bezogen.

TEXT 3

> The disfavor felt towards the *deus ex machina* reflects the importance attached, in drama, to what is generally meant by the terms „character" and „character motivation" as reflected in the plot. We are more favorably inclined toward plots that *emerge* from character than toward those that seem to be *imposed* upon it. Ideally, plot is the result of the interaction of characters; it is not a bloodless scheme to make them move.[19]

In einer Beziehung muß das bisher Gesagte jedoch eingeschränkt werden. Es gibt eine ganze Reihe von Dramen, in denen Handlung und Personen nicht nur durch ein Motivationsverhältnis miteinander verbunden sind, sondern in denen der Zufall einen großen Einfluß auf die Entwicklung der Handlung hat. Käthe Hamburger weist dies für Shakespeares *King Lear* nach.[20] Das Schicksal des Titelhelden ist nicht ausschließlich von seiner eigenen Handlungsweise bestimmt. Es treten andere Aktionen hinzu, die teilweise gar nichts mit ihm selbst zu tun haben, zum Beispiel die Besiegung des französischen Heeres und der zu späte Widerruf des Tötungsbefehls für Lears gute Tochter Cordelia. Dennoch bedeutet eine Abweichung von dem engen Motivationsbezug nicht dessen Aufhebung, sondern verweist eher auf die Notwendigkeit, diesen Aspekt bei der Analyse von Charakter und Handlung genau zu betrachten.

Ob der Handlung oder dem Charakter Priorität zukommt, ist nur im Einzelfall zu entscheiden. Wird eine Figur in eine bereits vorgegebene Situation gestellt, die sie nicht mitschuf, dann ist ihr Handeln Reaktion auf die vorgegebene Situation und erst in zweiter Linie durch ihren Charakter bestimmt. Dies gilt für zahlreiche Dramen Shakespeares, etwa für *Hamlet*. Umgekehrt kann jedoch eine Person aufgrund ihrer Veranlagung die Situation erst schaffen, auf der die Handlung basiert. In diesem Fall bedingt der Charakter die Handlung. Man könnte hier an Ben Jonsons Komödie *Volpone* denken, wo

------

[19] Tennyson, 19.

[20] S. 150 f. Im Gegensatz zur griechischen und klassischen Tragödie sieht sie den Shakespeareschen Typus durch die „Nichtidentität von Handlung und Personen" charakterisiert.

der Titelheld durch seinen (in Sadismus wurzelnden) Entschluß, den Tod-
kranken zu mimen, den Hauptanreiz für die Intrige bildet. Im übrigen gilt
die Interdependenz von Figur und Handlung nur dort, wo die Figuren einen
Charakter haben (vgl. 3.1).

4.3   Strukturaspekte der dramatischen Handlung

Wenn wir die Kategorie der dramatischen Handlung präzisieren wollen, empfiehlt es sich, zwischen zwei Ebenen zu unterscheiden: einerseits dem Bereich des DARGESTELLTEN, andererseits dem der DARSTELLUNG. Die
angelsächsische Dramentheorie unterscheidet in diesem Zusammenhang zwischen der 'Geschichte' *(story)* und der 'Fabel' *(plot)*. Diese Differenzierung
ist auch in Deutschland übernommen worden.[21]

4.3.1   Die Ebene des Dargestellten: Geschichte, Handlung, Geschehen[22]

Die drei Begriffe GESCHICHTE, HANDLUNG und GESCHEHEN gehören
auf der Ebene des Dargestellten zusammen, und zwar insofern, als Handlungen und Geschehensabläufe die Bausteine der Geschichte sind. Die Geschichte entsteht aus der zu HandlungsSEQUENZEN zusammengefaßten Abfolge
von einzelnen Handlungen oder Geschehensabläufen oder einer Kombination von beiden: Sie ist ,,a narrative of events arranged in their time se-
quence".[23]

Eine HANDLUNG (im Sinne von Einzelhandlung) ist dadurch gekennzeichnet, daß sie in einer zielgerichteten, absichtsvollen Wahl aktiv eine Situation
verändert: Sie ist intentional und dynamisch. Die Situationsveränderung er-
folgt durch den Wechsel von Aktion und Reaktion; denn die Figuren setzen
ihr jeweiliges Handlungsziel ,,mit, gegen oder in bezug auf eine andere oder
die anderen, in derselben Situation mitgegebenen Personen" durch.[24]

----

21 Vgl. Eberhard Lämmert. *Bauformen des Erzählens.* Stuttgart, [3]1968, 24 f. für den
    Roman und Manfred Pfister, 265 ff. für das Drama.

22 Vgl. zum folgenden Pfister, 265-273.

23 E. M. Forster. *Aspects of the Novel.* London, [8]1947, 116.

24 Herta Schmid. ,,Entwicklungsschritte zu einer modernen Dramentheorie im russi-
    schen Formalismus und im tschechischen Strukturalismus" in: van Kesteren, 7-40,
    17.

In diesem Zusammenhang ist eine Grunderkenntnis der Sozialwissenschaften und Psychologie wichtig, daß nämlich im Einzelfall nicht zwischen Aktion und Reaktion klar unterschieden werden kann. Denn jede Aktion ist gleichzeitig Reaktion auf einen gegebenen Sachverhalt, und jede Reaktion ist Aktion in bezug auf eine weitere Handlung. Nur wenn man den Beginn einer Handlungssequenz kennt, läßt sich festlegen, was ursprünglich Aktion und was Reaktion ist. Während es im Alltagsleben jedoch schwierig ist, den Ausgangspunkt herauszufinden, kann im Drama leichter eine 'Interpunktionsfolge' aufgestellt werden, da man die Rede oder Handlung der zuerst auftretenden bzw. den Dialog beginnenden Figur als Anfang der Kette von Aktion und Reaktion betrachten kann, es sei denn die 'Vorgeschichte' gibt davon abweichende Informationen.

Der Begriff GESCHEHEN dagegen impliziert Handlungslosigkeit, Statik und Passivität.[25] Eine Geschichte basiert dann auf einer Folge von Geschehensabläufen, wenn ihr „Handlung im eigentlichen Wortsinn" fehlt.[26] Die Situation kann von den Figuren nicht verändert werden – dies ist z.B. für das absurde Drama charakteristisch. Höchstens eine Intervention von außen durch das Hinzutreten neuer Figuren oder ein zufälliges Ereignis führt die statische Situation in eine andere über. Die Aktionen und Reden der Personen sind nicht zielgerichtet, da die Figuren weder absichtlich noch frei handeln können. Von einem Motivationsverhältnis zwischen Figur und Geschehen kann daher keine Rede sein.

Das HANDLUNGSPRINZIP ist charakteristisch für die Mehrzahl der Dramenformen von der Antike bis ins 19. Jahrhundert, das GESCHEHEN für das moderne Drama. Der Unterschied wird offenkundig, wenn man versucht, eine Synopse von Shakespeares *Richard III.* zum Beispiel und, als Kontrast, von Becketts *Waiting for Godot* zu erstellen. In *Richard III.* verändert der Entschluß der Titelfigur, König zu werden, die Ausgangssituation. Durch eine Reihe von Handlungen erreicht er sein Ziel. Die Konteraktionen der Gegner bleiben zunächst wirkungslos, bis Richard in Richmond ein kraftvoller Gegner erwächst, der schließlich den Sieg davon trägt. – Samuel Becketts Titelwahl gibt bereits einen Hinweis auf die Situation: Vladimir und Estragon warten darauf, Godot zu treffen, und am Schluß des Dramas warten sie immer noch. Ihre Handlungen und Dialoge verändern nichts und sind nur Zeitvertreib. Lediglich das Erscheinen von Pozzo und Lucky schafft zeitweilig eine neue Situation, nur um dann nach deren Abtreten wieder in den ursprünglichen Zustand zurückzufallen.

––––––––

[25] Es ist beachtenswert, daß im Deutschen das Verb „geschehen" intransitiv ist und nicht im Aktiv verwandt werden kann.

[26] Mukařovsky, in: van Kesteren, 86.

Sowohl für die Handlung als auch das Geschehen ist der Begriff der SITUA-
TION zentral. Dieter Schnetz weist in seinem Buch *Der Moderne Einakter*
darauf hin, daß der Situationsbegriff auf der Ebene des Dargestellten, nicht
der Darstellung anzusiedeln ist. Allerdings ist für ihn die Situation konflikt-
geladen, ist „der momentane, gespannte Zustand, in dem kontrastierende
Komponenten gleichzeitig wirksam sind."[27] Dieses Gespanntsein gilt zweifellos für eine Vielzahl von Dramen, etwa Racines *Phèdre,* Schillers *Kabale
und Liebe,* Kleists *Der Prinz von Homburg* oder Shaws *Arms and the Man.*
Eine konfliktlose und statische Situation ist jedoch genauso denkbar, zum
Beispiel in Becketts *Happy Days.* Insofern erfaßt die Schnetzsche Situations-
definition nur eine Variante des Situationsbegriffs, während die Definition
von Edmond Souriau in *Les deux cent mille situations dramatiques* offener
ist und sowohl entspannte als auch gespannte (jeweils durch eine Konfiguration bedingte) Situationen zuläßt:[28]

TEXT 4

> Ceci nous précise encore ... ce que c'est une situation: c'est une
> forme, mais une forme-puissance: c'est la forme intrinsèque du
> système de forces qu'incarnent les personnages, à un moment don-
> né. ...
> Une situation dramatique, c'est la *figure structurale* dessinée, dans
> un moment donné de l'action, par un *système de forces* — par le
> système des forces ... incarnées, subies ou animées par les princi-
> paux personnages de ce moment de l'action ... ces forces sont des
> *fonctions dramatiques;* c'est-à-dire que chacune d'entre elles d'une
> part existe en fonction du système d'ensemble ainsi constitué, et
> d'autre part y travaille fonctionnellement selon sa nature, telle que
> ce système la définit.

4.3.2 Die Ebene der Darstellung: die Fabel

Ein und dieselbe einer Fabel zugrundeliegende Geschichte kann in verschiedenen Texten in unterschiedlicher Form dargestellt werden, wie z.B. die ver-
gleichende Betrachtung antiker Stoffe, etwa des Antigone-Mythos bei So-

------

[27] Bern, 1967, 26.

[28] Edmond Souriau. *Les deux cent mille situations dramatiques.* Paris, 1950, 38 und
55.

100

phokles, Anouilh und Brecht zeigt.[29] Die FABEL *(plot)* ist das Ergebnis einer spezifischen, von der bloßen Chronologie abweichenden Anordnung der Ereignisse in einem Drama, „the result of a necessary relationship and order among the events".[30] Ein mögliches Ordnungsprinzip ist das der (hier genannten) Kausalität, ein anderes wäre der Aufbau nach einem Kontrastschema. In der Fabel werden die Ereignisse so gruppiert, bzw. von der Chronologie abweichend umgruppiert, daß ein „Sinnzusammenhang" entsteht. Dies kommt in der Etymologie des englischen Wortes *plot* deutlicher zum Ausdruck als in dem deutschen Begriff „Fabel".

TEXT 5

> The word „plot" derives from the word for a piece of ground and, more directly, from the use of that word to designate a ground plan, diagram, or chart. The word is used figuratively in literature to designate a plan or scheme of events in a story. (. . .) even in its literary context, [it] suggests contrivance and manipulation. (. . .) In a positive sense it is the whole area of design and order in a literary work.[31]

Es gibt drei Eigenschaften, die die Fabel in einem ganz allgemeinen Sinne prägen: einmal den Konflikt als Mittelpunkt, zum anderen Geschlossenheit und schließlich Einheit. Konflikt im Drama bedeutet das Aufeinanderprallen verschiedener Kräfte, wie der moderne englische Dramatiker John Arden hervorhebt: „Most plays involve conflict, and most conflicts involve a clash of personalities, so I don't think my work departs much from general dramatic tradition in this respect."[32] Der Konflikt zwischen Individuen — häufig einem Protagonisten und einem Antagonisten[33] — ist jedoch nicht die

---

[29] Zu den verschiedenen Versionen siehe z.B. „Antigone" in: Elisabeth Frenzel. *Stoffe der Weltliteratur.* Stuttgart, 1963, 45-47.

[30] J. B. Shipley. *Dictionary of World Literature.* Totowa, rev. Ausg. 1968, 310.

[31] Tennyson, 13.

[32] Interview in: Simon Trussler und Charles Marowitz, Hrsg. *Theatre at Work: Playwrights and Productions in the Modern British Theatre.* London, 1967, 53.

[33] Der Protagonist (wörtl. der erste Kämpfer) war im griech. Drama der Darsteller der Hauptrolle. Der Begriff wurde auf den Helden bzw. die Hauptfigur übertragen. Der Antagonist ist der Gegenspieler des Helden.

einzige Möglichkeit. Das Individuum im Konflikt mit sich selbst, das Individuum in Konflikt mit übernatürlichen Mächten oder gesellschaftlichen Kräften, eine Gruppe im Konflikt mit einer anderen sind weitere Varianten, die in einem Drama auch miteinander kombiniert werden können.

Die Geschlossenheit der Fabel geht auf Aristoteles' Kennzeichnung des *mythos* als „Zusammensetzung der Handlungen"[34] zurück. Der antike Dichtungstheoretiker hatte Überschaubarkeit und Ganzheit für die Fabel gefordert und sah letztere in der Abgerundetheit durch Anfang, Mitte und Ende: Der Anfang dürfe nicht notwendigerweise vorhergehende Ereignisse voraussetzen, die Mitte sei durch vorausgehende und danach kommende Ereignisse bestimmt, und das Ende entstünde aus Vorhergehendem, ohne daß etwas weiteres entstehe.[35]

Die EINHEIT der Fabel impliziert, daß jeder Teil ein organischer Bestandteil des Ganzen ist, so daß „das Ganze sich verändert und in Bewegung gerät, wenn ein einziger Teil umgestellt oder weggenommen wird."[36] Diese Aristotelische Konzeption der Fabel wurde lange Zeit normativ verabsolutiert.[37] Sie stellt jedoch nur *eine* Möglichkeit der Fabelgestaltung dar, die Volker Klotz in seinem Buch *Geschlossene und Offene Form im Drama* als Idealtyp der „geschlossenen Form" bezeichnete.[38]

Ihre Struktur ist leicht überschaubar. „Aus einer klar exponierten Ausgangssituation, die auf einem abgeschlossenen und überschaubaren Satz von Fakten beruht, entwickelt sich ein Konflikt zwischen transparent profilierten antagonistischen Kräften, der zu einer eindeutigen und endgültigen Lösung geführt wird."[39] Was das Drama der Neuzeit angeht, so kann der Aufbau im geschlossenen Drama zwei Grundtypen folgen, dem Fünfaktprinzip und dem Dreiaktprinzip. Die folgende Skizze zeigt beide Möglichkeiten.

———————

[34] *Poetik*, Kap. 6.

[35] *Poetik*, Kap. 7.

[36] Kap. 8.

[37] Vgl. als Höhepunkt Gustav Freytags Buch *Technik des Dramas,* das 1863 zum ersten Mal erschien.

[38] München, 1960.

[39] Pfister, 1977, 125 f.

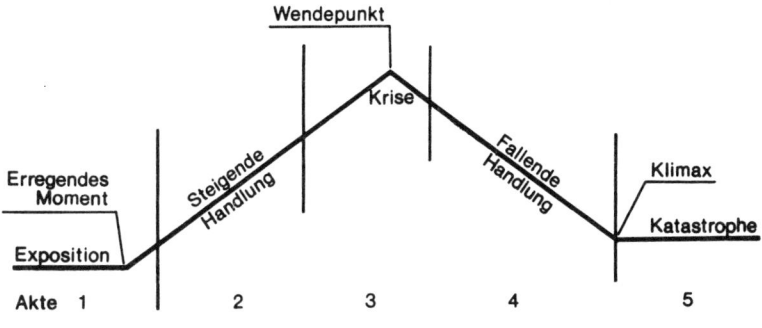

Schema eines Fünfakters

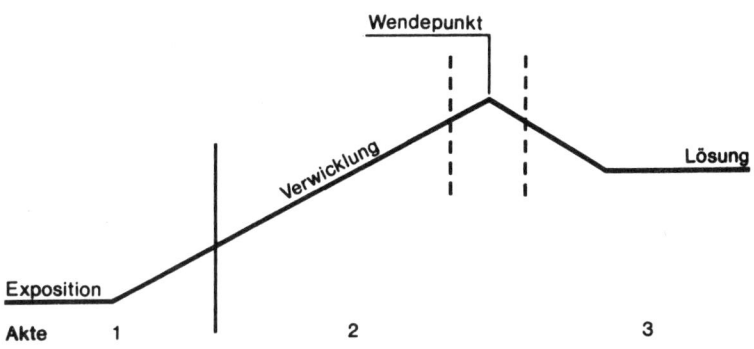

Schema eines modernen Dreiakters

aus: Tennyson. *Introduction to Drama.*

103

Gemeinsam ist diesen beiden Typen, daß sie auf dem Prinzip der Komplikation und Lösung oder Spannung und Entspannung beruhen sowie auf der Verknüpfung von Handlungen, nicht von Geschehensabläufen aufbauen.

Die erste Phase der Fabel wird konventionellerweise als EXPOSITION bezeichnet. Wesentlichste Funktion der Exposition ist es, über die Hintergründe und Voraussetzungen der dargestellten Geschichte zu informieren, damit das Publikum der Gesamthandlung folgen kann. Fallen Exposition und DRAMATISCHER AUFTAKT zusammen, so kommen ihr überdies noch aufmerksamkeitserregende und einstimmende Funktionen zu. Natürlich werden die Informationen nicht nur verbal übermittelt, sondern bei der Theateraufführung ebenso durch die akustischen und optischen Bühnenmittel.

Die Exposition braucht keinesfalls auf den Dramenbeginn beschränkt zu sein. Es gibt eine ganze Reihe von Theaterstücken, die im Verlauf der Handlung nach und nach über die VORGESCHICHTE berichten. Ein Sonderfall der SUKZESSIVen — im Gegensatz zur INITIAL-ISOLIERTen Exposition — ist im analytischen Drama[40] gegeben. Da dieser Dramentyp nur die letzten Auswirkungen der Handlung zeigt und wesentliche Teile der Geschichte sich schon vor Beginn des Stückes abspielen, müssen die in der Vergangenheit liegenden Fakten dem Zuschauer allmählich zur Kenntnis gebracht werden. Heinrich von Kleists *Der Zerbrochene Krug* oder Henrik Ibsens *Gespenster* sind Beispiele für dieses Verfahren. Die Exposition ist hier streng auf die Handlungsgegenwart bezogen und wird durch die dramatische Situation motiviert.

Weil die Exposition nicht unbedingt mit der Anfangsphase des Dramas zusammenfallen muß, empfiehlt es sich, zwischen den Begriffen Exposition, dramatischer Auftakt und *point of attack*[41] zu unterscheiden. Die EXPOSITION hat vorwiegend die Aufgabe, über die Vorgeschichte zu informieren. Der DRAMATISCHE AUFTAKT bezieht sich auf die ersten Szenen des Dramas, deren Funktion es ist, die Aufmerksamkeit zu wecken und in die Atmosphäre des Stückes einzustimmen. Der Begriff POINT OF ATTACK

----

[40] Eine Dramenform, die nicht eine Handlungsentwicklung aufzeigt, sondern die letzte Phase eines bereits fortgeschrittenen Ereigniszusammenhangs darstellt.

[41] Siehe Ernst Th. Sehrt. *Der dramatische Auftakt in der elisabethanischen Tragödie* (Göttingen, 1960) zum dramatischen Auftakt und Paul M. Levitt, *A Structural Approach to the Analysis of Drama* (Den Haag / Paris, 1971) 24-34 zum *point of attack*.

schließlich bezeichnet den Einsatzpunkt der in der Fabel dargestellten Handlung, nachdem der Vorhang aufgegangen ist. Liegt der Zeitpunkt des Handlungsbeginns sehr früh, dann ist die Exposition nicht sehr umfangreich (vgl. „offene Form"); denn der Dramatiker präsentiert ja den größten Teil der Geschichte unmittelbar auf der Bühne. Dies gilt zum Beispiel für Brechts *Galileo Galilei* oder Shakespeares *A Winter's Tale*. Ein später *point of attack* impliziert eine sehr straffe Strukturierung der Fabel und ein beträchtliches Maß an expositionellen Informationen. Diese Situation ist charakteristisch für die der klassischen aristotelischen Dramenstruktur folgenden Stücke (etwa Lessings *Emilia Galotti*) oder analytische Dramen, die erst die letzte Phase einer Geschichte dramatisieren.

Nach der Einleitungsphase kommt bei den beiden in der Skizze dargestellten Strukturtypen die VERWICKLUNG, die in der 5-Akt-Struktur durch ein wichtiges Ereignis oder einen bedeutsamen Entschluß des Helden – das ERREGENDE MOMENT – in Gang gebracht wird. Die STEIGENDE HANDLUNG gipfelt in der KLIMAX (dem Höhepunkt), auf die meist die PERIPETIE („Krise" oder "Wendepunkt") wenig später folgt: die bisher erreichte Situation verkehrt sich in ihr Gegenteil,[42] und damit wird die FALLENDE HANDLUNG eingeleitet. Diese findet in der Lösung, dem DENOUEMENT (bei der Tragödie in der KATASTROPHE) ihren Abschluß, oft nachdem der glückliche oder tragische Ausgang noch einmal verzögert worden ist (RETARDIERENDES MOMENT). Am Ende ist der Held gescheitert oder geht einer glücklichen Zukunft entgegen. Alle offenen Fragen sind geklärt, dem Schluß ist nichts mehr hinzuzufügen.[43] Meist wird der Dramenschluß durch Massenszenen, in denen alle wichtigen Figuren auf der Bühne sind, deutlich markiert. Goethe schrieb in der *Nachlese zu Aristoteles' Poetik* dem Ende eine „aussöhnende Abrundung" zu, die in der Tragödie durch eine Art Menschenopfer, in der Komödie durch eine Heirat erfolge.[44]

Das hier vorgestellte allgemeine Strukturmodell tritt in zwei Varianten auf,

----

[42] Der Begriff Klimax bezeichnet den höchsten Punkt der Spannungsintensität. Peripetie hingegen verweist auf eine strukturelle Veränderung des Handlungsverlaufs. Es gibt oft mehrere Peripetien in einem Drama.

[43] Die Griechen und Shakespeare kannten die 5-Akt-Struktur nicht. Dennoch paßt dieses Schema auf eine Reihe von Shakespeares Tragödien.

[44] *Werke*, Bd. 38, 82 f.

als EINFACHE und als KOMPLEXE Fabel. Erstere präsentiert die Geschichte ohne zahlreiche Komplikationen, Umschwünge und Verwicklungen. Die Handlung bewegt sich zielstrebig auf das Ende zu, wie bereits Aristoteles festgestellt hat.[45] Zahlreiche moderne englische und amerikanische Dramen folgen diesem Strukturmuster, beispielsweise John Whitings *Marching Song,* Tennessee Williams' *A Streetcar Named Desire* oder Edward Albees *Who's Afraid of Virginia Woolf?* Die andere Variante, eine auf einer Reihe von Komplikationen aufbauende Fabel, wird dagegen von den englischen Restaurationskomödien verkörpert. Die Intrigen und Gegenintrigen werden immer wieder durch Peripetien und Phasen der Anagnorisis[46] in eine neue Richtung gelenkt. Die Verwendung dieser beiden Bausteine der Fabelgestaltung hatte bereits Aristoteles zum Kennzeichen des komplexen *plot* erhoben.[47]

Der hier beschriebene Kompositionstyp kennzeichnet das aristotelische Drama der „geschlossenen Form". Es ist konfliktorientiert, und die Handlung entwickelt sich schlüssig aus der Abfolge von Aktion und Reaktion. Es handelt sich um eine eng ineinander verzahnte Fabel *(tight plot),* in der jede Figur und Einzelhandlung die Gesamthandlung vorantreibt. Am Ende bleibt keine wichtige Tatsache ungeklärt.

Auch äußerlich ist die Fabel klar aufgebaut: vom AUFTRITT als kleinster Segmentierungseinheit (durch eine Konfiguration bestimmt) über die SZENE (durch zeitliche und/oder räumliche Einheit geprägt) zum AKT. Der Beginn eines neuen Aktes ist durch einen totalen Konfigurationswechsel, eine Unterbrechung der zeitlichen Kontinuität oder einen Schauplatzwechsel gekennzeichnet, wobei alle drei Kriterien häufig gemeinsam auftreten. Im übrigen herrscht gerade in bezug auf die Segmentierungseinheiten eine beträchtliche Begriffsvielfalt; z.B. bezeichnet Levitt in Anlehnung an die Praxis des klassischen Dramas in Frankreich das als Szene, was hier Auftritt genannt wird.[48] Die Shakespeareforschung hinwiederum nennt diejenige Segmentie-

---

[45] *Poetik.* Kap. 10.

[46] Wörtl. „plötzliches Erkennen, Wiedererkennen". Im 16. Kap. der *Poetik* weist Aristoteles auf die Wichtigkeit dieses Vorgangs für die Tragödie hin. Der Held *entdeckt,* in welcher Situation er sich befindet, z.B. wer seine Gegenspieler sind, was er falsch gemacht hat.

[47] Ebd. und Kap. 11.

[48] *A Structural Approach,* 15 f.

rungseinheit Szene, die in der französischen Klassik mit dem Terminus Akt belegt wird (nach dem Kriterium der Durchbrechung der zeitlichen und/ oder räumlichen Kontinuität).[49]

4.3.3 Geschlossene und offene Form

Wollte man die klassische geschlossene Dramenform verabsolutieren, so müßte man eine Vielzahl von Dramentypen ausschließen, die vom mittelalterlichen Mysterienspiel über die elisabethanischen Historien bis zum epischen Theater des 20. Jahrhunderts und den in jüngerer Zeit sehr populär gewordenen Revuen reichen. Zur Bezeichnung der Dramen mit nicht geschlossener Form führte Volker Klotz den Ausdruck „offene Form" ein.[50] Das Drama der offenen Form stellt das Gegenmodell zum Drama der geschlossenen Form dar. Als Ausgangspunkt für die Erstellung der Strukturmerkmale bieten sich Shakespeares Dramen an, weil dieser Dichter — wie andere elisabethanische Dramatiker auch — die Darbietung der Ereignisse auf mehrere Handlungsstränge verteilte. Dies steht im Widerspruch zur klassischen Forderung nach Einheit der Handlung.

Der Unterschied zwischen einer EINSTRÄNGIGen und einer MEHRSTRÄNGIGen Fabel läßt sich daran erkennen, daß im ersten Fall alle Ereignisse und Handlungen Bestandteile ein und derselben Geschichte sind, während die Handlungsstränge im zweiten Fall jeweils eine eigene Geschichte als Grundlage haben. Shakespeares Komödien und Tragödien, z.B. *Much Ado About Nothing, A Midsummer Night's Dream, Hamlet* oder *King Lear,* zeigen, daß Figurenkonstellationen sowie thematische oder situative Parallelen die einzelnen Handlungsstränge zwar mehr oder weniger kunstvoll miteinander verknüpfen, jeder Handlungsstrang aber dennoch seinen eigenen Handlungszusammenhang hat. Natürlich dient die Doppelung der Handlungsstränge nicht nur der Abwechslung und Unterhaltung, sondern gleichzeitig der Spannungssteigerung, indem die erste Handlung an einem entscheidenden Punkt unterbrochen wird. Der kontrastive oder die Problematik der Haupthandlung spiegelnde zweite Handlungsstrang kann auch zur Hervorhebung der Thematik eingesetzt werden, ihr eine größere Allgemeinverbindlichkeit verleihen und schließlich die komische oder tragische Wirkung intensi-

---

[49] Zu der Begriffsproblematik siehe Pfister, 1977, 316-318.

[50] Vgl. S. 99 ff.

vieren.[51] Die einzelnen Handlungsstränge können gleichrangig sein (wie es in *Much Ado about Nothing* mehr oder weniger der Fall ist) oder in Haupthandlung und beigeordnete Handlung gegliedert sein. Letzteres ließe sich anhand der Gloucesterhandlung in *King Lear* illustrieren.

Gemeinsam ist den als Beispielen für die offene Form genannten Dramentypen eine relativ lockere, episodische Struktur. Hierbei ist jede Einzelepisode eine in sich geschlossene, unabhängige Einheit. Damit wird die Aristotelische Einheit und Ganzheit der Handlung aufgehoben, genauso wie die Einheit des Ortes und der Zeit. Lange Zeitspannen, zahlreiche Ortswechsel sowie eine Fülle von Figuren kennzeichnen dieses Strukturmodell neben der Aufspaltung in mehrere Ereignisstränge. Verklammert werden sie durch eine Zentralfigur (etwa Danton in Büchners *Dantons Tod*) und wiederkehrende thematische oder Bild-Bereiche.[52] Schillers *Die Räuber* oder Hauptmanns *Die Weber* sind hier als Beispiele aufschlußreich. Zusammenfassend lassen sich geschlossene Form und offene Form folgendermaßen voneinander absetzen:

TEXT 6

Entfaltet im Drama der geschlossenen Form die Abfolge der Auftritte und Akte linear und kontinuierlich die Entwicklung der Geschichte, so wird sie in der locker gefügten Szenenfolge der offenen Form in vielfachen Brüchen und variierenden Wiederholungen aufgefächert. (. . .) Die analytische Strukturierung ,,von oben nach unten", vom Textganzen über die Akte zu den Auftritten, verkehrt sich hier zu einem synthetischen Aufbau ,,von unten nach oben", von den Teilen zum Ganzen, von der Szene über die Szenengruppierung zum Textganzen.[53]

In seinem Buch *The Dynamics of Drama: Theory and Method of Analysis* unterscheidet Bernard Beckermann zwischen zwei Grundmustern: der INTENSIVen und der EXTENSIVen Handlung.[54] In etwa kann man diese Begriffe in Analogie zur Klotzschen Differenzierung von geschlossener und of-

––––––––

[51] Vgl. S. R. Levin. *The Multiple Plot in English Renaissance Drama.* Chicago, 1971 und Ernest Schanzer ,,Plot-Echoes in Shakespeare's Plays" *Shakespeare Jahrbuch,* (West), 1969, 103-121.

[52] Klotz, 101-116.

[53] Pfister, 324 f.

[54] New York, 1970, 169 ff.

fener Form sehen.[55] Der INTENSIVe Handlungstyp ist durch die straffe und funktionale Verknüpfung der einzelnen Handlungseinheiten gekennzeichnet. Sie sind nach dem Schema Exposition, Verwicklung, Höhe- und Wendepunkt, retardierendes Moment sowie Katastrophe zusammengefügt. Eine geringe Anzahl von Figuren und die Wahrung der Einheit der Zeit und des Ortes sind charakteristisch. — Der EXTENSIVe Handlungstyp gestaltet dagegen eine umfangreiche Geschichte, die zwischen vielen Figuren in einem großen Zeitraum und an zahlreichen Schauplätzen spielt. Die Verbindung zwischen den Handlungseinheiten ist lose, da die einzelnen Szenen in sich relativ geschlossen sind.

In bezug auf die Geschehensstruktur des absurden Dramas müßte ein weiteres Modell entworfen werden. Es scheint nicht adäquat, das absurde Drama der offenen Form zuzuweisen. Denn im Gegensatz zu Handlung wird hier Geschehen gestaltet. Der Totalität der dargestellten Menschen und der dargestellten Welt steht eine eingeschränkte Sicht vom Menschen und seinem Dasein gegenüber. Die Zeit als eine in die Ereignisse eingreifende Wirkungsmacht schließlich wird ersetzt durch die Aufhebung der Zeit in der Statik. (Vgl. Problemfeld 8)

4.4   Handlung und Zeit

TEXT 7

Hier spielt die Zeit keine Rolle. Wir spielen keine Handlung, also spielen wir keine Zeit. Hier ist die Zeit wirklich, indem sie von einem Wort zum anderen vergeht. Hier flieht die Zeit in den Worten. Hier wird nicht vorgegeben, daß die Zeit wiederholt werden kann. Hier kann kein Spiel wiederholt werden und zur gleichen Zeit spielen wie zuvor. Hier ist die Zeit *Ihre* Zeit. Hier ist der Zeitraum *Ihr* Zeitraum.[56]

Mit diesen provokativen Äußerungen verweist Peter Handke auf einen wichtigen Sachverhalt, daß nämlich die Phänomene Handlung und Zeit eng miteinander verknüpft sind. Götz Wienold spricht daher von der ,,Temporalität der dargestellten Ereignisse'', die sich in dramatischen Texten anders präsen-

------

[55] Vgl. Paul Goetsch. *Bauformen des modernen englischen und amerikanischen Dramas.* Darmstadt, 1977, 199 f.

[56] Peter Handke. *Publikumsbeschimpfung* in: *Stücke 1.* Frankfurt, 1972, 25.

tiere als in Erzähltexten.[57] Folglich lassen sich die Analysekriterien für die Zeit, wie sie in bezug auf das Epos oder den Roman entworfen worden sind, nicht ohne weiteres auf das Drama übertragen. Der grundlegende Unterschied besteht in der Gegenwärtigkeit der szenischen Präsentation. „The action on the stage takes place in a perpetual present time" stellt Thornton Wilder in seinen *Thoughts on Playwriting* fest und fährt dann fort:

TEXT 8

The novel is a past reported in the present. On the stage it is always now. This confers upon the action an increased vitality which the novelist longs in vain to incorporate in his work. This condition in the theatre brings with it another important element: In the theatre we are not aware of the intervening storyteller. The speeches arise from the characters in an apparently pure spontaneity. *A play is what takes place. A novel is what one person tells us took place.*[58]

4.4.1 Die Sukzession

Grundprinzip der gegenwärtigen Geschichte ist die SUKZESSION, wie Peter Pütz in seiner Studie *Die Zeit im Drama* darstellt. Dabei entspricht die Sukzession der Darstellung in der Szenenfolge im allgemeinen einem Nacheinander auf der Ebene der dargestellten Geschichte. Allerdings ist „die technische Notwendigkeit, zwei Szenen nacheinander aufzuführen, . . . kein sicheres Anzeichen dafür, daß sie auch als Teile der dramatischen Handlung in gleicher Weise aufeinanderfolgen. Es wäre vielmehr denkbar, daß sie gleichzeitig oder gar in umgekehrter Reihenfolge geschehen."[59] Simultanszenen (z.B. in Shakespeares *A Midsummer Night's Dream* oder Tiecks *Gestiefeltem Kater*) und Rückblenden (in Sartres *Les Mains Sales* und Arthur Millers *Death of a Salesman*) sind jedoch die Ausnahme und widerlegen nicht das allgemeine Sukzessionsprinzip.

Es gibt eine Reihe von Techniken, den Zeitverlauf im Drama deutlich zu machen. Die Nennung von Datum oder Uhrzeit verweist auf den chronologischen Fortgang der Zeit, entweder als auktoriale Angabe im Nebentext (Ger-

---

[57] Wienold, 125.

[58] in: Calderwood, 12.

[59] *Zur Technik dramatischer Spannung.* Göttingen, 1970, 18.

hart Hauptmanns *Rose Bernd*) oder in der Replik einer Figur im Haupttext. Ein Beispiel für die zweite Möglichkeit findet sich in Ben Jonsons *Volpone*, wo der erste Akt mit der Zeile beginnt: „Good morning to the day; and next my gold!" (I,1,1). Die häufig schlagende Uhr in Ionescos *La cantatrice chauve* parodiert diese Technik, indem sie das Sukzessionsprinzip so auf den Kopf stellt, daß es schließlich *ad absurdum* geführt wird: Erst schlägt die Uhr siebzehnmal, dann zehnmal, kurz darauf dreimal, später sogar 29 Schläge. — Neben Zeitangaben kann die zeitliche Veränderung am Wechsel des Schauplatzes gezeigt werden; denn die Verwandlung des Bühnenbildes und der Übergang von Szene zu Szene setzen einen Zeitablauf voraus. Da keine Veränderung ohne zeitlichen Fortgang gedacht werden kann, vermittelt auch der Wechsel der Figuren in Auftritten und Abgängen den Eindruck fortschreitender Zeit.

Die dramatische Zeitbewegung ist keinesfalls als konstante, gleichmäßig ablaufende Folge von Zeitschritten zu verstehen. Das TEMPO der Sukzession verändert sich: Es kann beschleunigt oder verlangsamt werden. Tempovariationen ergeben sich durch den Wechsel von langen Repliken mit stichomythischen Redeteilen (vgl. 5.5), von hektischem Konfigurationswechsel (3.5) mit einer für eine Weile konstant bleibenden Konfiguration, von handlungsreichen Szenen mit kommentierenden oder die Situation reflektierenden Passagen.[60] So entsteht ein dramatischer RHYTHMUS, der im schriftlichen Textsubstrat bereits angelegt ist und durch den aufgeführten Text intensiviert bzw. verdeutlicht oder aber unterlaufen wird. Letzteres tritt ein, wenn sehr dynamische Szenen durch eingeführte Spielpausen oder von der Textvorlage nicht vorgesehene Aktionen zerdehnt werden. Bei der Tempoanalyse ist also — soweit eine Theateraufführung mitanalysiert werden kann — zwischen dem im schriftlichen Text intendierten Tempo und dem Tempo der Aufführung zu unterscheiden.

Das Tempo des Textsubstrats hinwiederum ist ebenfalls unter zwei Aspekten zu betrachten: dem Tempo der Fabel und dem der zugrundeliegenden Geschichte. Auf der tiefenstrukturellen Ebene der Geschichte wird durch zahlreiche Situationsveränderungen ein hohes Tempo erzeugt; auf oberflächenstrukturellem Niveau (der Ebene der Fabel) ist das Tempo durch den Repliken- und Konfigurations- sowie Schauplatzwechsel bestimmt.[61] Beide Ebenen decken sich hinsichtlich des Tempos, wenn jede der Repliken oder

---

[60] Pfister, 1977, 381.

[61] Ders., 379 f.

jeder Konfigurationswechsel einer Situationsveränderung der Geschichte entspricht. Die Tempi des tiefenstrukturellen und oberflächenstrukturellen Niveaus können jedoch auch gegenläufig sein: Einer statischen Situation widersprechen auf oberflächenstruktureller Ebene eine Vielzahl von Handlungen und ständigen Replikenwechseln (beispielsweise im absurden Drama) — oder umgekehrt — eine peripetienreiche Phase der Geschichte wird oberflächenstrukturell in einem Bericht vorgetragen und verringert so das Tempo.

4.4.2 Vorgriff und Rückgriff

Bisher haben wir uns ausschließlich mit Überlegungen zum Sukzessionsprinzip befaßt. Die Zeitstruktur im Drama wird jedoch nicht nur von der Abfolge gegenwärtiger Zeitmomente bestimmt. VORGRIFFE auf Zukünftiges und RÜCKGRIFFE auf Vergangenes finden sich in fast allen Dramen neben Phasen des chronologischen Zeitverlaufs. Man kann sagen: Das Verhältnis der drei Zeitmodi formt die Zeit im Drama:

TEXT 9

Es ist in jedem Augenblick des Dramas *schon* etwas geschehen, und es steht *noch* etwas aus, das aus dem Vorhergehenden gefolgert und vorbereitet wird. Jeder Moment greift Vergangenes auf und nimmt Zukünftiges vorweg. Die dramatische Handlung besteht in der *sukzessiven* Vergegenwärtigung von vorweggenommener *Zukunft* und nachgeholter *Vergangenheit*.[62]

Zu den wichtigsten VORGRIFFEN auf zukünftige Handlung gehören Ankündigung und Andeutung. (Beide haben einen unterschiedlichen Grad an Explizitheit: In der Ankündigung wird der Vorgriff direkt ausgesprochen, bei der Andeutung eher suggeriert.) Vorhergesagte Ankunft von Personen, Weissagungen, Schwüre, Bewährungsproben sowie Hinweise auf geplante Intrigen sind Mittel, ,,die Zukunft vorwegzunehmen, ohne sie doch schon zu enthüllen''.[63] Stimmungen, Träume, Analogien zu Naturerscheinungen und Requisiten (in auffälliger Weise Dolche, Giftfläschchen, in falsche Hände geratene Ringe, geheimnisvolle Kästchen, Masken) weisen vage in eine bestimmte Richtung der Handlungsentwicklung.

------

[62] Pütz, 19.

[63] Emil Staiger. *Grundbegriffe der Poetik*. Zürich, [6]1963, 170.

Was die RÜCKGRIFFE betrifft, so können wir sie, der von Lämmert für den Roman getroffenen Unterscheidung folgend, in „aufbauende" Rückgriffe zu Beginn und während der Handlung sowie „auflösende" Rückwendungen am Dramenschluß einteilen.[64] Für die aufbauenden Rückgriffe ergibt sich die paradoxe Situation, daß sie Vorgriffe vorbereiten, d.h. eine zukünftige Handlungsentwicklung stimulieren. Liegen die nachgeholten Ereignisse vor Beginn der Dramenhandlung, so gehören sie zur Vorgeschichte (vgl. 4.3), beziehen sie sich auf Ereignisse, die während der Handlungsdauer geschahen, aber zwischen Szenen „versteckt" waren, dann werden sie als „nachgeholte Dramenhandlungen" bezeichnet. In die erste Kategorie fallen Erinnerungen (z.B. in *Faust I*, 781 f.), das Motiv der Heimkehr (in Racines *Phèdre*), Wiedererkennungsszenen (Shakespeares *Twelfth Night*, V, 1), Gerichtsszenen (Kleists *Der zerbrochene Krug*). In die zweite Gruppe gehört der Bericht zeitlich verdeckter Handlung, die sehr spannungsvoll den weiteren Verlauf bestimmen kann (Schiller, *Die Räuber*, II,3).

4.4.3 Darstellungszeit und dargestellte Zeit

In Analogie zu der Unterscheidung von Erzählzeit und erzählter Zeit im Roman[65] kann man auch beim Drama von der DARSTELLUNGSZEIT der Theateraufführung (z.B. drei Stunden) und dem in der Geschichte DARGE-STELLTEN ZEITraum (beispielsweise von Jahren in Brechts *Galileo Galilei*) sprechen. Darstellungszeit und dargestellte Zeit können sich decken, wie es etwa für das absurde Drama gilt.[66] Meist ist jedoch die reale Aufführungszeit kürzer. Ein besonders eklatantes Beispiel ist der Schlußmonolog in Christopher Marlowes *Dr. Faustus*, der die letzte Stunde von Fausts Leben (von elf Uhr bis zwölf Uhr nachts) in einer realen Spielzeit von wenigen Minuten darstellt. Auf weitere Überlegungen zur Diskrepanz zwischen Spielzeit und gespielter Zeit muß hier verzichtet werden, da erstere nur im Hinblick auf einzelne Inszenierungen bestimmt werden kann.

Neben dem Zeitunterschied, der sich aus der Aufführungsdauer und dem im Drama dargestellten Zeitabschnitt ergibt, ist auch zwischen der Zeitdauer der Geschichte auf der Ebene der Darstellung und der Zeitdauer der Fabel auf der Ebene des Dargestellten — d.h. vom Einsatzpunkt der szenisch prä-

---

[64] *Bauformen des Erzählens.* Stuttgart, ³1968, 100 ff.

[65] Vgl. Günther Müller. „Erzählzeit und erzählte Zeit" in: *Festschrift für P. Kluckhohn und H. Schneider.* 1948, 195-212.

[66] Vgl. Goetsch, 1977, 190. Handkes *Publikumsbeschimpfung* ist ein weiteres Beispiel.

sentierten Handlung bis zu deren Schluß — zu unterscheiden.[67] Beide stimmen überein, wenn jedem Zeitabschnitt der Geschichte auch ein Zeitabschnitt der Fabel entspricht, also alles dargestellt wird. Sie weichen voneinander ab, wenn Zeitabschnitte der Geschichte auf der Ebene der Fabel durch RAFFUNG ausgespart werden, sei es durch eine nur verbal vermittelte Vorgeschichte oder als Bericht von zwischen den Szenen verdeckt liegenden Ereignissen. Finden sich beim absurden Drama eine Fülle von Beispielen für die Übereinstimmung, so illustrieren die epischen Theaterstücke die Raffung.

Schließlich ist die einem Drama inhärente ZEITKONZEPTION zu bestimmen. Bereits bei der Erwähnung der diskrepanten Zeit in Marlowes *Dr. Faustus* wurde implizit auf den Kontrast von objektiver Chronometrie und subjektiver Zeiterfahrung angespielt. Die OBJEKTIVe Zeit läßt sich aus einer konsequenten Chronologie der Szenenfolge ermitteln, die SUBJEKTIVe Zeiterfahrung hingegen ist aus dem Kontrast von gespielter Zeit und Spielzeit zu erschließen. — Ein zweites Gegensatzpaar ergibt sich zwischen den beiden Polen PROGRESSIVer und STATISCHer Zeitkonzeption. Progression äußert sich in ständigen Veränderungen der Zeitstruktur, Statik impliziert Dauer. Historisch betrachtet hat die progressive Zeitkonzeption, mit Ausnahme der mittelalterlichen Spiele, im Drama von der Antike bis ins 19. Jahrhundert dominiert, während moderne Dramen häufig achronologisch also zeit-los sind, insofern als die Dauer einer statischen Situation gegenüber einer sukzessiven Situationsveränderung vorherrscht: Die Situation am Ende des Dramas ist mit der des Anfangs weitgehend identisch, worauf zum Beispiel bereits der Titel von Becketts *Waiting for Godot* abzielt. — Drittens können LINEARITÄT und ZYKLIK als weiteres Kontrastpaar einander gegenübergestellt werden. Eine lineare Zeitkonzeption herrscht dort vor, wo die Situationen sich mit der fortschreitenden Zeit verändern. Dies trifft für die Dramen der französischen und deutschen Klassik zu. Zyklische Zeitbewegungen werden bei Shakespeare schon vorweggenommen, und zwar in der Generationenfolge oder in der Einbettung der späten Romanzen in einen jahreszeitlichen Rhythmus. Zyklik ist jedoch besonders typisch für eine Reihe von modernen Dramen, in denen sich dieselbe Situation mehrmals wiederholt. Als Beispiel dient wiederum Beckett mit seinem Theaterstück *Happy Days;* in der Wahrnehmung der Zuschauer überlagert die Wiederholung gleicher Handlungen und Repliken die zunehmende Unbeweglichkeit der Figur Winnies.

––––––––

[67] Zum folgenden vgl. Pfister, 374-378.

4.4.4 Das Problem der Spannung

Die SPANNUNG ist häufig als Wesen der dramatischen Handlung bezeichnet worden.[68] Dabei ist es wichtig, zwischen der gespannten Haltung der Zuschauer und der Spannung als Aufbauprinzip des Dramas zu unterscheiden. Die subjektive Spannung wird ausgelöst durch die Erwartungen des Publikums in bezug auf den Handlungsverlauf. Sie wird erhöht durch den Wechsel von Vorgriffen auf die Handlung und deren Verwirklichung. Die Erwartungen beziehen sich nicht nur auf das, was passiert, sonst wäre der Reiz eines Dramas nach der ersten Begegnung erschöpft. Vielmehr interessiert vor allem auch die Art des Handlungsverlaufs. In den Worten Brechts ausgedrückt ist der Zuschauer auf den ,,Ausgang'' des Stückes gespannt, wenn er das Ende nicht kennt. Weiß er, was das Finale bringt, dann wird er auf den ,,Gang'' der Handlung gespannt sein.[69] Spannung kann Gefühlsspannung oder Erkenntnisspannung sein, je nachdem ob der Zuschauer mehr emotional oder rational angesprochen ist. Sie ist ein Zustand zwischen völliger Unwissenheit und vollständiger Information. ,,Die Spannung setzt ein Teilwissen voraus. Eine Neugier des Zuschauers wird nur geweckt, wenn etwas *schon* und etwas *noch nicht* geschehen ist.''[70] Suzanne K. Langer betont in ihrem Buch *Feeling and Form*, daß das Wissen um das, was in einer Situation geschieht, untrennbar mit der Erwartung auf das Kommende verknüpft ist:

TEXT 10

> . . . our sense of what *is* happening is in fact indistinguishable from our sense of what *will* or *may* happen. This creates the peculiar tension between the given present and its yet unrealised consequent, 'form in suspense', the essential dramatic illusion. This illusion of a visible future is created in every play (. . .) The future appears as already an entity, embryonic in the present.[71]

------

[68] Vgl. z.B. Staiger, 143 ff. und Peacock, 160.

[69] ,,Anmerkungen zur Oper *Aufstieg und Fall der Stadt Mahagonny*'' in: *Schriften zum Theater,* 7 Bde. Frankfurt/Main, 1963/64, Bd. 2, 117.

[70] Pütz, 11.

[71] New York, 1953, 311.

Hier wird deutlich, daß die SUBJEKTIVe Spannung des Publikums in dem Verhältnis der Zeitdimensionen im Drama als OBJEKTIVe Spannung vorgeprägt ist. Den Vorrang der Zukunft und die strenge Bezogenheit aller Einzelteile auf den Schluß des Dramas, indem aus dem Früheren das Kommende Schritt für Schritt entwickelt wird, hoben schon Goethe und Schiller hervor. Es entstehe eine „gewaltige Präzipitation und Neigung", die sich auch dem Zuschauer mitteile.[72] Das Gespanntsein aller Elemente auf das Kommende, also die FINALSPANNUNG, gilt für den Typ der geschlossenen Form. Die offene Form dagegen begünstigt die DETAILSPANNUNG, die einen Spannungsbogen über die jeweils kürzeren Teilabschnitte des Dramas schlägt. Brechts Forderung „Jede Szene für sich" statt „Eine Szene für die andere"[73] führt zwar zu einer Verkürzung der Spannungsbögen, hebt aber die strenge Bezogenheit auf die Zukunft nicht auf.

Abschließend sollen die Unterschiede in der Zeitstruktur zwischen der offenen und der geschlossenen Form noch einmal in einer Übersicht zusammengestellt werden:

Geschlossene Zeitstruktur		Offene Zeitstruktur
Zeitkonzeption:	Linear dynamisch	zyklisch statisch
Vorgeschichte:	umfangreich (später *point-of-attack*)	wenige Angaben (früher *point-of-attack*)
Spannung:	Finalspannung Was-Spannung	Detailspannung Wie-Spannung
Tempo:	schneller Ablauf	gleichmäßiges Tempo
Zeitumfang:	Kürze der dargestellten Zeit	Darstellung langer oder unbestimmter Zeiträume

---

[72] „Über epische und dramatische Dichtung" und Schillers Brief an Goethe vom 2. Oktober 1797.

[73] *Schriften zum Theater*, 2, 117.

PROBLEMFELD 5: Die dramatische Sprache

5.0 Groblernziele

Der Leser soll nach der Lektüre der folgenden Darlegungen:

— sich der Schlüsselstellung der Sprache im Drama bewußt sein

— dramenspezifische Charakteristika der Sprache formulieren können

— einige Merkmale der Kunstsprache im Drama nennen

— den Handlungscharakter dramatischer Sprache erläutern

— den Dialog gegen den Monolog absetzen

— Eigenschaften und Funktionen des Dialogs kennen und erläutern

— die Kommunikationssituation des Dialogs beschreiben

5.1 Die Stellung der Sprache im Drama

Als letztes Grundelement des Dramas soll die Sprache in den Mittelpunkt der Betrachtung gestellt werden. Sie ist als diejenige Gegebenheit anzusehen, die dramatische Person und dramatische Handlung gleichermaßen umfaßt. Die enge Beziehung zwischen den drei Bausteinen des Dramas Figur — Handlung — Sprache wird aus einer Äußerung Dürrenmatts deutlich:

TEXT 1

> Der Mensch des Dramas ist ein redender Mensch, dies ist seine Einschränkung, und die Handlung ist dazu da, den Menschen zu einer besonderen Rede zu zwingen. Die Handlung ist der Tiegel, in welchem der Mensch Wort wird, Wort werden muß. Das heißt nun aber, daß ich den Menschen im Drama in Situationen zu bringen habe, die ihn zum Reden zwingen.[1]

Die hier angesprochene gegenseitige Bedingtheit von Figur und Sprache sowie Sprache und Handlung soll vorläufig unbeachtet bleiben; denn es kommt zunächst einmal darauf an, die Schlüsselstellung der Sprache im Drama bewußt zu machen. „Action is to drama what his body is to man; in its

——————

[1] „Theaterprobleme", 33.

language resides the drama's soul. A playwright essentially is, or should be, an artist in words."[2] So charakterisierte Allardyce Nicoll die Rolle der Sprache für das Drama. Der Theaterkritiker Eric Bentley akzentuierte – in einer etwas prosaischeren Formulierung – die Wichtigkeit der Sprache genauso, wenn er feststellte: ,,[The drama] is 'all talk'. A play is written by someone who wishes to do nothing but talk for an audience that is resigned to do nothing but listen to talk."[3] Es ist aufschlußreich, daß Bentley die Tätigkeit des Dramatikers ,,reden", nicht "schreiben" nennt und daß die Rezeptionsaktivität im ,,Zuhören", nicht im ,,Lesen" besteht. Damit verweist er natürlich in erster Linie auf die medienspezifische Situation des Dramas als Bühnenstück (vgl. Problemfeld 1), erfaßt aber gleichzeitig eine Besonderheit der dramatischen Sprache.

5.2 Spezifische Merkmale dramatischer Sprache

Die Doppelnatur des Dramas als literarisches Kunstwerk und Vorwurf für die Bühne wird vor allem in der Sprache greifbar. Wie alle Literatur bedient sich auch das Drama der Sprache als Kommunikationsträger. Im Unterschied zu anderen literarischen Gattungen operiert es jedoch mit dem GESPROCHENEN WORT. Bewußt wird damit der Klangcharakter von Wörtern als Wirkungsmittel eingesetzt: ,,Words in the theatre are heard and not read" stellt J. L. Styan in seinem Buch *Drama, Stage and Audience* kategorisch fest und belegt dies mit einer Fülle von Beispielen.[4] Rhythmische und lautliche Eigenschaften unterstreichen den Sinngehalt. Wir veranschaulichen diesen Sachverhalt an einem Beispiel aus Shakespeares *Macbeth*, für das sich beliebig viele Alternativen finden ließen:

BEISPIEL 1: *Macbeth, I, 1, 1-12*

Thunder and lightning. Enter three WITCHES.

1 Witch. When shall we three meet again?
In thunder, lightning, or in rain?
2 Witch. When the hurlyburly's done,
When the battle's lost and won.

----

[2] Nicoll, 144.

[3] *The Life of Drama*, 75.

[4] S. 54. Vgl. auch Ingarden. ,,Von den Funktionen der Sprache im Theaterschauspiel" in: *Das literarische Kunstwerk*. Tübingen, 1965, 406.

3 Witch. That will be ere the set of sun.
1 Witch. Where the place?
2 Witch.   Upon the heath.
3 Witch. There to meet with Macbeth.
1 Witch. I come, Graymalkin!
2 Witch. Paddock calls.
3 Witch. Anon!
All. Fair is foul, and foul is fair:
        Hover through the fog and filthy air.

Liest man diese Zeilen laut, dann fallen die zahlreichen stimmlosen Frikativ-
und Plosivlaute auf, die in der Alliteration der beiden letzten Zeilen gipfeln.
In der Lautung der ausgewählten Wörter schlägt sich also das Zischen und
Tosen der Elemente beim Auftritt der Hexen nieder, und das Beunruhigende
an der Situation wird hervorgehoben. Der auffällige Paarreim und die ausgeprägten rhythmischen Qualitäten dieser Passage unterstreichen darüber hinaus den Beschwörungscharakter der Zauberformeln.

Das gesprochene Wort ist also das Material des Dramatikers, aus dem er Charaktere formen, Handlungen gestalten und mit den Zuschauern in Kontakt
treten kann. Das Hauptproblem des kreativen Schaffensaktes sieht der Dramatiker John Whiting deshalb darin, genau diejenigen Worte zu finden, welche die verschiedenen Aufgaben am besten erfüllen können. Insofern bezeichnet er die Kunst des Dramatikers folgerichtig als ,,Kunst des gesprochenen Wortes".[5]

Die Sprache im Drama ist jedoch nicht nur gesprochene Sprache, sondern sie
wird darüber hinaus von GEBÄRDEn begleitet. Die Mimik und Gestik des
Schauspielers verdeutlichen den Sinngehalt der Worte. Dies hat als weitere
spezifische Eigenart des dramatischen Wortes zu gelten. Ein Monolog aus
Gotthold E. Lessings Trauerspiel *Emilia Galotti* illustriert das Ineinander-
greifen von Sprache und Schauspieleraktion.

BEISPIEL 2: *Emilia Galotti*, I, 7, 1 ff.

Der Prinz. Sogleich! sogleich! – Wo blieb es? – *(Sich nach dem Portrait
       umsehend)* Auf der Erde? das war zu arg! *(Indem er es aufhebt)*
       Doch betrachten? betrachten mag ich dich vors erste nicht
       mehr. – Warum sollt' ich mir den Pfeil noch tiefer in die Wunde
       drücken? *(Setzt es beiseite)* – Geschmachtet, geseufzet hab' ich
       lange genug, – länger, als ich gesollt hätte: aber nichts getan!

---

[5] *Art of the Dramatist,* 96.

Aufgrund der akustischen und visuellen Verdeutlichungsmittel ist die Ausdruckskraft des dramatischen Wortes größer und die Wirkungsmittel sind vielfältiger als bei der geschriebenen Sprache im Roman oder lyrischen Gedicht. Darin besteht seine Eigenheit, wie der russische Formalist Baluchatyj darlegte:

TEXT 2

> Das sprachliche Material des Dramas, der Gebrauch des Worts im Drama, ist selbst bei nur flüchtiger Bekanntschaft mit der dramatischen Kunst ganz eigenartig und stark unterschieden von dem sprachlichen Material in der verssprachlichen oder prosasprachlichen Bearbeitung. Die ständige Verbindung des Worts mit seiner ,,szenischen" Bearbeitung . . ., die Funktionen des dramatischen, in der Lautung wirkenden und gewöhnlich von mimisch-gestischem Verhalten begleiteten dramatischen Worts haben besondere Züge der dramatischen Komposition und eine Anzahl von Merkmalen des sprachlichen Materials geschaffen, deren gesetzmäßige Ausnützung zur Spezifizierung des ,,dramatischen" Worts geführt haben.[6]

Schließlich ist noch ein weiterer Gesichtspunkt von großer Bedeutung für die Charakterisierung der dramatischen Sprache:

TEXT 3

> Das Drama nutzt die Form der ausschließlich direkten Rede sowohl als ein Mittel der Charakterisierung der Person des Sprechenden, als Verfahren der anschaulichen Entfaltung des Redethemas, wie auch als Träger der dramatischen Kraftmomente aus.[7]

Hierin unterscheidet sich die Sprache im Drama ganz grundlegend von der des Romans. Die Vorherrschaft der DIREKTEn REDE liegt in der Absolutheit des Dramas begründet (vgl. Problemfeld 2). Die Figuren sprechen aus sich selbst heraus und für sich. Das episch-vermittelnde Kommunikationssystem des Romans dagegen ermöglicht eine durch die Erzählerfigur gefilterte Wiedergabe von Gesprächen und Ereignissen. Ein Roman, der weitgehend dialogisiert wäre, sich also fast ausschließlich der direkten Rede bediente.

––––––––

[6] Baluchatyj in: van Kesteren, 60.

[7] Ebd.

käme dem Drama sehr nahe. (In der Länge läge natürlich dennoch ein gewaltiger Unterschied.) Andererseits wäre ein Dramatiker, der seine Anmerkungen im Nebentext ungebührlich anwachsen ließe, eher als verkappter Romancier denn als echter Dramatiker zu bezeichnen. Bentley charakterisierte die Leistung des 'geborenen' Dramenautors recht treffend in einem Wortspiel: ,,. . . a born playwright is a man who does not need stage directions: reality as he sees it — that part of reality which he sees — can be *com*pressed into dialogue and *ex*pressed by it."[8]

Insofern als die direkte Rede die vorherrschende Form der Äußerung ist — und dies sowohl im Monolog wie auch im Dialog — ist die Rede im Drama FIGURENGEBUNDEN. Daher gehört es zu den wichtigen Konventionen des Dramas seit der Antike, daß die sprachlichen Äußerungen von Figuren in natürlichem Einklang mit ihrem Wesen und ihrer Weltsicht sind. Aufgrund der Figurengebundenheit der dramatischen Rede können wir den Charakter von dramatischen Personen erschließen. In dieser Aufhellung des Charakters liegt eine der vielen Funktionen der Sprache im Drama.

5.3   Der Kunstcharakter der Sprache

Ist die Wiedergabe von Sprache als gesprochener Sprache, die Ergänzung der Rede durch Mimik und Gestik sowie die weitgehende Beschränkung auf die direkte Rede und damit die Figurengebundenheit dramenspezifisch, so gilt das nur eingeschränkt für den Kunstcharakter der dramatischen Sprache. In dem Maße, wie das Drama Literatur ist, hat es mit anderen literarischen Gattungen die gestaltete Sprache gemeinsam. Ob wir einem Drama literarische Eigenschaften zu- oder absprechen, hängt weitgehend davon ab, inwieweit die sprachliche Form nicht zufällig, sondern absichtsvoll geformt ist. Improvisierte Rede, wie sie für die *Commedia dell' arte* oder das moderne Straßentheater typisch ist, impliziert in der Regel ein geringeres Maß an poetischen Qualitäten. Der geformte Dialog der meisten schriftlich vorfixierten Schauspiele hingegen macht die Dramen nicht nur zu Theaterstücken, sondern gleichzeitig auch zu Literatur oder zu dem, was der New Criticism *a poem* nennt.

Man muß sich klarmachen, daß die Sprache im Drama nicht die Sprache des Alltags ist. Sowohl durch den Grad der Ausdrucksfähigkeit als auch durch

––––––

[8]   Bentley, 1967, 78.

ihre Genauigkeit und Treffsicherheit weicht die dramatische Sprache von ihr ab. Selbst das Stammeln und die Redeungewandtheit eines Woyzeck wird in Georg Büchners gleichnamigem Drama durch die Sprache einprägsam vermittelt. G. B. Tennyson sieht darin ein wesentliches Merkmal dramatischer Sprachgestaltung:

TEXT 4

> ... dialogue possesses the feature we have called artifice; this is perhaps the most important of all. For the paradox of dramatic dialogue is that, even for dialogue to sound natural, it must be artificial. There are probably few people who always say the right thing at the right time. For example, who has not thought of a retort *after* the event? And yet, how rarely do characters in plays find themselves at a loss for words? That a Hamlet, in moments of intense emotional stress, can nevertheless express himself nobly, exaltedly, movingly, we take for granted. We accept the convention of dramatic dialogue as artifice whether we are aware of it or not.[9]

Die Distanz zur Alltagssprache kann natürlich größer oder geringer sein. Aber die Künstlichkeit gilt selbst dort, wo die dramatische Sprache ganz nah an die Alltagssprache herankommen möchte, zum Beispiel im Drama des Naturalismus oder im modernen englischen *kitchen sink* Drama.[10] Denn der Dramatiker kopiert nicht Gespräche, wie sie ein Tonband aufnehmen würde, sondern er manipuliert sie und wählt das aus, was die Situation sowie die Person am genauesten kennzeichnet.

Besonders einsichtig wird der artifizielle Charakter der dramatischen Sprache im Versdrama, das eine lange Tradition von der Antike bis ins 20. Jahrhundert aufzuweisen hat. Metrische Gebundenheit, Reim und uneigentliches (figuratives) Sprechen sind seine wesentlichen Merkmale, die ihre Wirkung im Zuschauer − jedoch nicht in den Gesprächspartnern der dramatischen Situation − entfalten. Es gehört zu den Konventionen der Verssprache im Drama, daß sich die *dramatis personae* dieser stilisierten Redeweise nicht be-

---

[9] Tennyson, 34.

[10] Etwas abfällige Bemerkung für die realistischen Dramen, die in den fünfziger Jahren in England geschrieben worden sind. Viele von ihnen, so etwa Arnold Weskers *The Kitchen,* spielen in einer Küche, deren Hauptkennzeichen neben dem Herd der Spülguß ist.

wußt sind.

Was die metrisch gebundene Sprache anlangt, so ist der Blankvers[11] für das englische Drama und das deutsche Drama seit Lessing der am häufigsten verwendete Vers. Für das französische Drama dominierte der Alexandriner.[12] Die Beliebtheit des Blankverses beruht zweifellos auf seiner Flexibilität und Variabilität, die ihn sich leicht den verschiedensten Sprechsituationen vom lyrischen Stimmungsausdruck bis zum konfliktgeladenen Zwiegespräch anpassen läßt. Diese Vielseitigkeit zeigt sich in einem Ausschnitt aus Shakespeares Spätwerk *The Tempest:*

BEISPIEL 3: Akt IV, 1, 148-158

Prospero. Our revels now are ended. These our actors,
As I foretold you, were all spirits, and
Are melted into air, into thin air:
And like the baseless fabric of this vision,
The cloud-capp'd towers, the gorgeous palaces,
The solemne temples, the great globe itself,
Yea, all which it inherit, shall dissolve,
And, like this insubstantial pageant faded,
Leave not a rack behind. We are such stuff
As dreams are made on; and our little life
Is rounded with a sleep.

Indem die Sätze nicht am Zeilenende schließen und zahlreiche Zäsuren — immer wieder an einer anderen Stelle plaziert — das metrische Grundmaß der Verszeile neu gliedern, entsteht der Eindruck großer Natürlichkeit und läßt das Metrum nur noch unterschwellig spürbar werden. Die gleiche Wirkung besitzt der Blankvers in Lessings *Nathan der Weise* (vgl. z.B. II, 5).

Nachdem das Versdrama im 18. und 19. Jahrhundert zugunsten des Prosadramas zurückgedrängt wurde, erfuhr es im 20. Jahrhundert in England wieder einen Aufschwung durch die Bemühungen T. S. Eliots und Christopher Frys. Selbst der zeitgenössische Dramatiker John Arden bedient sich der Verssprache in seinen Dramen, und zwar in metasprachlicher Funktion: „I

———————

[11] Ungereimte fünfhebige jambische Verszeile, z.B. „O! nimm die Stunde wahr, eh sie entschlüpft." (Schiller)

[12] Sechshebige jambische Verszeile, die nach drei Hebungen eine Zäsur aufweist. Der Alexandriner wird meist in Reimpaaren verwandt: „Fraw Mutter wer die Welt / in dieser Zeit betrat / Ward eh er halb gelebt / deß müden Lebens satt." (Gryphius)

see prose as being a more useful vehicle for conveying plot and character relationships, and poetry as a sort of comment on them."[13]

Je nach der historischen Situation gelten andere Konventionen im Gebrauch des dramatischen Verses. So neigten die elisabethanischen Dramatiker dazu, Vers in der Tragödie und Prosa in der Komödie zu benutzen. Dies mußte allerdings nicht heißen, daß in der Tragödie keine Prosa oder in der Komödie kein Vers vorkommen durfte. Denn eine weitere Konvention sah vor, daß hochgestellte Personen Vers, Angehörige der niederen Stände dagegen Prosa sprachen. Beide Konventionen konnten sich überschneiden, beispielsweise in der romantischen Komödie.

Die Bildersprache ist, seit die Shakespeare-Forschung sich ab den dreißiger Jahren unseres Jahrhunderts intensiv mit ihr beschäftigte, zu einem zentralen Untersuchungsgegenstand der Analyse der dramatischen Sprache geworden.[14] Sowohl als konkret bildhafter Ausdruck, der Sinneseindrücke widergibt, als auch im übertragenen Sinn bei der Verwendung von Metaphern, Vergleichen, Synekdochen oder Metonymien — um nur einige wichtige aus der Rhetorik stammende uneigentliche Redeformen zu nennen — prägt sie die Sprache im Vers- und Prosadrama, letzteres allerdings in geringerem Maße. Die Funktionen der Bilder sind zahlreich: ,,Sie dienen als Schmuck, zur Konkretisierung eines Sachverhalts und erwecken Aufmerksamkeit. Sie helfen Charaktere unterscheiden, schaffen Atmosphäre und ordnen das Geschehen in einen übergreifenden sozialen, geographischen oder kosmischen Zusammenhang ein. Sie verklammern die episodischen Szenen und die Figuren im offenen Drama und verweisen auf den Verlauf oder die Thematik eines Dramas.[15] Man betrachte nur einmal die Kleidermetaphorik in *Macbeth,* die Licht-Dunkel Bilder in *Romeo and Juliet* oder die Grabesmetaphern in Georg Büchners *Dantons Tod.*

Wir kehren zum Problem Vers — Prosa zurück. Es gilt festzuhalten, daß Vers und naturalistische Prosa nur die beiden Extrempositionen dramatischer Sprache sind. Zwischen ihnen liegt ein weiter Spielraum, der je nach Epoche und Autor verschieden ausgefüllt wird.

––––––––

[13] Interview in: Trussler und Marowitz, 42.

[14] Vgl. Una Ellis-Fermor. *The Frontiers of Drama.* London, 1945, 77-95 oder Wolfgang Clemen. *The Development of Shakespeare's Imagery.* London, repr. 1969.

[15] Siehe die Zusammenfassung bei Pfister, 1977, 216-219 und die illustrativen Beispiele in Nicoll, 150 ff.

Eric Bentley teilte die dramatische Sprache in vier Kategorien ein: *naturalism, rhetorical prose, rhetorical verse* und *poetry*. Naturalistische Sprache ist durch ihre Nähe zur Alltagssprache gekennzeichnet, aber klarer, markanter und stärker auf das Wesentliche ausgerichtet. Rhetorische Prosa, am besten in den Dramen des Sturm und Drang zu beobachten, verwendet deklamatorische Prosa, die sich an der Rhetorik der Gerichtssprache und der Predigt orientiert. Sie ist gekennzeichnet durch die erhabene Rede, heftige Anklagen, majestätische Verteidigungen usw. Homiletische und forensische Redekonventionen finden sich auch im rhetorischen Vers, der sich vom poetischen Vers dadurch unterscheidet, daß er die Gebrauchssprache nur verfeinert und überhöht (Bentleys Illustrationsbeispiel sind Schillers Versdramen), während der poetische Vers seine eigene, neue Sprache schafft: „The rhetorician is rightly said to clothe thoughts in suitable words, ... Hence the rhetorician is an improver of phraseology, ... The poet .. likes to get at a thought before it is fully a thought ... With him the word-finding and the thought-thinking proceed together, and the result is, not necessarily new vocabulary, but new language, new phrasing, new combinations of vocabulary, new rhythms, new meaning."[16]

Es fällt schwer, sich den Kunstcharakter der dramatischen Sprache bewußt zu machen, ohne daß eine Fülle von Anschauungsmaterial zur Verfügung steht. Gerade bei der Sprachanalyse offenbart sich die Diskrepanz zwischen einer lesenden Rezeption zuhause und einer hörenden und sehenden Aufnahme eines Dramas im Theater. Die ganze Vielfalt und kunstvolle Gestaltung erschließt sich häufig nur dem Leser. Zweifellos nimmt aber auch der Zuschauer die Sprachkunst des jeweiligen Werkes wahr, vielleicht deshalb, weil die dramatische Sprache als gesprochene Sprache der Vermittlung durch Schauspieler und der Aufnahmefähigkeit des Publikums in besonderer Weise angepaßt ist.

5.4   Dramatische Sprache und Handeln

Die auf der Auswahl repräsentativer Aspekte beruhende Ökonomie der Rede gehört zu den besonderen Eigenschaften der Sprache im Drama. Will der Dramatiker in der Kürze der ihm zur Verfügung stehenden Zeit eine abgeschlossene Handlung oder einen Zustand darstellen, dann muß das, was er die Figuren sagen läßt, für das Ganze **bedeutungsvoll** sein. Die Beschränkung auf das Wesentliche unter Weglassung alles Unnötigen vermittelt dem Zuschauer den Eindruck von GESCHWINDIGKEIT, der für Whiting und Piran-

------

[16] *The Life of Drama*, 89 f.

dello ein hervorstechendes Merkmal des dramatischen Stils ist.[17] Nach Bentley ist die Figurenrede streng funktionalisiert: „[a character in a play] is limited in his utterances to what bears on the play as a whole, keeps it moving, advances it just as much as it needs to be advanced, and at the proper rate of speed."[18]

Zwischen der Figurenrede und der Handlung besteht eine enge Beziehung und zwar deshalb, weil die Rede schon selbst Handlung ist. Ivo Braak definiert das dramatische Wort im Unterschied zum lyrischen und epischen Wort als „erstes Grundelement des Dramas, ... das eine Tat, einen Akt, eine Handlung *vorführt."* Das lyrische Wort *beschwört* im Gegensatz dazu die Symbolkraft des Bildes, während das epische Wort *von* etwas (Handlung) *erzählt.*[19] Wendungen wie „acted speech" oder „action is the language"[20] finden sich häufig in Diskussionen der Sprache im Drama und sind in Pirandellos Charakterisierung der Sprache als *azione parlata,* „gesprochene Handlung", besonders einflußreich geworden.

TEXT 5

I think this is a good time to bring the apt definition of dramatic dialogue as spoken action (though it doesn't belong to me) to the attention of my readers. Most dramatic works these days are essentially narrative ... This can only be a mistake ... Now this artistic miracle can only occur if the playwright finds words that are spoken action, living words that move, immediate expressions inseparable from action, unique phrases that cannot be changed to any other and belong to a definite character in a definite situation: ... [21]

Die Konzeption der SPRACHE als HANDLUNG, bekannt als 'Sprechakttheorie',[22] ist für das Drama von besonderer Bedeutung. Denn die PER-

---

[17] *The Art of the Dramatist,* 146 und „Spoken Action" in: Bentley, 1970, 144.

[18] *The Life of Drama,* 80.

[19] *Poetik in Stichworten,* 220.

[20] Williams, 64 und Dawson, 8.

[21] In der Übersetzung von Fabrizio Melano, abgedr. in Bentley, 1970, 153 f.

[22] Vgl. die Ausführungen von Dieter Wunderlich. *Studien zur Sprechakttheorie.* Frankfurt, 1976, v.a. „Handlungstheorie und Sprache", 30-50.

FORMATIVE SPRECHSITUATION unterscheidet das Drama von der berichtenden Sprechsituation beispielsweise im Roman. Auf einigen Überlegungen von Dieter Wunderlich aufbauend, legt Klaus Hempfer dar, daß die dramatische Schreibweise der performativen Sprechsituation zugeordnet ist:

TEXT 6

> Die 'normale' Sprechsituation . . . ist u.a. wesentlich dadurch charakterisiert, daß Sprecher und Hörer über die gleiche lokale und temporale Deixis verfügen, d.h., daß zwischen „Sprachproduktion und Sprachwahrnehmung keine Verzögerung auftritt" und daß „Ort und Wahrnehmungsraum" für Sprecher und Hörer identisch sind. Eine solche Sprechsituation kommt demnach nur zustande, wenn Sprecher und Hörer durch eine Sprach- oder andere semiotische Handlung (Gestik, Mimik) miteinander in Kontakt treten, d.h. der Vollzug eines Sprechaktes ist identisch mit der Konstitution der Sprechsituation. Der Sprecher vollzieht dergestalt einen 'Akt', der mehr ist als nur der propositionale Gehalt der Aussage, Aussage und Akt konstituieren sich jedoch gleichzeitig, womit die allgemeinste Bestimmung des Performativen erfüllt ist, . . .[23]

Anwesenheit zweier oder mehrerer Gesprächspartner in demselben Raum-Zeit-Kontinuum, das Kriterium der gegenseitigen Kontaktaufnahme sowie die Gleichzeitigkeit von Sprechen und Hören, wobei der „Hörer seinerseits zum Sprecher werden kann" sind die Merkmale der dramatischen Sprechsituation, die damit der von Wunderlich beschriebenen „normalen" Sprechsituation gleicht — abgesehen von der größeren Präzision und der Reduktion auf das für das Drama Wesentliche.[24] Demgegenüber ist die berichtende Sprechsituation dadurch charakterisiert, daß zwischen Sprachproduktion und Sprachwahrnehmung eine zeitliche Verzögerung auftreten kann, „daß sich Sprecher und Hörer nicht mehr am selben Ort zu befinden brauchen" . . . ferner daß „die Relation von Sprecher und Hörer keine grundsätzlich umkehrbare" ist.[25]

––––––––

[23] *Gattungstheorie.* München, 1973, 160 f.

[24] Vgl. Dieter Wunderlich. „Pragmatik, Sprechsituation, Deixis". *Zeitschrift für Literaturwissenschaft und Linguistik,* 1 (1971), 153-190.

[25] Hempfer, 162.

Über den bloßen Informationswert hinaus stellt die dramatische Figurenrede also gleichzeitig eine Handlung dar. Performatives Sprechen zeigt sich in Ausrufen, Fragen, Befehlen, Drohungen, Versprechen, Entschuldigungen, Überredungen, Erwartungen usw., d.h. alles Äußerungen, die im Drama besonders häufig vorkommen.[26]

Wir wählen hier zwei Beispiele als Illustration für handelndes Reden, eines aus Shakespeares *Hamlet,* das andere aus Lessings *Emilia Galotti.* In Shakespeares Tragödie fragt der Prinz den Leiter der Schauspieltruppe: ,,Dost thou hear me, old friend, can you play the Murther of Gonzago?"[27] Diese Frage wird nicht nur gestellt, um das Gedächtnis des Schauspielers zu prüfen und eine Information einzuholen, sondern sie birgt in sich schon den Entschluß, von den Schauspielern die Aufführung dieses Stückes zu verlangen. Dadurch wird der weitere Verlauf der Geschichte entscheidend bestimmt. Dies ist auch in Lessings *Emilia Galotti* der Fall, wenn der Prinz sagt: ,,Geschmachtet, geseufzet hab' ich lange genug, − länger, als ich gesollt hätte: ..."[28] Mit diesen Worten teilt er seine heimliche Liebe zu Emilia mit. Indem er auf die Tatsache verweist, daß er bisher nichts zur Verwirklichung seiner Sehnsucht getan hat, deutet er schon den Entschluß an, jetzt anders zu handeln. Dieser Sprechakt ist allerdings von der normalen performativen Sprechsituation losgelöst, da der Prinz alleine auf der Bühne ist und die Zuschauer als implizite Hörer nicht ihrerseits zu Sprechern werden können.

Die beiden Beispiele verweisen auf einen weiteren Aspekt der dramatischen Rede. Sie ist nicht nur performativ, sondern sie ist gleichzeitig ,,ein die Handlung fortbewegender Faktor."[29] Als Idealforderung für das Drama gilt: Handlung soll aus Sprache entstehen und umgekehrt: ,,. . . action arising from language and vice versa. . . . all action should spring from the spoken word."[30]

Selbstverständlich ist Handeln und Reden im Drama nicht absolut zwingend miteinander verbunden. So gibt es einerseits Handlungen, die ohne Rede vollzogen werden, beispielsweise das für das Ende von *Hamlet* so wichtige Duell zwischen dem Prinzen und Laertes im fünften Akt. Hier ersetzt das stumme Spiel streckenweise die Sprache. Andererseits gibt es Passagen im

---

[26] Vgl. Dawson, 17.

[27] II, 2, 530 ff.

[28] Erster Aufzug, siebter Auftritt.

[29] Ingarden. ,,Funktionen der Sprache", 409.

[30] Whiting, 80 und 139.

Sprechtext des Dramas, die keinen ausgeprägten Handlungscharakter besitzen, etwa *wit-combats,* witzige Wortgefechte, die um ihrer selbst willen geführt werden. Als Beispiel können die sprachlichen Geplänkel zwischen Beatrice und Benedick in Shakespeares *Much Ado About Nothing* dienen, in denen Handeln durch Reden ersetzt wird. Auch die lyrischen Liedeinlagen, wie sie in Shakespeares Dramen so häufig vorkommen, haben keinen Handlungscharakter. Trotz dieser Einschränkungen gilt aber dennoch gerade im Drama das Axiom, Sprechen sei Handeln.

Im Sprechakt schafft der Sprecher eine bestimmte Situation. Diese ist jedoch nicht von ihm allein abhängig, denn die Beziehung zum Partner wird neben dem Redegegenstand in jedem Sprechakt mitaktualisiert. Entweder soll der Partner aktiv beeinflußt werden oder er wird bloß berücksichtigt. Indem der Gesprächspartner seinerseits durch Handeln oder Sprechen reagiert, entsteht eine DIALOGISCHE SITUATION, die durch Aktion und Reaktion bestimmt ist. Die Auseinandersetzung mit der Sprache im Drama kann daher nicht bei der Analyse der Rede des Einzelsprechers stehen bleiben, sondern muß die dialogische Grundsituation in den Mittelpunkt der Betrachtung rücken.

5.5   Der Dialog

Dialog und Monolog sind die beiden charakteristischen Organisationsformen des Redematerials im Drama. Mit dem Monolog haben wir uns bereits an anderer Stelle befaßt (vgl. 2.3.2) so daß wir im folgenden den DIALOG ins Zentrum der Aufmerksamkeit rücken können. Er ist als sprachliche Äußerung zu definieren, „die abwechselnd von mehreren Sprechern hervorgebracht wird, wobei diese in der Regel ihre Repliken aneinander adressieren."[31] Zum Dialog gehören also notwendigerweise zwei oder mehrere Sprecher, zwischen denen eine Beziehung besteht, die im Wechselgespräch zum Ausdruck kommt.

Der MONOLOG unterscheidet sich vom Dialog folglich dadurch, daß nur ein Sprecher redet. Dieser kann entweder allein auf der Bühne sein oder sich allein glauben oder die anderen anwesenden Figuren nicht beachten. In der angelsächsischen Terminologie wird diese Situation mit dem Begriff *soliloquy* gekennzeichnet. (Der englische Terminus *monologue* bezieht sich dagegen auf eine dem Umfang nach lange Replik, die in sich geschlossen, jedoch an einen Dialogpartner gerichtet ist.[32]) Im Monolog ist die Figurenrede

----

[31] Jiři Veltruský. „Das Drama als literarisches Werk" in: van Kesteren, 96-132, 96.

[32] Vgl. Shipley. *Dictionary of World Literature* unter „Monologue".

an keinen Gesprächspartner adressiert. Sie beruht auf der Übereinkunft zwischen Dramatiker und Publikum, daß eine Dramenfigur in größerem Umfang laut denkt.

5.5.1 Dialog und außersprachliche Situation

Die sprachlichen Äußerungen im Drama stehen jeweils in einer bestimmten AUSSERSPRACHLICHEn Situation, die sich im Verlauf des Geschehens ändert oder gleich bleibt, je nachdem ob es sich um eine dynamische Fabelgestaltung oder um statisches Geschehen handelt (vgl. 4.3). Diese außersprachliche Situation ist durch mehrere Faktoren gekennzeichnet: die konkrete räumliche Umgebung der Sprecher, einen bestimmten Zeitpunkt, die seelische Verfassung der Gesprächspartner und ihre gegenseitige Beziehung. Dialog und außersprachliche Situation beeinflussen sich gegenseitig. Die Situation liefert dem Dialog nicht nur häufig das Thema, sondern sie greift auf verschiedenste Weise in den Verlauf des Dialogs ein, ruft durch ihre Eingriffe Veränderungen und Wenden hervor oder unterbricht den Dialog ganz. Letzteres ist der Fall, wenn ein Zornesausbruch einen Wortwechsel in ein Handgemenge verwandelt. Umgekehrt kann der Dialog die Situation allmählich oder plötzlich verändern, beispielsweise wenn Spannungen zwischen den Dialogpartnern abgebaut werden oder eine versuchte Überredung Erfolg hat.

Das Gespräch zwischen Hamlet und seiner Mutter Gertrude in Shakespeares Drama (III, 4) eignet sich gut zur Illustration dieses Sachverhalts. Die gegenseitige Beziehung von Mutter und Sohn, die Gemütslage Hamlets, die Tatsache, daß Hamlets Mutter die Frau des Bruders von Hamlets Vater ist, bilden die Themen für das Gespräch (= außersprachliche Situation). Hamlets schließlich erfolgreicher Versuch, die Mutter zur Reue zu bewegen, verändert die Situation. Sie empfindet am Ende des Gesprächs nicht mehr genauso wie zu Beginn, denn die Königin wird in ihrer Loyalität zum zweiten Mann erschüttert. Dazwischen unterbricht die Situation schließlich den Dialog, insofern als der Lauscher Polonius ermordet wird und außerdem noch der Geist von Hamlets Vater erscheint.

5.5.2 Redethema und Kontext

Wie bei jeder sprachlichen Äußerung ist im Dialog zwischen dem Redegegenstand (d.h. dem Thema) und dem **Kontext** der Rede zu unterscheiden. Letzterer ist durch den Sinn gegeben, den der Sprecher in sein Thema hineinlegt, und damit fließen sein Standpunkt und seine Wertmaßstäbe ein. Jan Mukařovsky beschreibt den spezifischen Aufbau der dialogischen Äußerung folgendermaßen:

TEXT 7

In der dialogischen Äußerung durchdringen sich und wechseln sich mehrere Kontexte ab, zumindest aber zwei; im Unterschied dazu hat die monologische Äußerung nur einen einzigen, ununterbrochenen Kontext. Zwar kann auch der Dialog nicht ohne eine Einheit seiner Bedeutung auskommen, aber diese wird durch den Gegenstand des Gesprächs gegeben, das Thema, das in einem gegebenen Moment für alle Gesprächsteilnehmer gleich sein muß; ohne Einheit des Themas ist der Dialog unmöglich, . . . Etwas anderes als das Thema ist der Kontext, der durch den Sinn, den die sprechende Person in das Thema hineinlegt, gegeben ist, d.h. durch den Standpunkt, den sie zu dem Thema einnimmt, und durch die Weise, wie sie es wertet. Da beim Dialog mehr als ein Teilnehmer zugegen sind, gibt es hier auch mehrere Kontexte . . . Da die Kontexte, die sich im Dialog auf diese Weise wechselseitig durchdringen, voneinander verschieden, oft sogar gegensätzlich sind, kommt es an den Übergängen der einzelnen Repliken zu scharfen Wendungen in der Bedeutung. Je lebhafter das Gespräch ist, je kürzer die einzelnen Repliken sind, desto deutlicher zeigt sich das Gegeneinanderstoßen der Kontexte; so entsteht ein besonderer semantischer Effekt, für den die Stilistik sogar einen Terminus geschaffen hat: die Stichomythie.[33]

Unter STICHOMYTHIE versteht man eine „schnelle, zeilenweise zwischen den verschiedenen Personen wechselnde Rede und Gegenrede im längeren Dialog des Versdramas, indem auf jede der sich unterredenden Personen ein einzelner Vers" entfällt. (Auch der Wechsel von halben Versen oder Doppelversen ist möglich) Die Stichomythie „dient zu schärfster Gegenüberstellung im Drama und erscheint besonders in lebhaftem Gespräch, erregtem Wortwechsel, geistiger Auseinandersetzung".[34]

BEISPIEL 4: Schiller. *Die Braut von Messina*, I, 5.

Don Cesar. tritt etwas näher.
　　　Hätt ich dich früher so gerecht erkannt,
　　　Es wäre vieles ungeschehn geblieben.
Don Manuel. Und hätt ich dir ein so versöhnlich Herz
　　　Gewußt, viel Mühe spart ich dann der Mutter.

------

[33] Jan Mukařovsky. „Zwei Studien über den Dialog" in: ders. *Kapitel aus der Poetik.* Frankfurt, 1967, 117.

[34] Siehe Wilpert. *Sachwörterbuch* unter „Stichomythie".

Don Cesar. Du wurdest mir viel stolzer abgeschildert.
Don Manuel. Es ist der Fluch der Hohen, daß die Niedern
  Sich ihres offnen Ohrs bemächtigen.
Don Cesar. lebhaft. So ists, die Diener tragen alle Schuld.
Don Manuel. Die unser Herz in bitterm Haß entfremdet.
Don Cesar. Die böse Worte hin und wieder trugen.
Don Manuel. Mit falscher Deutung jede Tat vergiftet.
Don Cesar. Die Wunde nährten, die sie heilen sollten.
Don Manuel. Die Flamme schürten, die sie löschen konnten.
Don Cesar. Wir waren die Verführten, die Betrogenen.
Don Manuel. Das blinde Werkzeug fremder Leidenschaft!
Don Cesar. Ists wahr, daß alles andre treulos ist —
Don Manuel. Und falsch! Die Mutter sagts, du darfst es glauben!
Don Cesar. So will ich diese Bruderhand ergreifen — . . .

Der Standpunkt eines jeden Teilnehmers zu dem Thema sowie die Bewertung, die er ihm gibt, gehen aus *seiner* Stellung in der außersprachlichen Situation hervor; insofern hängen Situation und KONTEXT eng zusammen. Bleiben wir bei dem vorhin angesprochenen Beispiel aus *Hamlet*. Gertrude kann den Geist von Hamlets Vater nicht sehen. Ihr fehlt also eine wichtige Information, die zur außersprachlichen Situation gehört. Infolgedessen gibt sie Hamlets Worten einen anderen Sinn als dieser selbst: Für sie sind diese Wahnsinn.

Der Geist von Hamlets Vater ist in jenem Zusammenhang als Konkretisierung der Tatsache zu verstehen, daß die Äußerungen eines Sprechers mißverstanden werden, sobald der Partner über dessen außersprachliche Situation nicht ausreichend informiert ist. Jeder Gesprächspartner gibt der einzelnen Replik dann einen anderen Sinn, d.h. der KONTEXT ist jeweils verschieden.

Sollen die Dialogpartner einander verstehen, so müssen sie sowohl ein gemeinsames Thema haben als sich auch des Kontexts des anderen Sprechers bewußt sein. Kommunikationsstörungen verhindern die Wahrnehmung des Kontexts eines anderen Gesprächsteilnehmers und vereiteln damit einen echten Dialog genauso wie das Unvermögen, sich über ein Thema zu einigen. Im letztgenannten Fall reden die Figuren aneinander vorbei. Die Kontexte können sich nicht mehr durchdringen, wie das in einem normalen Dialog der Fall ist, und damit wird der Dialog 'monologisiert'. Decken sich Thema und Kontext zweier oder mehrerer Sprecher vollständig, d.h. besteht vollständiger Konsensus, dann verstärkt eine Replik die andere; es gibt keinen Richtungswechsel und folglich keinen Dialog.[35] Für alle drei Fälle finden sich

—————
[35] Pfister, 182 ff.

eine Fülle von Beispielen im modernen Drama: John Osbornes *Inadmissible Evidence* illustriert den ersten Fall, Edward Albees *Quotations from Chairman Mao Tse-Tung* den zweiten und Maeterlincks Einakter *Intérieur* den dritten.[36]

Fassen wir die Kennzeichen des idealtypischen Dialogs noch einmal kurz zusammen: Die Gesprächspartner haben ein gemeinsames Thema, dessen Bewertung von ihren verschiedenen, einander durchdringenden Kontexten abhängt. Wo die Kontexte beim Replikenwechsel aufeinanderstoßen, gibt es eine Richtungsänderung. Dadurch schreitet der Dialog voran. Schließlich muß zwischen den Dialogpartnern eine wie auch immer geartete Beziehung bestehen. Von diesem Idealtyp eines Dialogs her lassen sich Abweichungen erfassen und deuten.

5.5.3 Die Beziehung zwischen den Dialogpartnern

Die Kenntnis der außersprachlichen Situation des Gesprächspartners ist nicht nur notwendig, um dessen Repliken zu verstehen. Vielmehr geht dessen Kontext bereits in die Formulierung der eigenen Äußerung ein. Damit wird die Dialogbedeutung von der Beziehung zwischen den Gesprächspartnern mitgestaltet. Nicht nur die eigene Relation zum Gegenstand (also der eigene Kontext) bedingt die jeweilige Rede, sondern schon im Moment des Sprechens orientiert sich der Sprecher an der tatsächlichen oder vermuteten Position des Gegenübers und dessen möglicher Reaktion. Daher ist das dialogische Wort immer doppelt orientiert, einmal an der mit dem Sprechakt verfolgten Absicht des Sprechers, und zum anderen an der vermuteten Reaktion des Gegenübers.[37] Die einzelne dialogische Äußerung kann somit auf drei Ebenen analysiert werden: erstens in ihrer Relation zum Redegegenstand, dem Thema; zweitens in der Relation zur sprechenden Person selbst, denn die Rede ist ja figurenbedingt; und drittens in der Relation zum Partner der Rede. Alle drei Ebenen sind in der einzelnen Replik gleichzeitig gegenwärtig, aber sie werden nicht immer gleich stark aktualisiert. Eine Ebene kann die anderen überlagern. Die Rede ist dann entweder dominant themenorientiert oder sprecherorientiert oder partnerorientiert. Der folgende Text faßt diese Überlegungen nicht nur zusammen, sondern er führt uns noch einen Schritt weiter:

----

[36] Vgl. Mukařovsky, 1967, 147.

[37] Hier folgen wir den Äußerungen von Herta Schmid in: van Kesteren, 33 f.

TEXT 8

Die Wahl der Bedeutungseinheiten und die Beschaffenheit der Äußerungen richtet sich nicht nur nach der gemeinten Wirklichkeit und
dem Sinn, den der Sprecher ihr gibt, sondern auch nach den übrigen,
konkurrierenden Kontexten; die übrigen Teilnehmer sollen die Äußerung auf eine ganz bestimmte Weise auffassen, und sie soll einen entsprechenden Druck auf den Sinn jedes Kontextes ausüben. Jede Äus-
serung, ja sogar jeder Benennungsakt im dramatischen Dialog ist daher in einem gewissen Maße eine *Aktion;* die Akte, mit denen die übrigen Teilnehmer die gegebene Einheit umgestalten, sind dann Reaktionen auf diese Aktion, und zugleich Aktionen, denn sie selbst streben auch eine Beeinflussung des Gesamtsinns desjenigen Kontextes
an, aus dem die gegebene Einheit hervorgegangen ist.[38]

Insofern als der Redeakt des Sprechers durch die gleichzeitig im Akt des
Sprechens mitberechnete Reaktion sich an der Position des Partners orientiert und dessen tatsächliche Reaktion gleichzeitig eine neue Aktion ist,
kann die Dialogentwicklung nicht als lineare Kette von Aktion → Reaktion
→ Aktion, als ,,Reihe von Wirkungen und Gegenwirkungen'',[39] interpretiert
werden. Sie ist vielmehr eine Überlagerung von Aktion und Reaktion oder
ein ,,Netz von Aktionen und Reaktionen'', wie Veltruśky es nennt.[40]

5.5.4 Funktionen des Dialogs im inneren und äußeren Kommunikations-
system

Die Situation des dramatischen Dialogs ist im Vergleich zu einem Gespräch
im normalen Alltag komplizierter, weil der Dialog nicht auf das innere Kommunikationssystem des Dramas beschränkt ist. Als Gesamtheit der sich ab-
wechselnden Figurenrepliken ist er zugleich Äußerung eines **einzigen** Sprechers (d.h. des Dichters) und Anrede an die Zuschauer oder Leser. Vom Perzipienten her betrachtet ergeben alle Reden der Gesprächsteilnehmer im
Drama einen Gesamtsinn, der vom Autor mehr oder weniger deutlich durch

----

[38] Veltruśky, 116.

[39] So beschrieb August Wilhelm Schlegel den Dialog in seinem Shakespeare-Aufsatz.
Vgl. K. L. Berghahn. *Formen der Dialogführung in Schillers klassischen Dramen.*
Münster, 1970, 9.

[40] Veltruśky, 117.

auktoriale Eingriffe hervorgehoben werden kann. Verdeutlichungsmittel des Autors sind die Anmerkungen im Nebentext [41] sowie alle dramaturgischen Techniken, die dem vermittelnden Kommunikationssystem angehören (vgl. 2.3), also Kommentare, chorische Einschübe, das Beiseitesprechen, Hinweise in Prologen oder Epilogen oder das Vorhandensein einer Spielleiterfigur. Sie ermöglichen es dem Betrachter, die einzelnen Dialogpassagen auf einen Gesamtsinn — die Aussage des Dramas — hin zu koordinieren. Der vom Autor intendierte Bedeutungsinhalt des Gesamtdialogs wird umso klarer, je leichter und eindeutiger die einzelnen Bedeutungskomponenten der dialogischen Äußerungen sich in höhere Bedeutungseinheiten gliedern lassen. Dies ist im aperspektivischen Drama und im Drama der geschlossenen Perspektivenstruktur der Fall. Als Gegentyp stellt Mukařovsky das Drama mit einer statischen Sinnstruktur vor. Hier hat der Dialog keine eindeutige und von vornherein feststellbare Bedeutungsrichtung, vielmehr sucht er sich mit jeder Aktion und Reaktion von neuem seinen „Bezug zu den Personen, zur aktuellen Situation und zum Bewußtsein und Unterbewußtsein des Publikums." Mukařovsky nennt diesen Dialogtyp den „von seiner Dienstbarkeit befreiten Dialog",[42] wie er im absurden Drama in reiner Form verkörpert wird, aber auch im Drama der offenen Perspektivenstruktur zu finden ist (vgl. 2.3).

Insofern als der Dialog sich sowohl zwischen den Figuren auf der Bühne vollzieht als auch Anrede an das Publikum ist, erfüllt er mehrere Funktionen. Die Aufgaben im inneren und äußeren Kommunikationssystem brauchen sich natürlich nicht zu decken, wie die folgenden Bemerkungen zeigen werden. (Nur im Einzelfall ist zu entscheiden, welche der vielen Funktionen, die der Dialog zu erfüllen hat, dominiert.)

In erster Linie kommt den gesprochenen Worten die Funktion der Darstellung von Gegenständen (Menschen, Dingen, Vorgängen oder Ereignissen) zu — was Granville-Barker „the telling of the plain fact" nennt.[43] Diese REFERENTIELLE Funktion in der Terminologie Roman Jakobsons[44] schiebt

---

[41] Zur sinnstiftenden Funktion der Anmerkungen vgl. ebd. 122-131.

[42] „Zum Theaterdialog" in: ders. *Kapitel aus der Poetik*, 149-153.

[43] Harley Granville-Barker. *On Dramatic Method*. London, 1931, 12.

[44] Vgl. den einflußreichen Aufsatz „Linguistik und Poetik" abgedr. in: Jens Ihwe. Hrsg. *Literaturwissenschaft und Linguistik*, Bd. 1, Frankfurt, 1972, 99-136.

sich zum Beispiel im Bericht des Kapitäns in *Twelfth Night* in den Vordergrund, wo er von der Rettung des Bruders erzählt (I, 2, 9-17).[45] Gleichzeitig soll dieser Bericht im Zuschauer eine bestimmte Spannung auf das Folgende wecken. Diese vom Publikum her betrachtete PHATISCHE Funktion (sie stellt den Kontakt zwischen Zuhörer und Sprecher her) wird zusätzlich noch von einer APPELLATIVEN (oder conativen) Funktion überlagert, indem der Kapitän Viola beeinflussen und sie aus ihrer Verzweiflung reißen möchte.

Die referentielle Funktion herrscht in der Redeform des Berichts vor, wobei der Inhalt entweder dem Publikum oder einem Teil der Mitspieler bekannt sein kann, aber nicht muß. Es ist nur am konkreten Beispiel zu entscheiden, ob, und in bezug auf wen, der Gesprächsinhalt redundant ist.

Die phatische Funktion hingegen findet sich besonders häufig im modernen Drama. Hier liegt die Leistung des Dialogs oft darin, den Kontakt zwischen den Dialogpartnern herzustellen oder aufrechtzuerhalten. Die darstellende Funktion tritt in den Hintergrund. Als Beispiel wählen wir die Frühstücksunterhaltung zwischen Petey und Meg in Harold Pinters Stück *The Birthday Party*.

BEISPIEL 5: Akt I

Meg.	Is Stanley up yet?
Petey.	I don't know. Is he?
Meg.	I don't know. I haven't seen him down yet.
Petey.	Well then, he can't be up.
Meg.	Haven't you seen him down?
Petey.	I've only just come in.
Meg.	He must be still asleep.

Die kommunikative Funktion kann, wie in diesem Beispiel, lediglich im inneren Kommunikationssystem des Dramas von Belang sein. Sie ist aber besonders im Hinblick auf die Beziehung zwischen dem inneren und dem äußeren Kommunikationssystem aufschlußreich. Die appellative Funktion kommt vor allem in Überredungsszenen zur Geltung. Für sie stellt Manfred Pfister folgendes fest:

–––––––

[45] Ein weiteres aufschlußreiches Beispiel ist der Bericht des schwedischen Hauptmanns von Max Piccolominis Tod in Schillers *Wallensteins Lager*, IV, 10.

TEXT 9

[Die appellative Funktion] ist umso stärker ausgeprägt, je mehr der
Sprecher versucht, seinen Dialogpartner zu beeinflussen, ihn umzu-
stimmen, und je mehr er in Verfolgung dieser Intention auf dessen
Vorbehalte und Reaktionen eingeht. . . . In solchen Formen dramatischer Rede, in denen die appellative Funktion dominiert, wird der
allgemein geltende Handlungscharakter dramatischer Rede besonders
evident: Umstimmung und Befehl stellen Sprechakte dar, und unabhängig davon, ob der Umstimmungsversuch glückt oder nicht und ob
dem Befehl Folge geleistet wird oder nicht, wird durch sie handelnd
die Situation verändert. Es verwundert daher nicht, daß die Domi-
nanz der appellativen Funktion in dramatischer Rede besonders häufig auftritt, und daß Überredungs- und Umstimmungsdialoge über
weite Perioden der Dramengeschichte fast obligate Bauelemente darstellen.[46]

Gute Illustrationsbeispiele sind der Dialog zwischen Emilia und ihrem Vater
in Lessings *Emilia Galotti* (V, 7) und die Werbungsszene zwischen King
Richard und Lady Anne in Shakespeares *Richard III* (I,2).

Wir haben bereits an früherer Stelle (vgl. 3.2 und 5.2) darauf verwiesen, daß
die Rede im Drama figurengebunden ist. Denn die Wahl der Redeinhalte sowie der Sprachstil charakterisieren die Figur indirekt. Diese EXPRESSIVE
(auch emotive) Funktion genannt, überlagert zum Beispiel in den letzten
Zeilen der folgenden Passage aus Ben Jonsons *Volpone* (I, 1, 70 ff.) den Mit-
teilungsgehalt, der sich auf die Erbschleichersituation bezieht.

BEISPIEL 6: Jonson, *Volpone,* I, 1, 70-90

Volpone.   What should I do
But cocker up my genius and live free
To all delights my fortune calls me to?
I have no wife, no parent, child ally,
To give my substance to; but whom I make
Must be my heir, and this makes men observe me.
This draws new clients, daily, to my house,
Women and men of every sex and age,
That bring me presents, . . .

───────

[46] Pfister, 158.

All which I suffer, playing with their hopes,
And am content to coin them into profit,
And look upon their kindness, and take more,
And look on that; still bearing them in hand,
Letting the cherry knock against their lips,
And draw it by their mouths, and back again.

Mit Absicht wurde hier ein Monolog gewählt, da er das Wesen einer Figur besonders deutlich aufzeigt. Eine andere Redeform, in der die expressive Funktion in den Vordergrund tritt, ist die direkte Selbstcharakterisierung (vgl. 3.2), etwa die des Herzogs Orsino in Shakespeares *Twelfth Night* (I, 1, 20-24). Abgesehen von diesen beiden Sonderfällen ist die expressive Funktion jedoch in jeder Äußerung einer Figur zumindest latent vorhanden.

Es bleiben noch zwei weitere Funktionen des Dialogs im Drama zu nennen: die METASPRACHLICHE und die POETISCHE. Letztere ist im Hinblick auf die Doppelnatur des Dramas als Theaterstück und literarisches Kunstwerk von besonderer Bedeutung. Die poetische Funktion wirkt sich vor allem in der Beziehung zwischen dem inneren Kommunikationssystem der *dramatis personae* und dem äußeren Kommunikationssystem der Zuschauer aus. Denn die besonderen poetischen Qualitäten einer Rede werden weniger von den sie äußernden Figuren wahrgenommen, als vielmehr von den Zuschauern. Dort wo die poetische Funktion auch im inneren Kommunikationssystem explizit oder implizit bewußt gemacht wird, erfüllt die Dialogäußerung gleichzeitig eine metasprachliche Funktion, indem die besondere Redeweise einer Figur thematisiert wird. Edward Albees Drama *Who's Afraid of Virginia Woolf?* ist reich an solchen metasprachlichen Dialogpassagen:

BEISPIEL 7: Act II, Walpurgisnacht

George.   ... I don't mind your dirty underthings in public ... well, I *do* mind, but I've reconciled myself to that ... but you have moved bag and baggage into your own fantasy world now, and you've started playing variations on your own distortions, and, as a result ...

Martha.   Nuts!

George.   Yes ... you have.

Martha.   Nuts!

George.   Well, you can go on like that as long as you want to. And, when you're done ...

Martha.   Have you ever listened to your sentences, George? Have you ever listened to the way you talk? You're so frigging ... convoluted ... that's what you are. You talk like you were writing one of your stupid papers.

138

Wir haben hier ein Beispiel für den expliziten Bezug zu Georges Redeweise gewählt. In Albees Drama wird aber auch durch den bloßen Kontrast von Marthas ausdrucksstarker und vulgärer Sprache mit Georges differenzierter Ausdrucksweise ständig implizit auf die metasprachlichen Aspekte ihrer Rede verwiesen.

Eine Sonderstellung nehmen in diesem Zusammenhang die Wortspiele *(puns)* ein. Sie machen die Beziehungen zwischen verschiedenen Ebenen der Sprache bewußt, indem sie viele sprachliche Möglichkeiten zu geistreichen und satirischen Effekten ausnutzen. Besonders häufig sind Sprachspielereien, die klangähnliche Wörter mit unterschiedlicher Bedeutung in einen witzigen Zusammenhang bringen oder die durch den Austausch einzelner Silben sonst gleicher Wörter komische Wirkungen erzeugen, wobei allerdings durchaus ernste Folgen auftreten können. Die Zeilen aus Shakespeares Komödie *Much Ado About Nothing* illustrieren die zweite Möglichkeit, die Dialogpassage aus Georg Büchners *Leonce und Lena* die erste:

BEISPIEL 8: *Much Ado About Nothing*, III, 5, 43-50

Dogberry. One word, sir. Our watch, sir, have indeed comprehended two aspicious persons, and we would have them this morning examined before your worship.

Leonato. Take their examination yourself and bring it me; I am now in great haste, as it may appear unto you.

Dogberry. It shall be suffigance.

BEISPIEL 9: *Leonce und Lena*, I,3

Leonce. . . . Valerio, gib den Herren das Geleite!

Valerio. Das Geläute? Soll ich dem Herrn Präsidenten eine Schelle anhängen? Soll ich sie führen, als ob sie auf allen vieren gingen?

Zum Abschluß dieser Darlegungen sei hiermit noch einmal auf die Wichtigkeit der dramatischen Sprache als lohnendes Feld für Untersuchungen, Beobachtungen und Diskussionen hingewiesen. Nicht nur der literarische Wert eines Dramas hängt von der Gestaltung der Sprache ab, sondern das Drama unterscheidet sich durch die vorrangige Präsenz des Wortes von anderen Theaterformen wie der Oper, dem Ballett oder der Pantomime. Die Grundelemente Figur und Handlung sind letzteren mit dem Drama gemeinsam. Seine Identität erhält das Drama indessen durch die Rolle, die die Sprache für es spielt.

Zwischenbemerkung: Zum Stichwort 'Gattung'

Seit der italienische Philosoph Benedetto Croce in den zwanziger Jahren unseres Jahrhunderts das Gattungskonzept verworfen und die Gattungspoetik als „Triumph des intellektualistischen Irrtums" abgetan hatte[1], ist die Diskussion um eine Legitimation des Gattungsbegriffs nicht mehr abgerissen. Die verwickelten Auseinandersetzungen um dieses Problem können daher hier nicht einmal andeutungsweise wiedergegeben werden.[2] Aber einige grundsätzliche Erwägungen sind zweifellos angebracht, ehe auf den folgenden Seiten einige wichtige Gattungen des Dramas behandelt werden.

Die Kommunikation über das unüberschaubare Feld der Literatur wird sicherlich erleichtert, wenn man „die unendliche Zahl konkreter Realisationen auf ein begrenztes System von Regeln"[3] bezieht. Zu rechtfertigen ist dieses Verfahren nicht nur aus der Tradition poetologischer Äußerungen, sondern vor allem auch aus der Einsicht heraus, daß die synchrone Betrachtung einzelner Werke relativ konstante Normen oder Strukturprinzipien erkennbar macht, die eine Reihe von Texten als zusammengehörig erscheinen lassen und von Texten mit anderen Strukturmerkmalen absetzen. Diese Strukturprinzipien weisen das betrachtete Werk als zu einer Gattung gehörig aus.

Wenn Klaus Hempfer in seinem Buch über die *Gattungstheorie* die Gattungen als „transindividuelle, den Kommunikationsprozeß zwischen Produzent und Rezipient steuernden Organisationsformen, . . . die durch ihre Kontinuität bei allem Wandel einen historischen Zusammenhang herstellen"[3a] bezeichnet, dann ist die Definition in mehrfacher Hinsicht aufschlußreich, wie kurz begründet werden soll:

1. Den Gattungen kommt eine wichtige Funktion im Kommunikationsprozeß zwischen Autor und Rezipient zu. Sie stellen die Verbindung zwischen dem Künstler und dem Publikum her, indem sie beiden die Orientierung erleichtern. Denn man kann davon ausgehen, daß „a finite — perhaps even a limited — number of formal aesthetic ends are known in advance, by any reader capable of reading a comedy as comedy, or, indeed,

---

[1] *Aesthetik.* Übers. von Hans Feist und Richard Peters. Tübingen, 1930, 38.

[2] Sehr ausführlich informiert Klaus W. Hempfer über alle wichtigen Äußerungen zu diesem Problem. *Gattungstheorie. Information und Synthese.* München, 1973, Kap. 3.

[3] Hempfer, 108.   [3a] Ebd., 96.

by any writer capable of writing one."[4]

2. Wenn ein Autor einen bestimmten Stoff wählt, so entscheidet er sich im
allgemeinen für eine bestimmte Form, also für ein Drama und gegen einen
Roman. Er nennt sein Werk eine Tragödie oder ein Lustspiel[5], gibt seinen
Lesern damit Hinweise, wie er sein künstlerisches Produkt verstanden
wissen möchte, und steuert damit die Publikumserwartungen. Die Sinn-
erschließung eines Textes würde folglich ohne die Kenntnis der in der Bezeichnung „Tragödie" oder „Lustspiel" implizierten Normvorstellungen
nur mangelhaft gelingen. Es genügt daher nicht, ein spezifisches Drama
ausschließlich im Hinblick auf die in den Problemfeldern III - V behandelten Grundbestandteile zu analysieren.

3. Der Begriff „Organisationsformen" in Hempfers Definition verweist auf
die Tatsache, daß „Gattungsbestimmungen nicht durch Abstraktion *iso-
lierter* Einzelelemente vorgenommen werden können, sondern daß nach
den *Relationen* zwischen diesen Elementen zu fragen ist."[6] Die induktiv
gewonnenen, für eine bestimmte Gattung konstitutiven Eigenschaften
dürfen folglich nicht nur beschrieben, sondern sie müssen auch in Beziehung zueinander gesetzt werden.

4. Die gattungsbildenden Normen lassen sich in zwei Gruppen unterteilen:
einerseits in relativ konstante STRUKTURMERKMALE (die Invarianten
einer Gattung) und andererseits in deren Einkleidung in eine historisch
bedingte, dem Wandel unterworfene FORMENSPRACHE.[7] Es genügt also
nicht, die zu ordnenden Texte nur einer synchronen Betrachtung zu un-
terwerfen, die die Gattungsspezifika transparent macht. Zusätzlich müssen die als einer bestimmten Gattung zugehörig erkannten Texte einer
diachronen Betrachtung unterzogen werden, um zwischen den generischen Invarianten und deren historischen Transformationen unterscheiden zu können.

5. Zu ergänzen bleibt noch, daß die gattungsspezifischen Regeln zwar an
konkreten Texten ablesbar sind, die Texte aber nie vollständig abdecken.

------

[4] Sh. Sacks. „The Psychological Implications of Generic Distinctions". *Genre,* 1
(1968), 106.

[5] August Strindberg z.B. bezeichnet seinen Einakter *Fräulein Julie* als „naturalistische Tragödie" und Heinrich Kleist nennt sein Drama *Der Zerbrochene Krug* „Ein
Lustspiel".

[6] Hempfer, 139. Die Hervorhebungen von d.Verf.

[7] Wie vorzugehen ist, wenn man eine Skala der Gattungsmerkmale erstellen möchte,
beschreibt Hempfer S.135-146.

Wenn wir im folgenden von der Tragödie, Komödie usw. als Gattungen des Dramas sprechen, dann ist damit nicht automatisch dasselbe gemeint, wie wenn wir die Begriffe des Tragischen oder Komischen verwendeten. Kategorial gesehen sind diese Termini etwas völlig Verschiedenes. Das Tragische, Komische . . . entspricht einem allgemeinen Muster menschlichen Empfindens, einem „image of life viewed, as it were, through some magical glass interposed by the playwright between ourselves and the so-called real world — a glass which may be dark and sombre or light-coloured and gay, relatively plain or so polished and curved as to contort what is seen through it."[8] Die Tragödie hingegen ist ein Regelsystem historisch gebundener Konventionen und damit einem Entwicklungsprozeß unterzogen. Zur Vermeidung von Verwechslungen und Unklarheiten führt Hempfer in der bereits erwähnten *Gattungstheorie* ein hierarchisch angeordnetes Begriffssystem ein (104, 139-150):

Ausgehend von dem REDEKRITERIUM einer bestimmten SPRECHSITUATION ist zwischen zwei Typen zu differenzieren: der performativen Sprechsituation und der berichtenden Sprechsituation[9]. Diesen beiden Sprechsituationen entsprechen sog. PRIMÄRE und SEKUNDÄRE SCHREIBWEISEN (oder Grundhaltungen). Als primär sind solche anzusehen, die nur in einer bestimmten Sprechsituation auftreten (das Narrative in der berichtenden, das Dramatische in der performativen), während sekundäre Schreibweisen (das Tragische, das Satirische usw.) sich in verschiedenen Typen von Sprechsituationen (der performativen sowie der berichtenden) realisieren und diese prägen können. Die sekundären Schreibweisen sind von den primären abhängig, d.h. das Tragische muß sich in der dramatischen oder narrativen Schreibweise verwirklichen. Sekundäre und primäre Schreibweisen können sich überlagern; aber auch innerhalb der primären bzw. sekundären Schreibweisen sind Überlagerungen möglich (z.B. Tragikomödie, komische Satire). — Sprechsituationen und Schreibweisen sind die ahistorischen Konstanten, die sich in den jeweiligen historischen Gattungen konkretisieren: Die Tragödie ist die Konkretisation des Tragischen im Bereich des Dramas; der Roman ist die Konkretisation des Narrativen etc. — Die Gattungen hinwiederum gliedern sich in Untergattungen (beispielsweise das 'Bürgerliche Trauerspiel' oder der 'Pikareske Roman').

Ausgehend von den eben beschriebenen Klassifizierungen läßt sich folgendes System erstellen:

---

[8] Nicoll, 89.

[9] Vgl. Problemfeld V, 4.

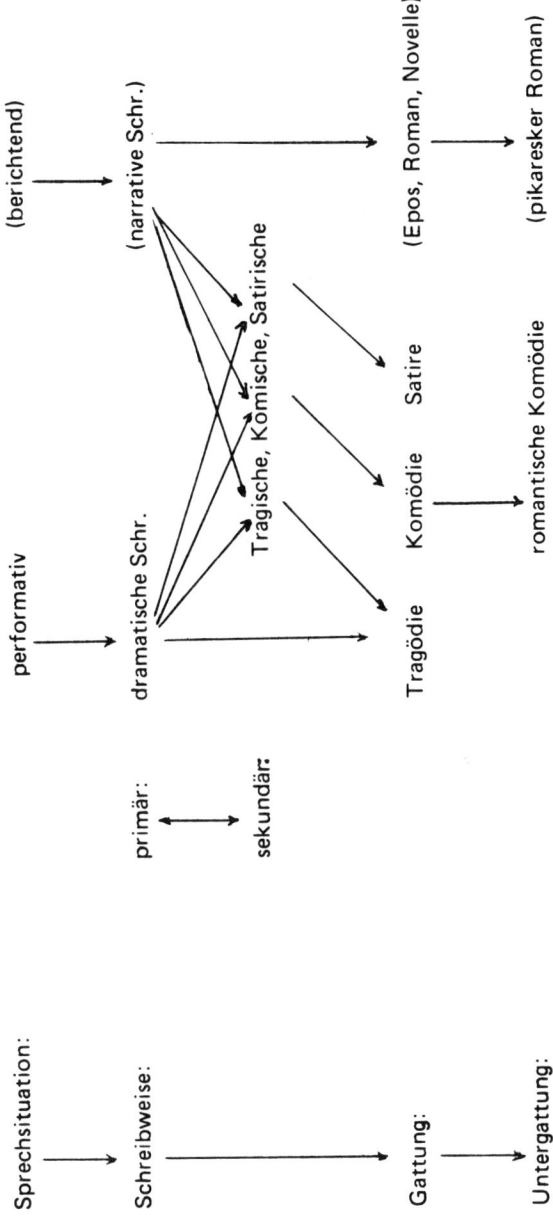

Sprechsituation: (berichtend) performativ

Schreibweise: (narrative Schr.) dramatische Schr.

primär: ↔ sekundär: Tragische, Komische, Satirische

Gattung: (Epos, Roman, Novelle) Satire Komödie Tragödie

Untergattung: (pikaresker Roman) romantische Komödie

Die in den folgenden vier Problemkreisen zu behandelnden Gattungen des Dramas lassen sich von diesem Schema ausgehend zueinander in Beziehung setzen: Tragödie, Komödie und das absurde Theater haben Sprechsituation (performativ) und primäre Schreibweise (dramatisch) gemeinsam. Sie unterscheiden sich voneinander auf der Ebene der sekundären Schreibweise. Im Falle der Tragödie also durch die tragische Schreibweise etc. Ganz anders und grundsätzlich verschieden ist das epische Theater zu charakterisieren, insofern als es durch die Überlagerung der dramatischen und narrativen Schreibweise auf der primären Ebene gekennzeichnet ist. Im Gegensatz zum Drama der aristotelischen Tradition spielt die narrative Schreibweise nicht nur partiell eine Rolle (etwa im Botenbericht) und ist der performativen Sprechsituation untergeordnet. Vielmehr dominiert die berichtende Sprechsituation, der die dramatische Schreibweise zugeordnet ist.

PROBLEMFELD VI: Die Tragödie

6.0 Groblernziele

Bei der Beschäftigung mit der Tragödie soll sich die Aufmerksamkeit des Lesers auf folgende Gesichtspunkte richten. Er soll

— die Aristotelische Tragödiendefinition auslegen

— die Umdeutung der tragischen Wirkung in den verschiedenen Tragödientypen beschreiben

— die Gemeinsamkeiten sowie Unterschiede in der Konzeption der Fabel zusammenstellen

— den Wandel in der Vorstellung vom tragischen Helden benennen

— die Ansichten über die tragödiengemäße Sprache kennenlernen

6.1 Die Aristotelische Tragödiendefinition

TEXT 1

> Die Tragödie ist die Nachahmung einer edlen und abgeschlossenen Handlung von einer bestimmten Größe in gewählter Rede, derart, daß jede Form solcher Rede in gesonderten Teilen erscheint und daß gehandelt und nicht berichtet wird und daß mit Hilfe von Mitleid und Furcht eine Reinigung von eben derartigen Affekten bewerkstelligt wird.[1]

Zu Recht kann die Definition des griechischen Denkers Aristoteles an den Beginn der Beschreibung der gattungsspezifischen Merkmale der Tragödie gestellt werden; denn alle späteren Äußerungen über den Gegenstand — gleich ob sie zustimmender oder ablehnender Natur waren — sind in Beziehung zu ihr gesetzt worden. Keine dichtungstheoretische Schrift mit Ausnahme von Horazens *Ars Poetica* hat je die Bedeutung von Aristoteles' *Poetik* erlangt. Indem der griechische Philosoph die bereits existierenden Tragödien analysierte und aus dem Schaffen der griechischen Tragödiendichter die seiner Meinung nach wirkungsvollsten Möglichkeiten herausschälte, stellte er das Paradigma der Tragödie auf.

––––––––

[1] Aristoteles. *Poetik*, 30.

Es ist bemerkenswert, daß er seine Wesensbestimmung und Beurteilung rezipientenbezogen vornahm. Die Tragödiendefinition ist ein Entwurf im Hinblick auf das Publikum, da Aristoteles vor allem diskutiert, was die intendierten Wirkungen stören oder verhindern und was sie fördern kann.

Der teleologischen Denkweise von Aristoteles folgend, nach der „das Ziel das Wichtigste von allem" ist (32), darf die oben zitierte Passage von ihrem Schluß her interpretiert werden. Der Finalaspekt seiner Tragödiendefinition ist wohl der Kernpunkt. Die Tragödie ist auf die Reinigung bestimmter Affekte im Zuschauer oder Leser ausgerichtet: Fabel (mythos), Charakterdarstellung und Sprache sollen Mitleid und Furcht erwecken, um eine KATHARSIS derselben zu bewirken. Dies bedeutet nun aber nicht eine Befreiung von diesen Gefühlen, sondern ihre Reduktion auf ein erträgliches Maß, wie sich aus Aristoteles' Äußerungen über dieses Phänomen in der *Politik* schließen läßt.[2] Daß der Begriff der Katharsis als medizinische Metapher aufzufassen ist, hebt S. M. Butcher in seinem Kommentar zur *Poetik* hervor.[3] Zu Recht verwies der englische puritanische Dichter John Milton daher in dem Vorwort zu *Samson Agonistes* auf die medizinischen Implikationen des Aristotelischen Katharsisbegriffs, wenn er sagte:

TEXT 2

> Tragedy, as it was anciently compos'd, hath been ever held the gravest, moralest, and most profitable of all other Poems: therefore said by *Aristotle* to be of power, by raising pity and fear, or terror, to purge the mind of those and such like passions, that is to temper and reduce them to just measure with a kind of delight, stirr'd up by reading or seeing those passions well imitated. Nor is Nature wanting in her own effects to make good his assertion: for so in physic, things of melancholic hue and quality are us'd against melancholy, sowr against sowr, salt to remove salt humours.[4]

Furcht und Mitleid sind zwei streng aufeinander bezogene Begriffe, die nach

----

[2] Übersetzung von Franz Susemihl — Reinbek, [2]1968, 282f. Es handelt sich um Buch 8, Kap. 7, 1342a.

[3] S. 234 ff. legt er, von der üblichen Verwendung des Begriffs Katharsis in der Medizin ausgehend, diesen Gedankengang ausführlich dar. *Aristotle's Theory of Poetry and Fine Art*. London, 1895.

[4] „Of that Sort of Dramatic Poem which is called Tragedy" in: *The Works of John Milton*. Bd. 1. New York, 1931, 331.

Aristoteles nicht zu trennen sind. Die Furcht ist dabei das primäre Gefühl. Sie entsteht aus dem Bewußtsein drohenden Unheils, das uns potentiell selbst treffen könnte.[5] Sie ist also eine im Selbsterhaltungstrieb wurzelnde Leidenschaft. Das Mitleid entspringt aus dem Schmerz über das Leiden eines anderen, der das ihn befallende Unheil nicht verdient.[6] Indem die Furcht von Mitleid begleitet wird, verliert sie das ausschließlich auf des Zuschauers eigenes Leben bezogene egoistische Element. Das Mitleid hingegen wird durch seine Nachbarschaft zur Furcht von Sentimentalität befreit.

Identifikation und Distanz kennzeichnen die Art und Weise, wie die beiden Leidenschaften erfahren werden: Identifikation insofern, als wir das Geschehen auf uns selbst beziehen, und Distanz, indem wir unser Augenmerk auf das Schicksal eines anderen Menschen lenken. Dies hat, wie sich zeigen wird, seine Auswirkungen auf die Art der in der Tragödie dargestellten Handlung und auf die Wahl des richtigen Helden.

Für Aristoteles war die FABEL das wichtigste Element der Tragödie. Daher widmete er ihr auch den größten Teil der Überlegungen zur Tragödie.[7] Sie mußte so beschaffen sein, „daß auch ohne zu sehen jener, der die Handlung hört, bei den Ereignissen Schauder und Mitleid empfindet."[8] An anderer Stelle erläutert er, daß „ein gutgebauter Mythos . . . [im Sinne von Fabel, d.V.] nicht aus Unglück in Glück umschlagen, sondern umgekehrt aus Glück in Unglück" umschlagen sollte (41), und lobt Euripides im Gegensatz zu manchen Kritikern gerade deshalb, weil die meisten seiner Tragödien im Unglück enden. Die tragische Handlung wird dort noch näher charakterisiert, wo Aristoteles über das *pathos* reflektiert. Gemeint ist „eine zum Untergang führende Handlung, wie etwa ein Tod auf der Bühne, Schmerzen, Verwundungen und dergleichen." (39) Diese furchtbaren Ereignisse erscheinen vor allem dann erschreckend oder bemitleidenswert, wenn sie sich zwischen Freunden abspielen: „daß etwa der Bruder den Bruder oder der Sohn den Vater oder die Mutter den Sohn oder der Sohn die Mutter erschlägt oder es zu tun im Begriffe ist oder anderes dergleichen tut . . ." (42f.) Auf das Pathos der Tragödie spielt Horaz in seiner *Ars Poetica* (Z. 185f.) an, wenn er

---

[5] *Rhetorik.* II. 5. 1382 a 21.

[6] Ebd. II. 8. 1386 a 17.

[7] Vgl. Problemfeld 4 zu den Aspekten der Vollständigkeit und Abgeschlossenheit, des rechten Umfangs usw.

[8] *Poetik,* 42. Vgl. auch S. 37, 40.

von Medeas grausigem Kindermord oder Atreus' kannibalischen Taten spricht, die allerdings dem Zuschauer nicht auf offener Bühne gezeigt, sondern durch einen Zeugenmund anschaulich berichtet werden sollen (241).

Den zweiten Rang nach den Überlegungen zur tragischen Handlung nehmen die Ausführungen zum Charakter des tragischen Helden ein. Wie dieser beschaffen sein soll, beschreibt Aristoteles ausführlich: (40 f.)

TEXT 3

... da [die Tragödie] Nachahmung von Furcht und Mitleiderregendem sein soll ... so ist es erst klar, daß nicht anständige Leute beim Umschlag von Glück in Unglück gezeigt werden sollen (denn dies erzeugt nicht Furcht oder Mitleid, sondern Widerwillen) und auch nicht der Übergang schlechter Menschen von Unglück zu Glück (denn dies läuft der Tragödie völlig zuwider, da keine der geforderten Wirkungen sich einstellt: es ist weder menschenfreundlich noch mitleiderregend, noch erschreckend), noch darf der gar zu Schlechte von Glück in Unglück stürzen (eine solche Erfindung ist zwar menschenfreundlich, enthält aber weder Furcht noch Mitleid; Mitleid entsteht nur, wenn der, der es nicht verdient, ins Unglück gerät, Furcht, wenn es jemand ist, der dem Zuschauer ähnlich ist. Also entsteht in diesem Fall weder das eine noch das andere.)

Es bleibt also nur der Fall dazwischen übrig.
Er tritt ein, wenn einer weder an Tugend und Gerechtigkeit ausgezeichnet ist noch durch Schlechtigkeit und Gemeinheit ins Unglück gerät, sondern dies erleidet durch irgendeinen Fehler. Und zwar muß er zu denjenigen zählen, die großen Ruhm und Glück gehabt haben, wie Oedipus oder Thyestes, oder andere berühmte Männer aus einem solchen Geschlechte.

Drei Aspekte verdienen es, hier hervorgehoben zu werden. Erstens ist der Aristotelische Charakterbegriff ethischer Natur.[9] Es geht um moralische Eigenschaften oder Fehler, wenn Aristoteles von der HAMARTIA [d.h. Fehler und Irrtum] des Helden spricht.[10] Zweitens muß der Dichter bei der

––––––––

[9] Zum Charakterbegriff vgl. III, 1.

[10] Der Begriff ist schillernd. Einerseits bezieht er sich auf einen unbeabsichtigten Irrtum, eine falsche Einschätzung der Situation. Andererseits kann er die Folge einer

Darstellung des Charakters des Protagonisten darauf achten, daß der Held im Publikum oder beim Leser Sympathie hervorruft, denn sonst stellen sich die beabsichtigten Wirkungen nicht ein. Er darf also weder zu gut noch zu schlecht sein, sondern er muß mehr leiden als er verdient. Das erzeugt Mitleid. In dem Maße, wie der Held uns ähnlich ist, erweckt sein Schicksal Furcht.

Drittens ist der Protagonist der Tragödie wohl ein MITTLERER HELD (der zwischen Gut und Böse steht), nicht aber ein mittelmäßiger Held; denn die Tragödie ahmt Menschen nach, ,,die besser sind, als es bei uns vorkommt''. (25) Auf den ersten Blick scheint hier ein Widerspruch zu bestehen. Dieser Widerspruch läßt sich jedoch auflösen, wenn man zwischen dem moralischen Charakter des Helden und dessen ästhetischer Gestaltung unterscheidet. Wie alle Dichtung soll das Drama auch in bezug auf den Charakter nicht das darstellen, was ist, also einfach Realität photographisch genau reproduzieren, sondern vielmehr das Allgemeine herausarbeiten. Das bedeutet, daß die Figuren, von den zahlreichen Details befreit, die in der Wirklichkeit den Blick auf das Wesentliche verstellen, in ihren prägenden Eigenschaften den Gesetzen der Wahrscheinlichkeit und Notwendigkeit folgend dem Zuschauer vor Augen gestellt werden. In diesem Sinne werden sie idealisiert und erlangen universale Gültigkeit.

Ein letzter, auf die Sprache bezogener Aspekt ist für den Aristotelischen Tragödienbegriff von Bedeutung: der feierliche Ton der Tragödie (29). Die ,,gewählte Rede'' — sie besitzt nach Aristoteles Rhythmus, metrische Form und Sangbarkeit — dokumentiert sich sowohl im Sprechvers der Charaktere als auch im Chorlied (30); bei letzterem unterstreichen die gemessenen Bewegungen des CHORES[11] noch den rhythmischen Charakter der Sprache.

––––––––

z.B. aus Zorn begangenen Affekthandlung sein. Schließlich bezeichnet der Begriff einen charakterlichen Fehler oder eine moralische Schwäche. Vgl. Butcher, 295-299.

[11] Im griechischen Drama hatte der Chor vor allem die Funktion, die Handlung zu kommentieren, und vertrat die religiösen, moralischen und gesellschaftlichen Normen, konnte andererseits aber auch die lyrischen Partien übernehmen. Später ging die Funktion auf eine einzige Figur, etwa einen Prolog- oder Epilogsprecher, über. Immer wieder griff man auf die Form des antiken Chors zurück. Dies taten z.B. John Milton in *Samson Agonistes,* Friedrich Schiller in *Die Braut von Messina* oder T. S. Eliot in *Murder in the Cathedral.*

Ohne daß Aristoteles dies besonders hervorhebt, sind Charakter und sprachliche Gestaltung der Figuren aufeinander abgestimmt. Was spätestens seit der Horazischen *Ars Poetica* als Regel dekorumgemäßer Darstellungsweise formuliert wurde (Z. 237, Z. 245) ist bei ihm bereits implizit vorhanden, nämlich die Einheit von Handlung, Sprache und Charakter.

Die nun folgenden Überlegungen zur Tragödie sind nicht mehr primär von Aristoteles her, sondern vor dem Hintergrund der Äußerungen Klaus Hempfers in der bereits erwähnten Gattungspoetik zu verstehen.[12] Jeder Gattung liegt eine bestimmte Struktur zugrunde, die sich aus der abstrakten Relation bestimmter Elemente bildet. Für die Tragödie wäre es die Relation der Elemente Handlung, Figur und Sprache, die in ihrer tragödienspezifischen Ausprägung eine bestimmte Wirkung hervorbringen: der Handlungsverlauf vom Glück zum Unglück, die aus dem Fehlverhalten des Protagonisten resultierenden furchtbaren Ereignisse (die sein Leiden bewirken) und die dem ernsten Charakter des Dargestellten angemessene Sprache erzeugen beim Zuschauer Furcht und Mitleid. Auf der Basis dieser Grundstruktur, die von vornherein einen gewissen Spielraum ermöglicht, vollzogen sich in den verschiedenen Epochen unterschiedliche Transformationen, ohne daß die Grundstruktur völlig verändert worden wäre. Der Reiz, diese Transformation nachzuvollziehen, dürfte in dem Wechsel von Neuheit und Wiedererkennen liegen, in Einklang mit einem Zitat aus R. Welleks und A. Warrens *Theorie der Literatur:* ,,Eine vollständig vertraute und sich wiederholende Anordnung ist langweilig; eine völlig neue Form wäre u n v e r s t ä n d l i c h , ja unvorstellbar."[13]

6.2 Die elisabethanische Tragödie und das barocke Trauerspiel als Transformationen des Aristotelischen Typus zur moralischen Tragödie

TEXT 4

So that the right use of Comedy will (I think) by nobody be blamed, and much less of the high and excellent Tragedy, that openeth the greatest wounds and showeth forth the ulcers that are covered with tissue; that maketh kings fear to be tyrants, and tyrants manifest their tyrannical humours; that with stirring the affect of admiration und commiseration, teacheth the uncertainty of this world, and upon how weak foundations gilden roofs are builded...[14]

------

[12] Vgl. insbes. S. 139-150.

[13] Dt. Übersetzung. Berlin, 1963, 212. Titel der Originalausgabe *Theory of Literature.* New York, 1948.

[14] Sir Philip Sidney. *Apology for Poetry,* 117 f.

In dem Vnser gantzes Vatterland sich nuhmehr in seine eigene Aschen verscharret / vnd in einen Schawplatz der Eitelkeit verwandelt; bin ich geflissen dir die vergänglichkeit menschlicher sachen in gegenwertigen / vnd etlich folgenden Trawerspielen vorzustellen . . . Die Alten gleichwol haben diese art zu schreiben nicht so geringe gehalten / sondern alß ein bequemes mittel menschliche Gemütter von allerhand vnartigen vnd schädlichen Neigungen zu säubern gerühmet . . . [15]

Sowohl die Passage aus Sidneys *Apology for Poetry* als auch Gryphius' Vorrede zu *Leo Armenius* stellen die Wirkung der Tragödie in den Vordergrund. Darin folgten die beiden Autoren der Aristotelischen Tragödientheorie. Doch machen die Zitate auch die Umdeutung des Aristotelischen Katharsisbegriffes augenfällig: Das dramatische Geschehen wird zur Lektion, zum Tugend- und Lasterspiegel. Durch die Darstellung schlechter Eigenschaften und deren verdienter Strafe will die Tragödie diese Eigenschaften im Zuschauer ausmerzen.[16] Daneben soll die Tragödie dem Zuschauer die Vergänglichkeit der irdischen Dinge und das Walten Fortunas vor Augen führen: „. . . their infamous life and tyrannies were layd open to all the world, . . . to shew the mutabilitie of fortune" wie Puttenham in seiner *Arte of English Poesie* I, xv schreibt.[17] Der *vanitas mundi* (Eitelkeit der Welt) konnte nur derjenige begegnen, der mit der Mißlichkeit des menschlichen Lebens schon rechnete und den irdischen Dingen den ihnen gemäßen Platz zuwies. Die christliche Haltung des *contemptus mundi* (der Weltverachtung) und die stoische Haltung der *constantia* (Beständigkeit), wie sie den Elisabethanern und den deutschen Tragödiendichtern des 17. Jahrhunderts aus Senecas Tragödien wohlvertraut war, verbanden sich, um den Zuschauern den Blick aufs Jenseits nahezulegen: „Weisen demnach vnd zaigen dem Zuhörer gleichsam mit

---

15 Andreas Gryphius, *Leo Armenius,* Vorwort an den Leser.

16 Vgl. das Gryphius-Zitat und Thomas Heywood. *An Apology for Actors* in: Platz, 1973, 50.

17 In: Gregory Smith, Hrsg. *Elizabethan Critical Essays.* 2 Bde. Oxford, repr. 1967, Bd. 2, 35. Vgl. auch Shakespeare. *Timon of Athens,* I, 1, 74-89 und Martin Opitz „Vorrede An den Leser", zit. in: Hans-Jürgen Schings. „Consolatio Tragoediae. Zur Theorie des barocken Trauerspiels" in: Reinhold Grimm, Hrsg. *Deutsche Dramentheorien,* 2 Bde., Frankfurt, 1973, Bd. 1, 19.

dem Finger auff die ewige vnzergängliche Glückseligkeit."[18]

Sowohl die abschreckende als auch die konsolatorische Wirkung der Tragödie ließ sich nach damaliger Auffassung durch den Ruin berühmter Personen veranschaulichen. Der Fall der Mächtigen, der mit ihrem Tod endete, war als Exemplum gedacht.

Die DE-CASIBUS-Tragödie, wie man den Dramentyp vom Aufstieg und Fall der Mächtigen genannt hat[19], ist die elisabethanische und barocke Version des Wechsels vom Glück ins Unglück. Shakespeares Dramen *Richard III.* und *Macbeth*, Marlowes *Tamburlaine* und *Dr. Faustus*, Ben Jonsons *Sejanus* und *Catiline* gehören genauso in diese Gruppe wie Andreas Gryphius' *Leo Armenius* und *Papinian* oder Caspar von Lohensteins *Sophonisbe*.

Nicht nur die Wirkung der Tragödie wurde umgedeutet, sondern auch der Aristotelische Leidensbegriff. Wohl unter dem Einfluß der Tragödien Senecas erfuhr er eine regelrechte Radikalisierung zur Grausamkeit hin. Rache, Inzest, Mord, Blendung und ähnliches sollten die Affekte des Schreckens und des Mitleids mit den Gequälten erwecken. Marlowes *The Jew of Malta*, Shakespeares *Titus Andronicus*, Websters *The White Devil* liefern nur einige Beispiele für die Neigung, die Szene zu brutalisieren. Es ist jedoch zu berücksichtigen, daß manchmal am Ende der schauerlichen Ereignisse die Vorstellung der Providentia (Göttlichen Vorsehung) ins Bewußtsein gerückt wird. Hamlet erweckt vor seinem Tod die Hoffnung auf eine neue glücklichere Regierung (V, 2, 347), und in *Macbeth* sühnt der Protagonist seine Untaten. Im Märtyrerdrama des Barock wird die Aufhebung der irdischen Qualen in der himmlischen Freude und damit der Glaube an die göttliche Vorsehung besonders offenkundig. Der Fall des Protagonisten wird zu einem Aufstieg seiner Seele. „. . . wer meinen Fall beweint / Siht nicht wie hoch ich sei durch disen Fall gestigen", kommentiert der hohe kaiserliche Beamte Papinianus seinen Sturz (V, 34 f.).

Eng mit dem Thema vom Aufstieg und Fall der Mächtigen verknüpft war die Diskussion um den Tragödienhelden. Einig waren sich Theoretiker wie Dichter, daß er von hohem Range sein müsse. Denn, so wird argumentiert, je hö-

––––––––

[18] J. Bidermann. Perioche zu *Belisarius,* zit. in: Schings, 25. Vgl. den Schluß von Thomas Nortons und Thomas Sackvilles Tragödie *Gorboduc,* 438-441.

[19] Vgl. Madeleine Doran. *Endeavors of Art.* Madison, 1964, 116-128.

her der Status der Person, desto eindrucksvoller ist ihr Sturz.[20] Ganz offensichtlich wird in der Renaissance die Aristotelische Vorstellung von einem Tragödienhelden, der besser ist, als die Menschen in Wirklichkeit sind, im Hinblick auf das ständisch gegliederte Sozialsystem der Zeit gedeutet. Die Forderung nach einem mittleren Helden wird nicht besonders ernst genommen. Zwar kann man dies für Shakespeares König Lear oder für Hamlet und Othello in Anspruch nehmen, nicht aber für zahlreiche andere englische und deutsche Tragödienhelden. Tamburlaine, Richard III. oder Macbeth, Sejanus und Catiline begehen ihre Verbrechen nicht als im Grunde gute Menschen aus einem Irrtum oder einer Schwäche heraus, sondern sind entschlossene Schurken, die ihre Wünsche bedenkenlos in die Tat umsetzen.[21] Eine Figur wie Richard III. erweckt zumindest im modernen Zuschauer weniger Mitleid und Furcht als vielmehr Bewunderung für seine Entschlußkraft und seine brillanten geistigen Fähigkeiten.

Der durch und durch gute Protagonist, wie er sich in den deutschen Märtyrerdramen, z.B. Gryphius' *Papinian,* findet, war von Aristoteles mit einem eindeutig negativen Verdikt belegt worden. Zwar kann ein solcher Held am besten zur Nacheiferung anregen und als Muster der Beständigkeit in einer von den Launen Fortunas geschüttelten Welt gelten, aber sein Schicksal erzeugt kein Mitleid und keine Furcht. Dafür zeigt es, wie man die Furcht in der Beständigkeit überwindet. Allerdings entfällt durch den starren Moralismus der Figuren die tragische Relation zwischen Charakter und Pathos und damit die Spannung. Infolgedessen ist es verständlich, wenn das Märtyrerdrama nicht lange lebensfähig war.

Wie das Gesetz des DECORUM es befahl, mußte auch die Sprache dem hohen sozialen Rang des Helden und der Bedeutung der Handlung entsprechen. Daher galt für die Tragödie, sie habe im STILUS GRAVIS, d.h. im rhetorischen Vers[22], abgefaßt zu sein. Diese Aussage ist jedoch in einem Punkte einzuschränken. Die elisabethanische Tragödie hält diese hohe Stillage

----

[20] Ebd. 117 f. und Schings, 29 f.

[21] Beispiele aus dem barocken Trauerspiel wären J. Bidermanns *Belisarius* oder Gryphius' *Leo Armenius* sowie alle Tragödien Caspar von Lohensteins.

[22] Die Rhetorik unterschied nach drei Stilarten der Rede: ,,hoher oder pathetischer Stil" (stilus gravis), mittlerer oder gemäßigter Stil (stilus mediocris) und schlichter oder anspruchsloser Stil (stilus humilis). Da die Stillehre schon früh mit der Gattungsproblematik verknüpft wurde, galt für jede Gattung eine bestimmte Stillage, z.B. der hohe Stil für das Epos oder der schlichte Stil für Satire und Pastorale.

manchmal nicht konsequent durch, sondern mischt Weinen mit Lachen.[23]
Die Totengräberszene in *Hamlet* (V, 1) oder die sog. „Pförtnerszene" in
Macbeth (II, 3) sind bekannte Beispiele für Shakespeares Praxis, komische
Passagen als Kontrast und zur Steigerung der tragischen Wirkung in seine
Tragödien aufzunehmen.

6.3   Die klassizistische Version der Tragödie

TEXT 5

> The fabric of the play is regular enough, as to the inferior parts of
> it; and the unities of time, place, and action, more exactly observed,
> than perhaps the English theatre requires. Particularly, the action is
> so much one, that it is the only of the kind without episode, or un-
> derplot; every scene in the tragedy conducing to the main design,
> and every act concluding with a turn of it.[24]

Ein Vergleich von Text 4 und Text 5 macht die Akzentverlagerung in der
Tragödienkonzeption offenkundig. Während sowohl die Elisabethaner (vor
allem in ihrer Theorie) als auch die deutschen Barockdichter vorwiegend mit
Überlegungen zur moralischen Nutzanwendung der Tragödie befaßt waren,
richtete sich im Klassizismus[25] die Aufmerksamkeit zumindest gleichermas-
sen auf Fragen der Gestaltung. Die Aristotelischen Überlegungen — als Regeln normativ verabsolutiert — triumphierten. Wahrscheinlichkeit, strenge
Motivierung des dramatischen Geschehens, die Konzentration auf die Katastrophe sowie das Zurückdrängen der äußeren Handlung zugunsten der Darstellung seelischer Konflikte oder heroischer Gefühle sind wesentliche Charakteristika der klassizistischen Tragödienkonzeption. Dabei werden die antiken griechischen Tragödien immer wieder als Vorbilder diskutiert.

----

[23] Schings, 5 f. weist auf das Nebeneinander von Zittern und Lachen auch bei Bidermann hin.

[24] John Dryden. Author's Preface. *All for Love.* Arthur Sale, Hrsg. London, repr.
1971, 8.

[25] Hier geht es weniger darum, die Tragödie einer bestimmten Epoche, des Klassizismus bzw. der Klassik, zu erfassen, als allgemeine Tendenzen aufzuzeigen, etwa das
Streben nach Klarheit, Formstrenge usw.

Im Vordergrund der theoretischen Reflexionen steht das Bemühen um eine klare Strukturierung der Handlung. Einfachheit, Geschlossenheit und strenge Konfliktorientiertheit sind das Ziel und unterscheiden die klassizistischen Tragödien deutlich von der Handlungsfülle einer Shakespeareschen Tragödie. So schreibt z.b. Racine über den Gegensatz zwischen seinen Tragödien und denen des älteren Dichters Pierre Corneille in der Préface zu *Britannicus:* »Au lieu d'une action simple, chargée de peu de matière, telle que doit être une action qui se passe en un jour, et qui, s'avançant par degrés vers sa fin, n'est soutenue que par les intérêts, les sentiments et les passions des personnages, il faudrait remplir cette même action de quantité d'incidents qui ne se pourraient passer qu'en un mois, d'un grand nombre de jeux de théâtre d'autant plus surprenants qu'ils seraient moins vraisemblables, d'une infinité de déclamations . . .«[26] Ein Vergleich von Shakespeares *Anthony and Cleopatra* mit Drydens Adaptation in *All for Love* zeigt deutlich die Tendenz, den Stoff so zu organisieren, daß eine einfache Handlung den dramatischen Konflikt mit großer Klarheit heraushebt. Schillers Szenarien und Skizzenblätter zu seinen klassizistischen Tragödien weisen in die gleiche Richtung.[27] Das *Punctum saliens,* d.h. diejenige dramatische Tat, ,,auf welche die Handlung zueilt, und durch die sie gelöst wird,"[28] bedingt den prägnanten Beginn. Dieser ist so zu wählen, daß Anfang, Höhepunkt und Katastrophe der Tragödie zeitlich möglichst eng beisammen liegen. Das Streben nach Einheit der Handlung findet sich in den Tragödien Racines und Voltaires genauso wie in den klassizistischen Tragödien Drydens, Dr. Johnsons, Schillers oder Hebbels.

Aus der Einfachheit und Einheit der Handlung entwickelt sich die Einheit des Ortes und der Zeit mit innerer Notwendigkeit. Anscheinend mühelos konstruiert Racine seine Tragödien so, daß die erste Szene bei Tagesanfang beginnt und die Lösung sich glaubhaft bis zum Abend ergibt (zum Beispiel in *Phèdre*), und Hebbel läßt die Tragödie *Gyges und sein Ring* ,,innerhalb eines Zeitraums von zweimal vierundzwanzig Stunden" spielen (Szenenan-

---

[26] In: *Théâtre Complet.* Maurice Rat, Hrsg. Paris, 1960, 234 f.

[27] Klaus L. Berghahn. ,,Das Pathetischerhabene. Schillers Dramentheorie" in: Grimm, 229-232.

[28] Schiller verwendet diesen Begriff in einem Brief an Goethe vom 22.10.1799 und präzisiert ihn in einem Brief an Körner vom 13.5.1801. Vgl. *Gesamtausgabe der Briefe Schillers.* Fritz Jonas, Hrsg. Stuttgart, 1892-96, Bd. VI, 101 und 277.

gabe). Interessant ist Drydens Rechtfertigung für die Einheit der Zeit und des Ortes.

TEXT 6

The unity of time they comprehend in twenty-four hours, the compass of a natural day, or as near as it can be contrived; and the reason of it is obvious to everyone − that the time of the feigned action, or fable of the play, should be proportioned as near as can be to the duration of that time in which it is presented; . . . For the second unity, which is that of place, the ancients meant by it that the scene ought to be continued through the play in the same place where it was laid in the beginning; for the stage on which it is represented being but one and the same place it is unnatural to conceive it many, and those far distant from one another.[29]

Drydens Erklärungsversuch zeigt das Prinzip auf, nach dem sich das ästhetische Urteil richtete. Wahrscheinlichkeit und Glaubhaftigkeit bilden die Grundlage für die klassizistischen Regeln von den DREI EINHEITEN.

Der auf Aristoteles' Äußerung über „Angemessenheit" und „Notwendigkeit" zurückgehende und aus den Poetiken der Renaissance wohlvertraute Begriff der *verisimilitudo*[30] leitete die klassizistischen Dichter genauso bei der Charakterzeichnung und der Szenenverknüpfung wie bei der Behandlung historischer Stoffe. Eine Gestalt vom Status und der Erziehung der Römerin Octavia (in Drydens *All for Love*) z.B. mußte ihrem Charakter und der Situation entsprechend reden, wenn sie überzeugen sollte.[31] Auch Schillers Dramenfragmente zeigen deutlich, „welche Erwartungen der Dichter an einzelne Szenen knüpfte und wie er die Handlung aufzubauen gedachte."[32] Racines häufige Diskussionen der von ihm verwandten historischen Quellen in seinen Vorworten schließlich sind nicht einfach als gelehrte Exkurse, sondern eher aus dem Streben nach Glaubhaftigkeit seiner Tragödien zu verstehen.[33] Ebensowenig kann die Neigung, schauderhafte Handlungen berichten

------

[29] *An Essay of Dramatic Poesy* in: Platz, 1973, 85-86.

[30] *Poetik,* 35 f.

[31] Vgl. Drydens Überlegungen dazu in seiner Preface.

[32] Berghahn, 229. Vgl. auch die weiteren, dort zitierten Äußerungen Schillers.

[33] Siehe Vorwort zu *Bajazet, Alexandre* oder *Phèdre.*

zu lassen, anstatt sie szenisch darzustellen[34], als sklavische Befolgung antiker Vorschriften — hier Horazens Äußerungen in der *Ars Poetica* (Z. 182-188) — abgetan werden. Ganz im Gegenteil muß man dem Autor die Absicht zugute halten, die Glaubhaftigkeit des szenisch dem Zuschauer vor Augen Geführten nicht zu zerstören.

Was den Protagonisten des klassizistischen Tragödientyps anlangt, so bevorzugten die Autoren (hierin Aristoteles folgend) den mittleren Helden. Er verkörperte das allgemein Menschliche am deutlichsten und konnte damit im Zuschauer am besten Furcht und Mitleid erregen. Denn „wenn wir es nicht fühlen, daß wir selbst bey gleichen Umständen eben so würden gelitten und eben so gehandelt haben, so wird unser Mitleid nie erwachsen."[35]

Dem erhabenen Charakter des Stoffes, wie er in der Größe des menschlichen Leidens begründet liegt, entspricht natürlich auch das Niveau der Sprache, die an den Vers gebunden ist. Die Verssprache hat die klassizistische Tragödie mit dem barocken Trauerspiel gemeinsam — allerdings ohne dessen rhetorischen Bombast zu übernehmen — und unterscheidet sie von einem grundsätzlich anderen Tragödientypus, dem bürgerlichen Trauerspiel. In der französischen Tragödie herrschte der Alexandriner vor, und in der englischen (seit Lessing auch in der deutschen) Tragödie dominiert der Blankvers.

Zweifellos gingen die Franzosen im Bemühen um die strikte Einhaltung der Regeln, die Beachtung der Wahrscheinlichkeit und des Dekorums *(bienséance)* am weitesten, während die englischen und deutschen Klassizisten unter dem Eindruck von Shakespeares tragischen Meisterleistungen eine flexiblere Einstellung gegenüber einer absoluten Regeltreue einnahmen. Bei allen individuellen Unterschieden zeigt ein Vergleich der von der Literaturwissenschaft dem Klassizismus zugeschriebenen Tragödien (z.B. Drydens *All for Love* und Addisons *Cato,* die tragischen Werke Racines, Schillers Trauerspiele *Wallensteins Tod* sowie *Die Braut von Messina,* Grillparzers *Des Meeres und der Liebe Wellen* und Hebbels *Herodes und Mariamne)* in dem Streben nach Einfachheit und Klarheit das Vorhandensein ähnlicher Grundprinzipien, so daß man von einem klassizistischen Tragödientypus sprechen kann.

------

[34] Der Bericht von Hippolytos' Tod in Racines *Phèdre* (V, 5) oder von Maria Stuarts Enthauptung (V, 1) in Schillers gleichnamigem Drama sind als bekannte Beispiele zu nennen.

[35] Schiller. *Nationalausgabe.* Weimar, 1943, Bd. 20, 165. Zur Problematik des geeigneten Tragödienhelden bei Schiller vgl. Berghahn, 236-240. Racine stellt vor allem in

6.4 Die weitere Transformation der Tragödie ins bürgerliche Trauerspiel

Mit dem BÜRGERLICHEN TRAUERSPIEL (domestic tragedy, drame bourgeois) erfährt die Tragödie im 18. Jahrhundert ihre bis dahin tiefgreifendste Umwandlung. Einige wesentliche Aristotelische Kategorien verlieren an Bedeutung, auch wenn die Grundzüge — die Tragödie als Darstellung menschlichen Leidens, das zu einem tragischen Ende führt — beibehalten werden. Zwar ist das bürgerliche Trauerspiel keine Erfindung des 18. Jahrhunderts[36], aber der soziale Wandel, der in England, Frankreich und Deutschland zu einem erstarkenden Selbstbewußtsein des Bürgertums führte sowie eine Neuorientierung am Gefühl, das im 18. Jahrhundert allmählich die Vorherrschaft der Vernunft in Frage stellte, haben dem neuen Tragödientyp zweifellos zum entscheidenden Durchbruch verholfen. Die Engländer waren hier die Wegbereiter, und unter dem Einfluß von George Lillos The London Merchant[37] gewann das bürgerliche Trauerspiel auch bald in Frankreich und Deutschland zunehmend an Einfluß.

Die wichtigste Neuerung, die bei einer Betrachtung von Lillos The London Merchant oder Lessings Miß Sara Sampson (einer Übertragung des antiken Medeastoffes ins bürgerliche Milieu) sofort ins Auge springt, ist eine bewußte Einbeziehung des Bürgertums in die Welt der Tragödie. Die traditionelle STÄNDEKLAUSEL, die noch für Gottsched Gültigkeit besaß[38], wird aufgehoben. In der Widmung von The London Merchant schreibt George Lillo:

TEXT 7

I have attempted, indeed, to enlarge the province of the graver kind of poetry, and should be glad to see it carried on by some abler hand. Plays founded on moral tales in private life may be of admira-

––––––

den Vorworten zu Andromaque, Iphigénie und Phèdre Überlegungen in bezug auf den gemischten Charakter des Protagonisten und die Wirkungen der Tragödie an.

[36] Die Elisabethaner besaßen in John Heywoods, Dekkers und Rowleys Dramen bereits domestic tragedies; die Autoren waren sich ihrer Sonderstellung gegenüber der orthodoxen Tragödienkonzeption durchaus bewußt. Vgl. Doran, 142-147. In Deutschland ist Gryphius' Trauerspiel Cardenio und Celinde als Vorläufer zu nennen.

[37] Zum Einfluß des englischen und zur Ablehnung des französischen Theaters vgl. Lessing. Litteraturbriefe. 17. Brief.

[38] Critische Dichtkunst, [4]1751, 606.

ble use by carrying conviction to the mind with such irresistible force as to engage all the faculties and powers of the soul in the case of virtue by stifling vice in its first principles.[39]

Seit die Theoretiker in der Renaissance den hohen Rang des Helden zu einer unabdingbaren Vorschrift für die Tragödie erhoben hatten, waren die tragischen Helden auf Fürsten, Könige, Feldherren und andere öffentliche Figuren beschränkt gewesen. Ihr Schicksal, so meinte man, habe die größte allgemeine Bedeutung. Es ist nun aufschlußreich, daß der neue bürgerliche Held gleichfalls mit der Allgemeingültigkeit von dessen Schicksal legitimiert wird. Dies geht aus Lessings Kommentar zur Rezeption seines bürgerlichen Trauerspiels *Miß Sara Sampson* im vierzehnten Stück der *Hamburgischen Dramaturgie* klar hervor:

TEXT 8

Das Unglück derjenigen, deren Umstände den unsrigen am nächsten kommen, muß natürlicherweise am tiefsten in unsere Seele dringen; und wenn wir mit Königen Mitleid haben, so haben wir es mit ihnen als mit Menschen und nicht als mit Königen. . . . ,,Man thut dem menschlichen Herze Unrecht,'' sagt auch Marmontel, ,,man verkennet die Natur, wenn man glaubt, daß sie Titel bedürfe, uns zu bewegen und zu rühren. Die geheiligten Namen des Freundes, des Vaters, des Geliebten, des Gatten, des Sohnes, der Mutter, des Menschen überhaupt: diese sind pathetischer als alles; diese behaupten ihre Rechte immer und ewig.[40]

Stoff der neuen Tragödie ist nicht mehr eine Haupt- und Staatsaktion, sondern ,,a tale of private woe''.[41] Private, häuslich-familiäre Konflikte zwischen Figuren aus dem bürgerlichen Milieu sollen so realistisch wie möglich abgebildet werden, weil, wie man meinte, nur sie das Interesse des zeitgenössischen Zuschauers wecken könnten. Die Konflikte spielen sich in der Seele der Protagonisten ab und sind Zeichen für eine neue Verinnerlichung, wie sie auch in den von Lessing und Diderot bewunderten Romanen Samuel

----

[39] In: *Six Eighteenth Century Plays*. John H. Wilson, Hrsg. Boston, 1963, 183.

[40] Der französische Autor Jean-François Marmontel hatte dies im Dezember 1761 im *Journal Etranger* geschrieben. Er hatte Lessings Drama dort besprochen.

[41] Prolog zu *The London Merchant*, Z. 20.

Richardsons deutlich wird.

Das erwachte Selbstbewußtsein des Bürgertums spiegelt sich jedoch nicht nur in der Tatsache, daß der Tragödienheld nicht mehr fürstlichen Standes zu sein braucht, sondern auch in der Rolle, die dem Adel im bürgerlichen Trauerspiel zugewiesen wird. Adlige agieren häufig als verbrecherische Antagonisten, die das tragische Ende der tugendhaften Helden herbeiführen. Der Prinz und die Gräfin Orsina in Lessings *Emilia Galotti* oder der Präsident von Walter in Schillers *Kabale und Liebe* machen beispielsweise den Gegensatz zwischen der verderbten Welt des Adels und den bürgerlichen Idealen recht deutlich.

Die Wirkung, die man im Zuschauer erwecken möchte, ist vor allem moralischer Natur. Lillo formuliert dies unmißverständlich im Prolog zu seinem Drama:

BEISPIEL 1: *The London Merchant*, Z. 27-34.

> If thoughtless youth to warn and shame the age
> From vice destructive well becomes the stage,
> If this example innocence insure,
> Prevent our guilt, or by reflection cure,
> If Millwood's dreadful guilt, and sad dispair,
> Commend the virtue of the good and fair,
> Though art be wanting, and our numbers fail
> Indulge th'attempt, in justice to the tale.

Auch für Lessing ist der Endzweck der Tragödie ein moralischer. Das Theater wird zu einer Schule der Menschlichkeit. Nicht mehr Furcht (bzw. Schrecken), wie in der Barocktragödie, sondern MITLEID rückt in den Mittelpunkt. Da die Furcht bei Lessing als selbstbezogenes Mitleid definiert wird, kann sie unter den Begriff des Mitleids subsumiert werden. Bezeichnenderweise lautet Lessings Definition der Tragödie:

TEXT 9

> Die Bestimmung der Tragödie ist diese: sie soll *unsere Fähigkeit, Mitleid zu fühlen,* erweitern. Sie soll uns nicht blos lehren, gegen diesen oder jenen Unglücklichen Mitleid zu fühlen, sondern sie soll uns so weit fühlbar machen, daß uns der Unglückliche zu allen Zeiten, und unter allen Gestalten, rühren und für sich einnehmen muß. . . . Der mitleidigste Mensch ist der beste Mensch, zu allen gesellschaftlichen Tugenden, zu allen Arten der Großmuth der aufgelegteste. Wer uns also mitleidig macht, macht uns besser und tugendhafter,

und das Trauerspiel, das jenes thut, thut auch dieses . . .[42]

Neben dem neuen Helden und der sensibilisierenden Wirkung des bürgerlichen Trauerspiels ist die Verwendung der Prosa die dritte grundlegende Neuerung. Sie tritt an die Stelle der Verssprache, die bisher allein als angemessener Ausdruck des erhabenen Leidens gegolten hatte.

Mit Absicht haben wir uns hier ausschließlich mit der englischen *domestic tragedy* bzw. dem deutschen bürgerlichen Trauerspiel befaßt und das französische DRAME SÉRIEUX ausgeklammert. Zwar hatte Diderot eine *tragédie domestique* als Kontrast zur *tragédie heroique* gefordert und folgende Vorstellungen dafür entwickelt: ein Gemälde der Leiden, die uns umgeben; eine realistische Szenerie mit echten Kostümen; Dialoge, die der einfachen Handlung entsprechen; Gefahren, wie sie etwa Eltern, Freunden und einem selbst zustoßen könnten.[43] Aber das *drame sérieux,* wie es von Diderot, Sedaine und Beaumarchais geschrieben wurde, ist eher als eine aus der Überlagerung von Tragödie und Komödie entstandene **neue** Gattung zu betrachten, die „Teilmengen der bisher jeweils für Komödie oder Tragödie spezifischen Regelmengen zu einer neuen 'Ganzheit' " verbindet.[44] Die angestrebte Rührseligkeit, das unerwartete glückliche Ende und vor allem die Darstellung von Ständen und Familienbeziehungen unter Vernachlässigung der Charakterzeichnung sind Merkmale, die nicht leicht aus einer Abwandlung der Tragödienkonzeption heraus erklärt werden können und eindeutig von der Komödie her beeinflußt sind. Sowohl Diderot als auch Beaumarchais sehen daher im *drame sérieux* eine Form *sui generis,* die eine Mittelstellung zwischen der Tragödie und der Komödie einnimmt.[45] Andererseits werden die Begriffe *drame sérieux* sowie *tragédie domestique* auch synonym verwendet, und die unverdienten Mißgeschicke, die den Helden leiden machen, gehören zweifellos genauso in die Domäne der tragischen Gattung wie die Absicht, im Zuschauer ein tiefes Mitleiden hervorzurufen.[46] So meint denn Diderot, die neue Gattung neige doch eher der Tragödie als der Komödie zu: ». . . il penche plutôt vers la tragédie que vers la comédie«.[47]

----

[42] Brief vom Nov. 1756 an Nicolai in: *Lessings Briefwechsel mit Mendelssohn und Nicolai über das Trauerspiel.*

[43] *Troisième Entretien sur Le Fils Naturel. Oeuvres Esthétiques.* Paul Vernière, Hrsg. Paris, 1968, 149.

[44] Hempfer, 220.

[45] Diderot, 135 f. und Beaumarchais, *Essai sur le genre dramatique sérieux* in: *Théâtre Complet.* Maurice Allem und Paul Courant, Hrsg. Paris, 1957, 15.

[46] Beaumarchais, 10-12.

[47] Diderot, Troisième Entretien, 139.

6.5 Die Tragödie im Naturalismus

Die Tendenzen, die sich bereits im bürgerlichen Trauerspiel angedeutet hatten, setzten sich im Naturalismus fort. Die Bühne öffnete sich nunmehr auch den unteren Gesellschaftsschichten, d.h. der Welt des Kleinbürgertums, der Bauern und der Arbeiterklasse. Emile Zola hatte in *Le Naturalisme au Théâtre* „das Innere einer Fabrik, eines Bergwerks, den Lebkuchenmarkt, einen Bahnhof ..." als Handlungsort für das naturalistische Drama vorgeschlagen[48] und entsprechend auch die Forderung nach einem neuen Personal aus der Welt der Arbeiter angedeutet. Diese Postulate hat Gerhart Hauptmann, wohl der bedeutendste Vertreter des naturalistischen Dramas in Deutschland, in seinen Dramen *Vor Sonnenaufgang, Die Weber, Fuhrmann Henschel* und *Rose Bernd* verwirklicht.

Die Wahl des Milieus und der Personen beinhaltet bereits eine sozialkritische Absicht, so daß es verständlich ist, wenn die Dramen der Naturalisten als Angriff auf die bestehende Ordnung und als kämpferisches Eintreten für die sozial Entrechteten und Mißachteten gedeutet wurden. Häufig werden die naturalistischen Dramen daher unter dem Begriff „soziales Drama" subsumiert, der allerdings umfassender ist und jedes Drama mit gesellschaftskritischem Einschlag von Büchners *Woyzeck* bis zu Tollers und Kaisers expressionistischen Stücken einschließt.

Neben der Stoffwahl ist vor allem die illusions- und schonungslose Art der Darstellung charakteristisch. Die minutiöse Milieuschilderung erstreckt sich nicht nur auf die Szenerie und die Kostüme, sondern vor allem auch auf die Sprache. Man ist bemüht, die Alltagssprache zu kopieren. Unvollständige Sätze, grammatische Fehler, Stottern und Stammeln sowie Dialekt sollen die exakte Reproduktion von Wirklichkeit vervollständigen. Äußerste Wahrheitstreue gilt als erstrebenswert, wie aus Hauptmanns Bemerkungen zu seinem Drama *Vor Sonnenaufgang* hervorgeht:

TEXT 9

> Man hat sich angewöhnt, das Wesen des Realismus im Stofflichen zu suchen. Schmutz, Gemeinheit, Rohheit etc., meint man, kennzeichne ihn, sei charakteristisch für ihn. Der Realismus charakterisiert sich jedoch nur durch die Form, wie eine Sache gegeben wird, ob treu oder lügenhaft; nicht was für eine Sache gegeben wird, entscheidet

------

[48] „Le Costume" in: *Oeuvres Complètes*. Bd. 11, 352 f.

die Frage, ob realistisch oder nicht.[49]

Es ist nicht verwunderlich, wenn Hauptmann, einer der Hauptvertreter des Naturalismus, seine eigene Methode als „realistisch" bezeichnet, denn zwischen den Begriffen Realismus und Naturalismus ist nicht immer genau unterschieden worden. Es hat sich jedoch eingebürgert, mit dem Begriff „Realismus" die wirklichkeitsgetreue Darstellung mit einfachen sprachlichen Mitteln zu bezeichnen, im Gegensatz zu idealisierender oder romantisierender Behandlung eines Stoffes. Der „Naturalismus" sucht den Menschen und seine Umwelt nicht nur zu reproduzieren, sondern wissenschaftlich exakt als Produkt der Vererbung, des Milieus und der geschichtlichen Situation zu erklären. Es ist aufschlußreich, daß der moderne Dramatiker nach Ansicht Gerhart Hauptmanns „Biologe" ist.[50] Die deterministische Welt- und Menschensicht sowie die Darstellung der Kehrseite des Lebens (Alkoholismus, Prostitution, Armut usw.) grenzen den Naturalismus überdies gegen den Realismus ab.[51]

Stoffwahl und Art der Darstellung kennzeichnen den naturalistischen Tragödientyp. Hinzu kommt noch das deterministische Menschenbild, das in Strindbergs Vorwort zu *Fräulein Julie* klar formuliert wird.

TEXT 10

> In explanation of *Miss Julia's* sad fate I have suggested many factors: her mother's fundamental instincts; her father's mistaken upbringing of the girl; her own nature, and the suggestive influence of her fiancé on a weak and degenerate brain; furthermore the festive mood of the Midsummer Eve; the absence of her father; her physical condition; her preoccupation with the animals; the excitation of the dance; the dusk of the night; the strongly aphrodisiacal influence of the flowers; and lastly the chance forcing the two of them together in a secluded room, to which must be added the aggressiveness of the excited man.

———————

[49] Gerhart Hauptmann. *Die Kunst des Dramas. Über Schauspiel und Theater.* Frankfurt, 1963, 95.

[50] Ebd. S. 37.

[51] Vgl. Wilpert, Stichwort „Naturalismus" und „Realismus" sowie Gassner & Quinn. *The Reader's Encyclopedia of World Drama.* New York, 1969, Stichwort „realism and naturalism".

Thus I have neither been one-sidedly physiological nor one-sidedly psychological in my procedure. ... This multiplicity of motive I regard as praiseworthy because it is in keeping with the views of our own time.[52]

Die aus einer wirklichen Begebenheit hervorgegangene Handlung ist für Strindberg deshalb tragisch, weil sie einen aussichtslosen Kampf gegen die Natur zeigt (S. 102). Außerdem stimme der Untergang eines Individuums — der gleichzeitig den Untergang einer Familie bedeutet — den Betrachter traurig und erwecke in ihm Mitleid und Furcht (S. 97 f.) Strindberg greift hier auf die Aristotelische Tragödienkonzeption zurück. Zweifellos gibt es eine Reihe von Gemeinsamkeiten: Der Handlungsverlauf führt vom Glück ins Unglück; der Held muß leiden; der tragische Ausgang ist unaufhaltsam. Aber die Unterschiede sind ebenfalls offenkundig. Die Figuren können in keinem Augenblick eine freie Entscheidung treffen, denn sie sind in ihrem Verhalten von den Erbanlagen und dem Milieu her determiniert. Sie sind nicht aktiv handelnde, sondern passiv leidende Wesen, im wahrsten Sinne Opfer der Umstände — »[des] personnages souverainement dominés par leurs nerfs et leur sang, dépourvus de libre arbitre, entraînés à chaque acte de leur vie par les fatalités de leur chair«.[53] Damit entfallen der tragische Konflikt und die Hamartia. Außerdem erleidet der Protagonist sein Schicksal nicht bewußt, wie dies sowohl in der griechischen Tragödie wie im französischen und deutschen klassizistischen Drama und auch noch im Bürgerlichen Trauerspiel der Fall war. Die Ursachen und Bedingungen der Katastrophe können zwar von den Zuschauern ganz klar, vom Helden allenfalls vage erkannt werden. Fuhrmann Henschels Worte in Hauptmanns gleichnamigem Stück sind symptomatisch:

BEISPIEL 2:

Ich hab's woll gemerkt in mein'n Gedanken, daß das und war uf mich abgesehen . . . ane Schlinge ward mir gelegt, und in die Schlinge da trat ich halt nein . . . Schlecht bin ich gewor'n, bloß ich kann nischt dafier. Ich bin ebens halt aso 'neingetapert.

––––––––

[52] *Plays* by August Strindberg. Second Series. Übers. v. Edwin Björkman. New York, 1913, 99. (Auf deutsch schwer zugänglich.)

[53] Zola. Préface zu *Thérèse Raquin* in: *Oeuvres Complètes*. Paris, 1966, Bd. 1, 519.

Angesichts der Bedingtheit der Figuren durch Trieb, Milieu und Vererbung kann man nicht mehr von tragischer Schuld sprechen. Ob sich damit der Tragödienbegriff selbst auflöst, kann hier nicht entschieden werden. Es gilt jedoch zu bedenken, daß die Dramatiker des Naturalismus ihre tragischen Werke nur noch selten als Tragödien bezeichneten.[54]

6.6 Schlußbemerkung

Sucht man nach weiteren Transformationen der Tragödie im 20. Jahrhundert, so finden sich zwar eine Reihe von Dramen — z.B. die Tragödien Eugene O'Neills und T. S. Eliots, Frank Wedekinds *Erdgeist* und *Die Büchse der Pandora* oder Tollers Tragödie in drei Akten *Hinkemann* — aber sie zeigen kaum Gemeinsamkeiten. Für Friedrich Dürrenmatt ist der Verlust des tragischen Helden und letztlich des Individuums die Ursache für die Unmöglichkeit, in unserer Zeit Tragödien zu schreiben (,,Theaterprobleme'', 47 f.):

TEXT 11

Die Tragödie setzt Schuld, Not, Maß, Übersicht, Verantwortung voraus. In der Wurstelei unseres Jahrhunderts, in diesem Kehraus der weißen Rasse, gibt es keine Schuldigen und auch keine Verantwortlichen mehr. Alle können nichts dafür und haben es nicht gewollt. . . . Alles wird mitgerissen und bleibt in irgendeinem Rechen hängen. Wir sind zu kollektiv schuldig, zu kollektiv gebettet in die Sünden unserer Väter und Vorväter. . . . Das ist unser Pech . . . Uns kommt nur noch die Komödie bei.

---

[54] Vgl. Gerhard Schulz. ,,Zur Theorie des Dramas im deutschen Naturalismus'' in: Grimm, Hrsg. *Deutsche Dramentheorie* II, 394-404.

PROBLEMFELD 7: Die Komödie

7.0 Groblernziele

Bei der Lektüre dieses der Komödie gewidmeten Problemfeldes soll sich die Aufmerksamkeit auf folgende Schwerpunkte richten. Der Leser möge

- die Gattungskonstanten der Komödie herausarbeiten

- den Versuch unternehmen, das Charakteristische an der Satire zu beschreiben

- zur Begriffsproblematik des Terminus „Sittenkomödie" Stellung nehmen

- die Merkmale der moralischen Sittenkomödie zusammenstellen

- die Gesellschaftskomödie gegenüber der Sittenkomödie absetzen

- die Spezifika der romantischen Komödie aufzählen

- Die Wirkungen der Komödie diskutieren

7.1 Allgemeine Kennzeichen der Komödie

Auf wenigen Seiten über die Komödie schreiben zu wollen, erweist sich als fast unmöglich; zumindest ist es noch schwieriger, als über die Tragödie zu reflektieren. Dies liegt nicht primär daran, daß die meisten Dichtungstheoretiker und Dramatiker nur wenig über die Komödie, jedoch viel über die Tragödie sagten — wobei sie Aristoteles' Vorbild in der *Poetik* folgten, der sich bekanntlich zur Komödie kaum äußerte. Es ist auch nicht damit zu erklären, daß die Komödie im Vergleich zur Tragödie oft als die minderwertigere Gattung betrachtet wurde — vielleicht weil man, ohne viel nachzudenken, vom weniger erhabenen Gegenstand der Darstellung Schlußfolgerungen auf eine Hierarchie der Gattungen selbst zog. Vielmehr liegt ein Problem darin, daß die Welt der Komödie (im Bereich des Dramatischen) von der Posse und Farce bis zur feinsinnigen Gesellschaftskomödie reicht. Außerdem fallen so unterschiedliche Phänomene wie die der Ironie, der Satire, der Groteske oder des Humors in ihren Bereich. Schließlich kann nur schwer eine scharfe Trennungslinie zwischen der Komödie und der Tragödie gezogen werden — ganz zu schweigen von einer präzisen Abgrenzung zwischen dem Komischen und dem Tragischen — angesichts der Tatsache, daß z.B. Rousseau Molières Komödie *Le Misanthrope* als Tragödie empfand[1], T.S. Eliot

---

[1] *Lettre à d'Alembert sur les spectacles* (1758).

von Christopher Marlowes Tragödie *The Jew of Malta* als Farce sprach[2], und Moelwyn Merchant in seiner Monographie über *Comedy* Shakespeares *Richard III.* eine „groteske Komödie" nannte.[3]

Trotz der Abgrenzungsschwierigkeiten lassen sich wenigstens einige Gattungskonstanten zusammenstellen, die verbindlich genug sind, um die verschiedenen Typen dieser dramatischen Gattung abzuschatten. In seiner Charakterisierung des „Comic Realm" versucht Allardyce Nicoll, einige Orientierungshilfen zu geben.

TEXT 1

Comedy's sphere belongs within the world of the ordinary. The majority of comedies known to us deal with persons of „middle or low condition", and when princes disport themselves on this stage it is, as it were, in undress . . .
Moreover, the characters presented in comedy are 'ordinary' in another way. They tend to be set in familiar surroundings. . . .
comedy for the most part concerns itself with figures which, however real they may seem at times, are types rather than individuals, and that this type characterization may go so far as to make the characters threedimensional stage embodiments of abstract concepts.

These characters are almost invariably set before us in groups and in a social environment, and the kind of titles usually given to comedies stresses this feature. . . . Comedy, then, is usually, indeed almost invariably, concerned with human society, and effects its purpose by filling its stage with society's representatives. This leads to a further observation. The characteristic close of tragedy is death; the familiar ending of comedy is a wedding.[4]

Nicolls Überlegungen liegt unausgesprochen der Gegensatz zur Tragödie zugrunde. Die Ausführungen im vorherigen Kapitel können daher helfen, das in Text I Gesagte genauer in den Griff zu bekommen und einige repräsentative Charakteristika für die Komödie zu finden.

------

2 „Christopher Marlowe", nachgedr. in: *Selected Essays,* London, [3]1951, 123.

3 London, 1972, 19.

4 *The Theatre and Dramatic Theory,* 120 f.

1. Die Komödie bewegt sich im Bereich des ALLTÄGLICHEN, nicht des Erhabenen. So sind die realistischen, das zeitgenössische Leben auf der Bühne spiegelnden Aspekte der Darstellung in der Komödie stärker ausgeprägt als in der Tragödie. Beruf, familiäre Probleme, Alltagsbeschäftigungen wie Essen und Trinken spielen eine dominierende Rolle. Daher sind die rhetorischen *loci* (Alter, Geschlecht, Familienstand, Beruf und Status) für die Figurenzeichnung in der Komödie äußerst fruchtbar geworden (vgl. III, 1). Die Komödie ist eine gesellschaftsbezogene Gattung, „Spiegel der menschlichen Sitten"[5], „familiarly allied to the time".[6]

2. In Anlehnung an die Praxis der Mittleren und Neuen Komödie in Griechenland und aus einer einseitigen Interpretation der Aristotelischen Komödiendefinition heraus — sie „ahmt . . . gemeinere Menschen nach, als sie in Wirklichkeit sind"[7] — gehören die Komödienfiguren einem sozial niedrigeren Rang als die Tragödienfiguren an. Für die Theoretiker in der Renaissance war die sogenannte STÄNDEKLAUSEL ein wesentliches Unterscheidungsmerkmal zwischen den beiden Gattungen: Menschen von hohem Rang, also Könige und Helden, agierten in der Tragödie, Angehörige der unteren Gesellschaftsklassen, nämlich Bürger und Bauern, in der Komödie.[8] Obwohl diese Differenzierung für eine Vielzahl von Komödien uneingeschränkte Gültigkeit besitzt, ist sie im Hinblick auf einige Komödientypen (z.B. die romantische Komödie oder die Gesellschaftskomödie) zu modifizieren.

3. Ungeachtet ihres sozialen Ranges werden die Komödienfiguren nicht in der Auseinandersetzung mit Schicksals- und Seinsfragen, sondern als Spielball der Widerwärtigkeiten des Alltags und ihrer eigenen Schwächen gezeigt. Der Ton der Komödie ist dementsprechend nicht ernst, wie in der Tragödie. Die Bandbreite der Reaktionen reicht von der „saeva indignatio" (wilden Empörung) des Satirikers bis zum nachsichtigen Lächeln (vgl. 7.4.).

4. Die Komödie neigt dazu, sowohl für ihr Personal als auch die Handlungsstruktur auf traditionelle Muster zurückzugreifen. Dieselben stereotypen

----

[5] Vgl. die ciceronische Komödienformel, zit. S. 66 f.

[6] Ben Jonson. *Every Man Out of His Humour.* Grex, III, 6, 200.

[7] *Poetik,* 25.

[8] Vgl. Marvin T. Herrick. *The Fusion of Horatian and Aristotelian Literary Criticism: 1531-1555.* Urbana, 1946, 86 f.

Personen *(stock figures)* finden sich von der klassisch-antiken Komödie bis in unsere Tage. Der Feigling, der verliebte junge Mann, der Heuchler, die geschwätzige Ehefrau sind wohlvertraute Typen, bei deren Darstellung die wesentlichen und bleibenden Eigenschaften betont werden. Etwas überspitzt formuliert kann man sagen, die Tragödienfiguren werden tendenziell individualisiert, die Komödiencharaktere eher typisiert. Aristoteles hat wohl deshalb die Komödie zur Illustration universeller Aspekte in der Dichtung gewählt und festgestellt, daß der Name der Komödienfiguren das Allgemeine zum Ausdruck bringe.[9] Es ist jedoch zu berücksichtigen, daß die universellen und typischen menschlichen Eigenschaften meist im Gewand zeitgenössischer Verhaltensweisen präsentiert werden.

Neben häufig wiederkehrenden Figurentypen finden sich auch in der Gestaltung der Fabel wiederkehrende Handlungselemente. Verstellung und Verkleidung, Belauschung, Verwechslungen usw. schaffen komische Situationen, die zu konventionellen Versatzstücken geworden sind. Überraschungen und unerwartete Entdeckungen treiben die Fabel vorwärts und führen schließlich zu einem glücklichen Ausgang. Das GUTE ENDE wurde als so charakteristisch für die Komödie angesehen, daß man jedes dichterische Werk mit einem glücklichen Schluß, d.h. auch Nichtdramen, als ,,Komödie'' bezeichnete. Das bekannteste, immer wieder zitierte Beispiel ist Dantes *Divina Commedia,* die im Himmel endet.[10]

Die komische Katastrophe brauchte allerdings nicht unbedingt durch eine Heirat markiert sein, wie es Byron in *Don Juan* sagte.[11] Für einen guten Ausgang genügte es auch, daß die Guten triumphieren und die Narren oder lasterhaften Personen bestraft werden.

5. Schließlich entspricht auch die sprachliche Gestaltung der Komödie dem Gegenstand, dem Status der Figuren und der Art der Behandlung des Stoffes. Während die Tragödie für viele Jahrhunderte den Vers als die einzig adä-

––––––

[9] *Poetik,* Kap. 9. Die Tragödie hält sich an die überlieferten Namen, während die Komödie diese der Natur der Figuren entsprechend erfindet. Vgl. auch den Kommentar bei Butcher, 349-351.

[10] Vgl. auch den Schluß von Geoffrey Chaucers *Troylus and Criseyde.*

[11] ,,All tragedies are finished by a death, / All comedies are ended by a marriage, . . .''. Byron, *Don Juan.* Zit. in: Moelwyn Merchant. *Comedy.* London, 1972, 1.

quate Ausdrucksform betrachtete, wies man der Komödie die PROSA zu. Natürlich finden sich eine Reihe von Ausnahmen (vor allem in der romantischen Komödie Shakespeares), ohne daß jedoch das Grundprinzip als solches angefochten werden könnte.

Es versteht sich von selbst, daß die hier zusammengefaßten Merkmale der Komödie auf ihren allgemeinsten Nenner gebracht wurden. Auch die folgenden Versuche, die Vielzahl der unterschiedlichsten Komödien einigen wenigen Typen zuzuordnen, um die Klassifizierung zu erleichtern, sind lediglich als Orientierungshilfen gedacht. Bei aller Skepsis gegenüber generischen Kategorien soll hier zwischen zwei Grundtypen unterschieden werden: der satirischen und der romantischen Komödie. Erstere hat in Aristophanes ihren geistigen Ahnherrn und letztere in Shakespeare. Diesen beiden Grundtypen entsprechen unterschiedliche Rezeptionshaltungen des Zuschauers (vgl. 7.4).

Eine Differenzierung nach der jeweiligen Schreibweise, die das Komische überlagert und beeinflußt, erscheint sinnvoller als die Untergliederung in **Situationskomödie, Charakterkomödie** und **Intrigenkomödie**. Während letztere lediglich dasjenige Strukturelement benennt, aus dem die Komik resultiert, ist die dominierende Schreibweise für Handlungsgestaltung, Charakterdarstellung und Sprachform prägend.

7.2   Die satirische Komödie

Ehe wir uns einigen Ausprägungen der SATIRISCHEN KOMÖDIE zuwenden, müssen die Implikationen des Begriffs des Satirischen aufgezeigt werden. Als sekundäre Schreibweise (vgl. Zwischenbemerkung S. 142) kann das Satirische sich in verschiedenen Sprechsituationen äußern und in mehreren Gattungen (z.B. dem Roman, der Verssatire oder der Komödie) konkretisieren. Charakteristisch ist die kritische Einstellung gegenüber Menschen und Ereignissen. Mißstände und Unsitten werden verspottet, bloßgestellt, lächerlich gemacht. Die scharfe Kritik ist jedoch nicht Selbstzweck, sondern Aufforderung an den Leser, die kritisierten Fehler zu erkennen, zu verurteilen und sie selbst zu vermeiden. Mit anderen Worten, der Satiriker möchte belehren; die Satire ist als Korrektiv gedacht. In seinen Überlegungen zum Wesen des Satirischen verweist James Sutherland auf diese der Darstellung menschlichen Fehlverhaltens zugrundeliegende didaktische Intention:

TEXT 2

   ... the satirist is nearly always a man who is abnormally sensitive to
   the gap between what might be and what is. Just as some people feel

a sort of compulsion, when they see a picture hanging crooked, to walk up to it and straighten it, so the satirist feels driven to draw attention to any departure from what he believes to be the truth, or honesty, or justice. He wishes to restore the balance, to correct the error; and often, it must be admitted, to correct or punish the wrongdoer. [12]

Grundvoraussetzung für die satirische Schreibweise ist folglich das Bewußtsein des Satirikers, daß es Normen gibt, von denen die Menschen abweichen und zu deren Verwirklichung sie gebracht werden sollen.

In der satirischen Komödie wird die komische Schreibweise von der satirischen überlagert. Dies hat sowohl für die Figurendarstellung als auch die Handlungsführung Folgen. Die komische Schreibweise befaßt sich zwar ebenfalls mit den Torheiten, Fehlern oder menschlichen Schwächen, und das Bewußtsein der Diskrepanz zwischen idealem Standard und unvollkommener Wirklichkeit ist implizit genauso vorhanden.[13] Aber die explizite didaktische Intention fehlt. Die Anormalitäten werden amüsiert oder lachend zur Kenntnis genommen und letztlich toleriert.

Im folgenden sollen zwei Ausprägungen der satirischen Komödie Beachtung finden: die MORALISCHE SITTENKOMÖDIE *(comédie des moeurs)* und die GESELLSCHAFTSKOMÖDIE *(comedy of manners)*.

Eine Überprüfung der beiden Begriffe ,,Sittenkomödie'' und ,,Gesellschaftskomödie'' deckt eine beträchtliche Unsicherheit in der bisherigen Verwendung auf, insofern als *comedy of manners* häufig mit Sittenkomödie gleichgesetzt wird. Dabei bleibt unberücksichtigt, daß *manners* in seiner ursprünglichen Bedeutung von ,,a person's habitual behaviour or conduct; moral character'' sowie ,,conduct in its moral aspect'' gegen Ende des 18. Jahrhunderts ausstarb und heute ausschließlich ,,external behaviour in social intercourse'', ,,polite bearing'' also 'Benehmen' bedeutet.[14] Wie das französische *moeurs* bezog *manners* sich auf habitualisierte moralische Eigenschaften[15] und entspricht damit eher dem deutschen Wort 'Sitten'. Es empfiehlt sich

––––––––

[12] *English Satire*. Cambridge, 1962, 4.

[13] Vgl. Henri Bergson. *Le Rire* in: *Oeuvres*. Paris, 1959.

[14] Siehe OED, Stichwort 'manner'.

[15] Vgl. *Petit Larousse*. ,,Moeurs . . . Habitudes naturelles ou acquises, relatives à la pratique du bien et du mal''.

daher, diejenigen satirischen Komödien, die vorwiegend moralisches Fehlverhalten anprangern, als 'Sittenkomödien' zu bezeichnen und die *comedy
of manners,* die Verstöße gegen einen gesellschaftlichen Verhaltenskodex
lächerlich macht, 'satirische Gesellschaftskomödie' zu nennen.

7.2.1 Die moralische Sittenkomödie

Indem Aristoteles feststellte, die Komödie ahme „gemeinere Menschen nach,
als sie in Wirklichkeit sind"[16], legte er die Grundlage für eine Reihe von Ko-
mödiendefinitionen, die alle die Abbildung negativer Verhaltensweisen in
der Komödie hervorhoben. Sir Philip Sidneys Kennzeichnung der Gattung
ist als typisch anzusehen:

TEXT 3

... Comedy is an imitation of the common errors of our life, which
he [the poet] representeth in the most ridiculous and scornful sort
that may be, so as it is impossible that any beholder can be content
to be such a one. Now, as in Geometry the oblique must be known
as well as the right, and in Arithmetic the odd as well as the even,
so in the actions of our life who seeth not the filthiness of evil want-
eth a great foil to perceive the beauty of virtue. This doth the comedy handle so in our private and domestical matters, as with hearing
it we get as it were an experience, what is to be looked for of a nig-
gardly Demea, of a crafty Davus, of a flattering Gnatho, of a vain-
glorious Thraso; and not only to know what effects are to be expected, but to know who be such, by the signifying badge given
them by the comedian.[17]

Anhand der aus Terenzkomödien entnommenen Figuren können wir erkennen, welche Verhaltensweisen lächerlich gemacht werden: Geiz, Durchtrie-
benheit, Schmeichelei sowie Eitelkeit und Prahlsucht. Es handelt sich um
allgemeinmenschliches *moralisches* Fehlverhalten oder, wie Ben Jonson im
Prolog zu *Every Man in his Humour* sagte, „menschliche Torheiten, keine
Verbrechen" (Z. 24).[18] Verbrechen waren auszuschließen, weil sie nicht

---

[16] *Poetik,* 25.

[17] In: Platz, 1973, 30 f.

[18] Vgl. dazu Johann Gottsched. *Critische Dichtkunst.* [4]1751, 640, wo es heißt: „Da
es das Werk der Komödie nicht ist, einzelne Personen zu spotten ..., sondern allgemeine Thorheiten lächerlich zu machen ...''

lächerlich wirkten (vgl. 7.4).

Gegenstand der satirischen Sittenkomödie ist die Bloßstellung moralischer und intellektueller Laster. Die Abweichungen von allgemeinverbindlichen ethischen Normen werden der Lächerlichkeit preisgegeben und verweisen damit *ex negativo* auf einen positiven Standard. Wirkungspoetisch geht es der Komödie darum, diesen Standard für die Zuschauer erkennbar werden zu lassen und sie an der Nachahmung der schlechten Eigenschaften zu hindern. Die didaktische Intention wird in einem Brief Lessings deutlich: „Sie [die Komödie, d. Verf.] soll uns zur Fertigkeit verhelfen, alle Arten des Lächerlichen leicht wahrzunehmen. Wer diese Fertigkeit besitzt, wird in seinem Betragen alle Arten des Lächerlichen zu vermeiden suchen, und eben dadurch der wohlerzogenste und gesittetste Mensch werden."[19] Aufgabe der satirischen Komödie ist es daher, „to informe men, in the best reason of liuing"[20], und der satirische Dichter ist „Arzt am Leibe seiner Zeit".[21]

Will die Sittenkomödie ihre reformatorische Absicht verwirklichen, so müssen die schlechten Eigenschaften in aller Deutlichkeit gezeigt werden, damit der Zuschauer sie erkennt. Überzeichnung und Verzerrung sind daher kennzeichnend für das Darstellungsverfahren in der Sittenkomödie. Besonders deutlich greifbar wird die Übertreibung in der sog. COMEDY OF HUMOURS, einer Form der Sittenkomödie, wie sie um die Wende des 16. zum 17. Jahrhundert in England populär war und in Ben Jonson ihren hervorragendsten Vertreter gefunden hatte.

Unter den „humours" verstand man in der elisabethanischen Zeit gemeinhin die den vier Elementen entsprechenden vier Körpersäfte Blut, Schleim, gelbe Galle und schwarze Galle. Je nachdem, welcher Körpersaft vorherrschte, war der Mensch Sanguiniker, Phlegmatiker, Choleriker oder Melancholiker.[22] Der Begriff ist also nicht mit unserem modernen Wort 'Humor' als eine Spielart des Lachens zu verwechseln. Die *humour*-Figuren sind in ihrem Ver-

----

[19] *Lessings Briefwechsel mit Mendelssohn und Nicolai über das Trauerspiel.* Robert Petsch, Hrsg., Leipzig, 1910, 54. (an Nicolai, Nov. 1756).

[20] Ben Jonson. „Widmungsbrief" zu *Volpone* in: *Works,* Bd. 5, 20.

[21] Carl Sternheim. „Molière" in: *Zeitkritik. Das Gesamtwerk.* W. Emrich, Hrsg. 1966, Bd. 6, 31.

[22] Vgl. Jürgen Schäfer. *Wort und Begriff HUMOUR in der elisabethanischen Komödie.* Münster, 1966, 1-25.

halten festgelegt. Ihnen fehlt es an Flexibilität und rationaler Beherrschung ihrer schlechten Eigenschaften. In der Komödie *Every Man Out of His Humour* gibt der Satiriker Asper die bekannte Definition des *humour*-Begriffs: „As when some one peculiar quality / Doth so possess a man, that it doth draw / All his affects, his spirits, and his powers, / In their confluctions, all to run one way, / This may be truly said to be a humour."[23]

In der Sittenkomödie tritt die Figurenzeichnung in den Vordergrund. Der Akzent liegt eher auf der Charakterexposition als auf der Handlungsführung. Die CHARAKTERKOMÖDIE, deren komische Wirkung auf der Bloßstellung einer oder mehrerer meist einseitiger Figuren beruht, die von bestimmten Lastern dominiert werden, ist als typische Ausprägung der Sittenkomödie anzusehen.

Im Einundfünfzigsten Stück seiner *Hamburgischen Dramaturgie* machte Lessing die Betonung der Charakterdarstellung gegenüber der Handlung zum kennzeichnenden Unterschied zwischen Komödie und Tragödie:

TEXT 4

Die verschiedensten Charaktere können in ähnliche Situationen geraten; und da in der Komödie die Charaktere das Hauptwerk, die Situationen aber nur die Mittel sind, jene sich äußern zu lassen und ins Spiel zu setzen, so muß man nicht die Situationen, sondern die Charaktere in Betrachtung ziehen, wenn man bestimmen will, ob ein Stück Original oder Kopie genannt zu werden verdiene. Umgekehrt ist es in der Tragödie, wo die Charaktere weniger wesentlich sind und Schrecken und Mitleid vornehmlich aus den Situationen entspringt. Ähnliche Situationen geben also ähnliche Tragödien, aber nicht ähnliche Komödien. Hingegen geben ähnliche Charaktere ähnliche Komödien, anstatt daß sie in den Tragödien fast gar nicht in Erwägung kommen.

Eine Analyse sowohl von Ben Jonsons *comedies of humours* als auch Molières Charakterkomödien *L'Avare* oder *Le Malade Imaginaire* bestätigen diese Beobachtung.

Der Ausgang der Handlung zeigt den Zuschauern die unausweichlichen Folgen von Torheit und Fehlverhalten — in den Worten Sidneys „to know what

---

[23] Induction, Z. 105-109.

effects are to be expected" (vgl. TEXT 2). Aufgrund ihrer Blindheit gegenüber den eigenen Fehlern scheitern die Figuren. Das Vergnügen des Publikums ergibt sich zum Teil daraus, daß es voller Schadenfreude den unvermeidlichen Ausgang betrachtet. Volpone sagt am Ende der gleichnamigen Komödie: ,,I'm caught / I'mine own noose. . . . To make a snare for mine own neck! And run / My head into it wilfully, with laughter!" (V, 5, 13 f. und V, 6, 1 f.)

In den einleitenden Bemerkungen zur Komödie war bereits auf den spezifisch gesellschaftsbezogenen Charakter der Komödie generell abgehoben worden. Dies gilt im besonderen für die Sittenkomödie, die universelle Fehler im zeitgenössischen Gewand lächerlich macht. Sie wird daher häufig als realistische Komödie bezeichnet. ,,On veut que ces portraits ressemblent; et vous n'avez rien fait, si vous n'y faites reconnoître les gens de votre siècle,"[24] sagte Molière und Ben Jonson stellte im Prolog zu *The Alchemist* fest: ,,Our Scene is London . . ."[25] (Z. 5) Die satirische Sittenkomödie geht daher von der zeitgenössischen Gegenwart und dem wirklichen Leben aus — Molières *Bourgeois Gentilhomme* illustriert dies eindeutig — sie durchleuchtet ,,das ganze öffentliche wie häusliche Treiben des Volks" und wird zur ,,Komödierung" der ,,Zeitthorheiten".[26] Daß die Kritik an moralischem Fehlverhalten leicht in die Auseinandersetzung mit politischen Mißständen übergehen kann, zeigt Beaumarchais' *Le Mariage de Figaro*.

7.2.2 Die Gesellschaftskomödie *(comedy of manners)*

Die GESELLSCHAFTSKOMÖDIE stellt in mancherlei Hinsicht eine Verengung, gleichzeitig aber auch eine Verfeinerung der Sittenkomödie dar. Sie spiegelt das Leben einer ganz bestimmten Gesellschaftsschicht wider: die höfische Welt der Kavaliere im England der Restaurationszeit oder den Lebensstil der *upper class* im 19. und 20. Jahrhundert. Bloßgestellt werden nun nicht moralische Schwächen, sondern allenfalls lächerliche Verstöße gegen gesellschaftliche Konventionen und den ungeschriebenen Kodex verfeinerter Lebensart. Die Oberfläche, nicht mehr der Kern menschlichen Verhal-

---

[24] *Critique de l'Ecole des Femmes* in: *Oeuvres Complètes*. 2 Bde. Robert Jouanny, Hrsg. Paris, 1960, Bd. 1, 503.

[25] Vgl. auch den Prolog zu *Every Man in His Humour*.

[26] Die Zitate sind Horst Denkler ,,Politische Dramaturgie" in: Grimm, Hrsg. Bd. 2, 357 entnommen.

tens bedingen daher die Figurencharakterisierung. Der moralische Rigorismus Jonsonscher und Molièrescher Prägung fehlt völlig und weicht einem witzigen intellektuellen Spiel. Congreves ironische Beschreibung der didaktischen Intention seiner Komödie *The Way of the World* ist in diesem Zusammenhang äußerst aufschlußreich und weckt Zweifel an der Ernsthaftigkeit der Absicht:

BEISPIEL 1: Prolog zu *The Way of the World, Z. 31-34.*

> Satire he [the poet, d. Verf.] thinks, you ought not to expect;
> For so reformed a town, who dares correct?
> To please, this time, has been his sole pretence,
> He'll not instruct, lest it should give offence.

Entgegen allen Versicherungen, die Komödie sei das Korrektiv für Laster und Torheit[27], will der Autor einer Gesellschaftskomödie die Zuschauer eher amüsieren als moralisch bessern. Dabei ergibt sich das Amüsement aus dem Vermögen zu kennerhaftem Genießen. Die oft sehr kunstvoll gestalteten Intrigen (etwa in den englischen Komödien der Restaurationszeit) setzen die intellektuelle Fähigkeit zum Durchschauen der Zusammenhänge voraus. Da die Figureninteraktion sich hauptsächlich vermittels der Sprache vollzieht und diese in überaus geistreicher Form verwendet wird — eine beliebte sprachliche Ausdrucksform ist etwa die *repartee*[28] — wird der Zuschauer zum passiven Gesprächspartner und Richter brillanter Wortgefechte. Wenn auch die Gesellschaftskomödie die Lebensweise der oberen Gesellschaftsschichten wirklichkeitsgetreu darzustellen vorgibt, scheint jedoch nicht die Wiedergabe von Realität, sondern die Demonstration von Esprit die vorrangige Gestaltungsintention zu sein. Die Figuren leben weniger in einer wirklichen Welt als in der künstlichen Welt des Spiels, deren wichtigstes Prinzip es ist, nichts ernst zu nehmen: „. . . life is far too important a thing ever to talk seriously about it."[29]

Abgesehen von diesen allgemeinen Merkmalen läßt sich die Gesellschaftskomödie nicht weiter charakterisieren. Denn eine Vielzahl ganz unterschiedlicher Dramatiker aus drei Jahrhunderten paßte diesen Komödientyp dem Geschmack der eigenen Zeit an. Spielte die Restaurationskomödie mit der von

---

27 Vgl. William Congreve. Epistle Dedicatory zu *The Old Bachelor.*

28 Schlagfertige witzige Antwort.

29 Oscar Wilde. *Lady Windermere's Fan,* Act I in: *Plays* (Penguin Ausg.), 19.

allen puritanischen Skrupeln befreiten Sexualität[30], so versuchten Oliver Goldsmith und Richard B. Sheridan in der zweiten Hälfte des 18. Jahrhunderts den Witz der Restaurationskomödie mit der moralischen Integrität der sentimentalen Komödie (vgl. 7.3) zu verbinden. Oscar Wildes Komödien vom ausgehenden 19. Jahrhundert gehören ebenso hierher wie in unserem Jahrhundert die Komödien Somerset Maughams oder Noel Cowards. In Deutschland finden sich nur wenige Vertreter der Gesellschaftskomödie. Sicher zählen Eduard Bauernfeld und Hugo von Hofmannsthal mit ihren zugleich geistreichen und gesellschaftskritischen Stücken zu ihnen.

7.3 Die romantische Komödie

Die ROMANTISCHE KOMÖDIE kann in fast jeder Hinsicht als Gegentyp zur satirischen Komödie betrachtet werden. Von der Art der Komik, der dargestellten Welt, der Figurenzeichnung, der Handlungsführung sowie der Wirkungsabsicht her unterscheidet sie sich und stellt sozusagen den Gegenpol der Gattung Komödie dar. Auch begrifflich lassen sich — zumindest im Deutschen — satirische und romantische Komödie unterscheiden: Der Terminus 'Komödie' bezeichnet die satirische Spielart der Komödie, das Wort 'Lustspiel' die heitere Variante.

Der Begriff der romantischen Komödie, in erster Linie für eine Reihe von Shakespeares Komödien geprägt, lädt — leider — zu Mißverständnissen ein. Er hat nichts mit „romantisch" in seiner landläufigen Bedeutung von „phantastisch" oder „gefühlsschwärmerisch" zu tun[31], wenn auch eine Reihe der diesem Typ zuzuordnenden Komödien diese Deutung nahelegen könnten. Vielmehr verweist er darauf, daß die Handlungsvorlagen Romanzen entnommen wurden.[32] Dort begegnen uns meist Liebesgeschichten zwischen aristrokatischen Personen, die sich in einer idealisierten, märchenhaften Welt bewegen, in der der Zufall das glückliche Ende herbeiführt.[33] Etwas abfällig beschrieb Ben Jonson die Handlung der romantischen Komö-

---

[30] Die wichtigsten Vertreter dieser an der Wende des 17. zum 18. Jahrhunderts in Blüte stehenden Komödienform sind William Congreve, George Etherege und William Wycherley.

[31] Vgl. *Der große Duden. Fremdwörterbuch.* Mannheim, 1960, 567.

[32] Die Stoffe stammten meist aus Griechenland, wurden im Mittelalter wiederbelebt und waren auch in der Renaissance sehr beliebt.

[33] Vgl. Doran, 171-182.

dien als „a duke to be in love with a countesse, and that countesse to bee in loue with the dukes sonne, and the dukes sonne to loue the ladies waiting-maid: some such crosse wooing . . ."[34] Verkleidung, Verwechslungen und Vertauschungen, Schiffbrüche oder andere katastrophale Ereignisse, die die Helden trennen, sind beliebte Motive. Am Schluß werden alle Schwierigkeiten durch einen glücklichen Zufall überwunden. Verlorene Verwandte werden wiedergefunden, etwa in Shakespeares *Twelfth Night,* ein *deus ex machina* rettet die ausweglos gewordene Situation (z.B. in Molières *L'Ecole des Femmes*) oder eine Figur erweist sich als jemand anderer, beispielsweise in T. S. Eliots *The Confidential Clerk.* Damit steht einem *happy ending* nichts mehr im Wege, das häufig durch ein Fest — oft eine Hochzeit — oder einen Tanz besonders betont wird. Es ist charakteristisch, daß so wenig Figuren wie möglich aus der allumfassenden Harmonie ausgeschlossen werden. Die Versöhnung verfeindeter Parteien ist daher häufiger als die Verurteilung und Verbannung. Die Welt spielt sich ins Lot, wie Ernst Sehrt den typischen Komödienverlauf der romantischen Komödie charakterisiert hat.[35]

Der Handlungsverlauf weist infolgedessen in den meisten Komödien dieses Typs eine verwandte Struktur auf. Von einem dunklen Beginn, der durch Katastrophen (z.B. einen Schiffbruch wie in *Twelfth Night*) oder einen bösen Zustand der Welt, beispielsweise die Verbannung des rechtmäßigen Herrschers *(As You Like It),* gekennzeichnet ist, führt die Handlung zu einem guten Ende. Held oder Heldin müssen zahlreiche Hindernisse überwinden, ehe sie sich am Schluß vereinen dürfen. Die Hindernisse können dabei ebenso äußerer wie innerseelischer Natur sein. Gegenüber der Logik und Unausweichlichkeit des Handlungsverlaufs der satirischen Komödie ist die romantische Handlung eher vom Zufall bestimmt: „. . . comedy regularly illustrates a victory of arbitrary plot over consistency of character."[36]

Anders als in der satirischen Komödie, die in engem Kontakt zur zeitgenössischen Wirklichkeit gesehen werden muß, spielt die romantische Komödie oft in einer Märchenwelt, sei es nun der Ardennerwald, wie in Shakespeares *As*

––––––––

[34] *Every Man Out of His Humour.* Grex, III, 6, 196 ff.

[35] *Wandlungen der Shakespeareschen Komödie.* Göttingen, 1961, 32. Änderung d. Verf.

[36] Northrop Frye. „The Mythos of Spring: Comedy" in: *Anatomy of Criticism.* Princeton, 1957, 176.

You Like It, Illyrien in *Twelfth Night* oder ein anderer geographisch oder zeitlich entrückter Ort. Die Zeitlosigkeit und Ortslosigkeit der romantischen Komödie rücken sie in die Nähe der Traumwelt, ein Zug, der in Shakespeares Spätwerk *The Tempest* besonders greifbar wird. Zur Charakterisierung der Atmosphäre meint Allardyce Nicoll: „The timelessness and the placelessness of the Shakespearian comedy find their appropriate background in the arousing of an atmosphere which continually hovers between life's phenomena and the phantasmagoria of the dream — the one inextricably mingled with the other."[37]

Sowohl die Thematik — der Triumph des Lebens und der Liebe — das Fest zum Handlungsabschluß als auch die pastorale Welt, in der die romantischen Komödien zum großen Teil spielen, legen die Verbindung zu den volkstümlichen Mythen und den in den Wechsel der Jahreszeiten eingebetteten Riten nahe. In seinem einflußreichen Aufsatz „The Mythos of Spring: Comedy" verwies Northrop Frye auf die traditionellen Muster, die den Fruchtbarkeitsriten und der romantischen Komödie gemeinsam sind.

TEXT 5

We may call it [Shakespeare's type of romantic comedy, d. Verf.] the drama of the green world, its plot being assimilated to the ritual theme of the triumph of life and love over the waste land. In *The Two Gentlemen of Verona* the hero Valentin becomes captain of a band of outlaws in a forest, and all the other characters are gathered into this forest and become converted. Thus the action . . . begins in a world represented as a normal world, moves into the green world, goes into a metamorphosis there in which the comic resolution is achieved, and returns to the normal world. . . . The green world has analogies, not only to the fertile world of ritual, but to the dream world that we create out of our own desires. This dream world collides with the stumbling and blinded of the world of experience. . . and yet proves strong enough to impose the form of desire on it. Thus Shakespeare's comedy illustrates, as clearly as any *mythos* we have, the archetypal function of literature in visualizing the world of desire, not as an escape from „reality", but as the genuine form of the world that human life tries to imitate.[38]

----

[37] *The Theatre and Dramatic Theory,* 134.

[38] Vgl. 182-184.

In dieser vom Wunderbaren beherrschten märchenhaften Welt bewegen sich idealisierte Figuren, die dem aristokratischen Milieu angehören. Der Tendenz zur Verzerrung und Karikierung der Satire steht damit die Neigung zur Idealisierung gegenüber. Dennoch besteht kein Widerspruch zur wirklichen Welt, wie E.C. Pettett in seinem Buch *Shakespeare and the Romance Tradition* hervorhebt.[39]

Die Distanz zwischen der dargestellten Wirklichkeit und der Wirklichkeit der Zuschauer ist zwar groß, aber die Figuren der romantischen Komödie erwecken dennoch die Illusion von Realität. Dieser Eindruck von Lebendigkeit rührt einmal daher, daß die Figuren sich — im Gegensatz zu den von habitualisierten Schwächen beherrschten Personen der satirischen Komödie — durch einen Prozeß der Selbsterkenntnis wandeln können. Der Statik des Verhaltens auf der einen Seite steht die den Hauptpersonen der romantischen Komödie innewohnende Dynamik in der Fähigkeit zum Reifen gegenüber. Die Illusion der Lebensechtheit wird auch dadurch verstärkt, daß die Hauptfiguren stärker psychologisiert sind, als dies in der satirischen Komödie der Fall ist. Da die Liebeshandlung im Mittelpunkt steht, spielen die Empfindungen der Beteiligten naturgemäß eine größere Rolle als bei den moralisches Fehlverhalten illustrierenden satirischen Charakteren.

Die didaktische Intention ist zwar weniger explizit als in der satirischen Komödie, aber dennoch vorhanden. Denn die Evokation einer idealen Welt erweckt den Wunsch, die Wirklichkeit auf dieses Ziel hin zu verändern. Allerdings darf nicht vergessen werden, daß der glückliche Ausgang im Zuschauer eskapistische Tendenzen bestärkt und als *wish fulfilling* angesehen werden muß.[40]

Gegenüber dem spöttischen, überlegenen Lachen der satirischen Komödie triumphieren in der romantischen Komödie der Humor und das verständnisvolle Lächeln. Fehler und Schwächen werden zwar aufgezeigt, aber nicht mit der Erbarmungslosigkeit der satirischen Komödie gegeißelt. Besserung und Reformation menschlichen Fehlverhaltens scheinen möglich, und so sind „Gnade" und „Verzeihung" häufige thematische Schlüsselwörter. (Für die satirische Komödie wäre der Begriff „Strafe" zweifellos zu-

---

[39] London, 1949.
[40] Ebd., 3.

treffender.) Dennoch gibt es das satirische Lachen auch in der romantischen Komödie; allerdings beschränkt es sich meist auf Nebenfiguren oder -handlungen. Humor und Lachen, Ernst und Heiterkeit, Idealisierung und Realismus befinden sich in einem feinen Gleichgewicht:

TEXT 6

> All depends here on the exquisite sense of balance possessed by a tight-rope walker. Death must be introduced, but just so much and no more; timelessness is essential, yet the timely must not be forgotten; placelessness too is essential, but the local habitation and the name also are required; the persons have to be seemingly real, yet they are associated with incredible circumstance and lack of motivation.[41]

Nicoll zieht daher das Fazit, daß es nur wenige vollkommene romantische Komödien gibt. Dies gilt selbst für Shakespeare, den Hauptvertreter dieser Gattung. Shakespeare hatte in den elisabethanischen Dramatikern Robert Greene und George Peele seine Vorgänger, in Oliver Goldsmith und Christopher Fry seine Nachfolger im 18. und 20. Jahrhundert. In Deutschland findet man in Lessings *Minna von Barnhelm,* Kleists *Amphitryon* und *Käthchen von Heilbronn* sowie in Georg Büchners *Leonce und Lena* Verwandte der romantischen Komödie Englands. In Frankreich scheint sich dieser Komödientypus gegenüber der Sittenkomödie und dem Rührstück, der *comédie larmoyante,* nicht durchgesetzt zu haben. Allenfalls kann man noch Pierre de Marivaux' Lustspiele als Varianten betrachten. Die Liebesthematik, Motive der Verkleidung und des Rollentauschs sowie die Idealisierungstendenz, die die Liebe und das Verdienst am Ende triumphieren läßt, erlauben diese Zuordnung.

Gerade die der SENTIMENTALEN KOMÖDIE *(comédie larmoyante)* zugrundeliegende Idealisierung der Figuren und der Liebesthematik rückt sie in die Nähe des romantischen Komödientyps. Allerdings bleiben einige Vorbehalte gegenüber einer bedenkenlosen Zuordnung: Die Helden und Heldinnen sind so überaus edelmütig, ihre Gefühle von so unantastbarer Moral, die Prüfungen, denen sie sich unterziehen müssen, so schwer, daß die Heiterkeit der Komödie tränenseliger Rührung weicht. So ist es fraglich, ob man hier überhaupt noch von einer Komödie sprechen kann. Oliver Goldsmith meinte in seiner Abrechnung mit diesem Komödientyp, das Publikum sitze ,,at a

---

[41] Nicoll, 137.

play as gloomy as at the Tabernacle".[42] Gerade wenn man nicht nur das glückliche Ende, sondern vor allem die Wirkungen im Zuschauer zum Prüfstein für die Zuordnung zur Komödie macht, gehört die empfindsame Komödie höchstens noch zu den Randerscheinungen der Gattung. — Im übrigen ist noch anzumerken, daß gerade die moralisierende Tendenz in der ersten Hälfte des 18. Jahrhunderts ihre große Popularität in ganz Europa erklärt,[43] der Mangel an Humor jedoch wohl als Ursache dafür anzusehen ist, daß die Nachwelt diesen Typ in Vergessenheit geraten ließ.

7.4 Die Wirkungen der Komödie

Ein Vergleich der in 7.2 und 7.3 beschriebenen Komödientypen zeigt eine Reihe von Unterschieden hinsichtlich des Gegenstands der Darstellung sowie der Art der Behandlung des jeweiligen Stoffs auf. Diese Diskrepanz läßt bereits vermuten, daß auch die Wirkungen und Wirkungsabsichten verschieden sind. Schon sehr früh in der Literaturtheorie hatte Sir Philip Sidney auf diese Tatsache aufmerksam gemacht, als er in der *Apology for Poetry* die Begriffe *laughter* und *delight* voneinander abhob:

TEXT 7

> . . . in themselves they have, as it were, a kind of contrariety: for delight we scarcely do but in things that have a conveniency to ourselves or to the general nature; laughter almost ever cometh of things most disproportioned to ourselves and nature. Delight hath a joy in it, either permanent or present. Laughter hath only a scornful tickling. For example, we are ravished with delight to see a fair woman, and yet are far from being moved to laughter. We laugh at deformed creatures, wherein certainly we cannot delight. We delight in good chances, we laugh at mischances; we delight to hear the happiness of our friends, or country, . . . We shall contrarily, laugh sometimes to find a matter quite mistaken and go down to the hill against the bias

---

[42] „Essay on the Theatre, or A Comparison between Laughing and Sentimental Comedy" in: *Collected Works of Oliver Goldsmith*. Oxford, 1966, Bd. 3, 213.

[43] In Frankreich waren Destouches und Nivelle de la Chaussée die erfolgreichsten Vertreter. In England ist Sir Richard Steele der heute bekannteste Repräsentant und in Deutschland verfaßte Christian Fürchtegott Gellert unter dem Einfluß der aus Frankreich importierten *comédies larmoyantes* komische Rührstücke.

... Yet deny I not but that they may go well together. . .[44]

Der Unterschied zwischen Lachen und Vergnügen ist nicht gradueller, sondern prinzipieller Natur. Wenn wir von uns selbst als Standard ausgehen, dann wird nur das als lächerlich empfunden, was anders ist als wir von uns selbst annehmen möchten.[45] Normabweichungen erregen Lachen, wie George Meredith in seinem Essay *On the Idea of Comedy and of Uses of the Comic Spirit darlegte:* ,,whenever they [i.e. comic characters, Verf.] wax out of proportion, overblown, affected, pretentious, bombastical, hypocritical, pedantic, fantastically delicate; . . . whenever they are at variance with their professions, and violate the unwritten but perceptible laws binding them in consideration one to another; whenever they offend sound reason, fair justice; are false in humility or mined with conceit . . ."[46]

Lachen setzt ein gewisses Überlegenheitsgefühl voraus. Der Zuschauer urteilt aus einer übergeordneten Perspektive, einer Distanzhaltung heraus.[47] Anders ist dies, wenn das Publikum über die in der Komödie dargestellten Dinge Vergnügen empfindet. Voraussetzung ist die Identifikation, die Sympathie mit den dargestellten Figuren. Erst wenn der Zuschauer mit den Helden und Heldinnen fühlt, kann der glückliche Ausgang erfreuen. Daß das Publikum diese verschiedenen Fähigkeiten in sich vereinen kann, hat Uri Rapp in seiner Untersuchung über Zuschauen als Handeln aufgezeigt. Ob Empathie oder kritische Distanz vorherrscht, hängt davon ab, welche Reaktion vom Autor intendiert wird. Der Gegenstand der Komödie und die jeweilige Spielart des Komischen sind hier ausschlaggebend. Menschliche Schwächen, Fehler und Torheiten — übertrieben und verzerrt präsentiert — laden kaum zur Identifikation ein. Humorvoll gezeichnete Figuren, die ihre Schwächen einsehen und sie dadurch abzulegen vermögen, verführen dagegen weit eher zur Identifikation.

Von größter Bedeutung ist die Tatsache, daß die Wirkung der Komödie, wie immer sie auch beschaffen ist, als Gemeinschaftserlebnis erfahren wird. Henri Bergson betonte diesen Sachverhalt mit Emphase:

----

[44] In: Platz, 1973, 34.

[45] Vgl. Elder Olson. *The Theory of Comedy.* Bloomington, 1968, 18f.

[46] *Works.* Bd. 32, 70.

[47] Vgl. Sigmund Freud. *Der Witz und seine Beziehung zum Unbewußten.*

TEXT 8

On ne goûterait pas le comique si l'on se sentait isolé Il semble que le rire ait besoin d'un écho. Écoutez-le bien: ce n'est pas un son articulé, net, terminé; c'est quelque chose qui voudrait se prolonger en se répercutant de proche en proche, quelque chose qui commence par un éclat pour se continuer par des roulements, ainsi que le tonnerre dans la montagne.   ... *Notre rire est toujours le rire d'un groupe.*[48]

Ob und inwieweit wir Bergsons Äußerung auch auf den Humor und das Vergnügen übertragen dürfen, kann hier nicht entschieden werden.

---

[48] Henri Bergson. *Le Rire,* 389.

PROBLEMFELD 8: Das absurde Theater

7.0 Groblernziele

Trotz einer Reihe grundlegender Unterschiede zu den beiden bisher behandelten Gattungen der Tragödie und Komödie verbindet das absurde Theater mit ihnen eine Gemeinsamkeit: die gleiche Tiefenstruktur. Für alle drei Gattungen sind die performative Sprechsituation und die dramatische Schreibweise bestimmend. Eine wesentliche Diskrepanz ergibt sich jedoch in bezug auf die sekundäre Schreibweise. Ist bei der Tragödie die tragische und bei der Komödie die komische Sicht der Menschen und Dinge dominant, so charakterisiert die **Grundhaltung** der **Absurdität** das absurde Theater.

Bei der Lektüre der kommenden Ausführungen soll sich der Leser zu einigen wesentlichen Aspekten des absurden Theaters Gedanken machen. Folgenden Gesichtspunkten soll er seine besondere Aufmerksamkeit schenken. Er soll

— den Begriff des Absurden diskutieren können

— eine Zuordnung zu den bisher behandelten dramatischen Gattungen versuchen

— das Spezifikum des absurden Geschehens herausschälen

— den Zeitbegriff, wie er sich im absurden Theater darstellt, erklären

— die Art der agierenden Figuren beschreiben können

— das Problem der Sprache als Kommunikationsmittel reflektieren

— den Folgen der Sprachschwierigkeiten für die Dialoggestaltung nachgehen

— die ,,Theatralik" des absurden Dramas erfassen

8.1 Was ist das Absurde?

Schlägt man in einem Wörterbuch den Begriff 'absurd' nach, so findet sich etwa folgendes: ,,absurd [lat. ,,mißtönend"]: ungereimt, unvernünftig, sinnwidrig, sinnlos . . ."[1] Bekanntlich hat Albert Camus in seinem *Essai sur l'absurde* das Absurde zum Charakteristikum der Seinsstellung des modernen

----

[1] *Der große Duden. Fremdwörterbuch.* Stichwort ,,absurd". Vgl. auch *Shorter Oxford English Dictionary* unter ,,absurd".

Menschen gemacht und damit die philosophische Grundlage für das Absurde Theater formuliert:

TEXT 1:

Eine Welt, die sich nicht erklären läßt, und sei es auch mit unzureichenden Gründen, ist eine vertraute Welt. In einem Universum jedoch, das plötzlich der Illusionen und des Lichtes der Vernunft beraubt ist, fühlt sich der Mensch als Fremder. Aus diesem Exil gibt es keinen Ausweg, weil es in ihm keine Erinnerung an eine verlorene Heimat und keine Hoffnung auf ein gelobtes Land gibt. Diese Scheidung des Menschen von seinem Leben, des Schauspielers von seinem Hintergrund ist genau das Gefühl der Absurdität.[2]

Entfremdung des Menschen von der Welt und sich selbst sowie eine umfassende Sinnlosigkeit kennzeichnen die absurde Weltsicht. In diesem Sinne hat Eugène Ionesco, einer der wichtigsten Vertreter des absurden Theaters, in einem Aufsatz über Franz Kafka die Absurdität definiert: ,,Absurd ist etwas, das ohne Ziel ist . . . Wird der Mensch losgelöst von seinen religiösen, metaphysischen oder transzendentalen Wurzeln, so ist er verloren, all sein Tun wird sinnlos, absurd, unnütz, erstickt im Keim."[3]

In einer absurden Welt fehlt dem Menschen der Schlüssel zu einer Deutung. Diese Erfahrung stellte Camus in einem häufig zitierten Bild dar:

TEXT 2

Ein Mensch telefoniert hinter einer Glaswand; man hört ihn nicht, aber man sieht sein *sinnloses* Mienenspiel: man fragt sich, warum er lebt. Dieses Unbehagen angesichts der *Unmenschlichkeit* des Menschen selbst, dieser *unberechenbare* Sturz angesichts des Bildes dessen, was wir sind, dieser 'Ekel', wie ein zeitgenössischer Schriftsteller es nennt, auch dies ist das Absurde.[4]

––––––––

[2] *Le mythe de Sisyphe.* Dt. *Der Mythos von Sisyphos.* rowohlts deutsche encyklopädie, 90, Reinbek, 1965, 11.

[3] ,,Dans les armes de la ville" in: *Cahiers de la Compagnie Madeleine Renaud – Jean Louis Barrault,* 20. Oktober 1957, Paris, 17. Zit. in: Martin Esslin. *Das Theater des Absurden.* Dt. Übertragung von *The Theatre of the Absurd.* rowohlts deutsche encyclopädie, 234-236. Reinbek, 1965, 14.

[4] *Der Mythos von Sisyphos,* 18. Hervorhebg. von Verf. Camus spielt hier auf Jean-Paul Sartres Erzählung *La Nausée* an.

Das Gefühl der Absurdität der menschlichen Existenz ist die Grundhaltung, die sich in den absurden Theaterstücken manifestiert und die einzelnen, an sich sehr verschiedenen Dramatiker miteinander verbindet. Wie ein roter Faden zieht sich die existentielle Problematik durch das Werk von Samuel Beckett, Eugène Ionesco, Arthur Adamov, Jean Genet, Luigi Pirandello und Harold Pinter, um nur die wichtigsten Vertreter zu nennen. Ihre zentralen Themen sind: die Entfremdung des Menschen von sich selbst, die Kommunikationslosigkeit sowie Isolation, somit das Bewußtsein der Einsamkeit, des Verlusts der Identität und der Sinnlosigkeit des Lebens. Die Folge ist das „Gefühl metaphysischer Angst angesichts der Absurdität der menschlichen Existenz".[5]

Im Einklang mit der Vorstellung von der Sinnlosigkeit des menschlichen Daseins und des Universums müssen die traditionellen Gattungsvorstellungen bedeutungslos oder auf den Kopf gestellt werden: Die Komödie ist tragisch und die Tragödie komisch. Die Verwischung von Tragik und Komik ist ein auffälliges Merkmal absurder Theaterstücke. In *Expérience du Théâtre* hat Ionesco ganz konsequent die konventionellen Implikationen der beiden Begriffe *ad absurdum* geführt:

TEXT 3

Je n'ai jamais compris, pour ma part, la différence que l'on fait entre le comique et tragique. Le comique étant intuition de l'absurde, il me semble plus désespérant que le tragique. ... J'ai intitulé mes comédies 'anti-pièces', 'drames comiques', et mes drames 'pseudo-drames', ou 'farces tragiques', car, me semble-t-il, le comique est tragique, et la tragédie de l'homme, dérisoire. Pour l'esprit critique moderne, rien ne peut être pris tout à fait au sérieux, rien tout à fait à la légère.[6]

Auch bei Beckett werden die traditionellen Gattungskategorien umfunktioniert, wenn er *Waiting for Godot* als „tragicomedy" bezeichnet. Ein Zitat aus Dürrenmatts Schrift *Theaterprobleme* weist in die gleiche Richtung: „Wir können das Tragische aus der Komödie heraus erzielen, hervorbringen als einen schrecklichen Moment, als einen sich öffnenden Abgrund."[7]

–––––––

5 Esslin, 14.

6 In: *Notes et Contre-Notes*. Paris, 1962, 13 f.

7 „Theaterprobleme", 48.

Das Entsetzliche der *condition humaine* wird kurzweilig und amüsant präsentiert. Anleihen bei der Farce[8], der Burleske[9], dem Zirkus und Vaudeville[10] sind bei den absurden Dramatikern häufig. Die verzweifelten Clownereien der Figuren Becketts oder die wie schreckliche Zauberkunststücke anmutende Vermehrung von Gegenständen in Ionescos Stücken erregen Lachen, aber es ist nie ein befreites oder befreiendes Lachen. Ellen D. Leyburn zog daraus die Schlußfolgerung, daß das absurde Theater als Vermengung von Tragödie und Komödie zu bezeichnen sei:

TEXT 4

It is the absurdity, the tragic comedy, of life itself of which these dramatists seek to make their plays the image. The surface effect of most of their plays is comic; but the vision which informs it is largely tragic. . . . The writers of the „funny" plays of our time are concerned with the same ultimate questions about man's identity and his destiny which in earlier periods have led to the writing of tragedy. One after another of the plays of Beckett and Ionesco, of Pinter and Dürrenmatt, show man in extremity and posing ultimate questions about his very existence: who he is, why he lives, and why he suffers. Yet these plays which reach no comic resolution and raise ultimate rather than temporal questions are clearly comic in the sense of being outrageously funny.[11]

Wenn man von einer tragischen Komödie oder komischen Tragödie spricht — Pinter äußerte beispielsweise: „The point about tragedy is that it is no longer funny"[12] — kommt das nicht nur einer Sinnverwischung, sondern einer Sinnentleerung gleich, und damit wird die Verwendung der Gattungsbezeichnungen widersprüchlich und sinnlos, also absurd.

———————

[8] Primitive und handfeste Realisierung des Komischen. Meist werden eindimensionale Figuren oder Typen in eine Reihe von unwahrscheinlichen, aber auf jeden Fall lächerlichen Situationen gebracht mit dem Ziel, spontane Lacherfolge zu erzielen.

[9] Bezeichnung für eine literarische Form, in der — wie z.B. im Kabarett — Personen, Zustände oder literarische Vorlagen verspottet werden.

[10] Vor der Kinoära beliebte Unterhaltungsform in USA, bestehend aus Musik, Akrobatik, komischen Szenen, Tanz. Das moderne Off-Broadway und Off-Off-Broadway-Theater greift diese Form wieder auf.

[11] „Comedy and Tragedy Transposed" in: Calderwood, 182 f.

[12] Zit. in: Leyburn, 183.

Immer wieder hat man auf die satirische Komponente der absurden Theater-
stücke abgehoben, auf die Absicht der Dramatiker „die starre Mauer der
Selbstgefälligkeit und des automatischen Dahinlebens niederzureißen".[13]
Ionescos *La Cantatrice Chauve,* Adamovs *La Parodie* oder N.F. Simpsons *A
Resounding Tinkle* werden von Esslin als Beispiele für eine implizite Gesell-
schaftskritik genannt.[14] Ob jedoch der Begriff „Satire" in bezug auf das absurde Theater verwendet werden kann, scheint gleichfalls problematisch.
Denn zur Satire gehört — zumindest unausgesprochen — immer die Vorstellung vom positiven Gegenbild, dessen annäherungsweise Verwirklichung
letztlich Ziel der Satire ist. Die Anprangerung der Mißstände ist nicht Selbstzweck, sondern Mittel zu einer Änderung der kritisierten menschlichen Verhaltensweisen oder gesellschaftlichen Zustände. Das absurde Theater ist daher allenfalls Satire ohne Utopie oder Parabel ohne Aussage.[15]

Es ist nur folgerichtig, wenn die absurden Dramatiker es entweder wie
Beckett ablehnten, ihre Dramen zu deuten, oder sich, wie Ionesco, zu einer
Entschlüsselung unfähig erklärten: Letzterer schrieb in einer Programmnotiz
zu *Les Chaises:* »Le monde m'apparaît à certains moments comme vidé de
signification, la réalité irréelle. C'est ce sentiment d'irréalité, ... que j'ai
voulu exprimer à travers mes personnages ... Le monde m'étant incompré-
hensible, j'attends que l'on m'explique...«.[16] Auf die Frage nach der „Bot-
schaft" seiner Dramen befragt, zitiert er gerne Vladimir Nabokovs Antwort
an einen Journalisten: „I am a writer, I am *not a* postman."[17]

Die absurden Theaterstücke **erklären** den absurden Zustand der Welt nicht,
sie **präsentieren** ihn szenisch. Dennoch ist es gerechtfertigt, vom „Sinn des
Un-Sinns" zu sprechen.[18] Das Theater des Absurden führt dem Zuschauer

------

[13] Esslin, 310.

[14] Ebd.

[15] Vgl. Wolfgang Hildesheimer. „Erlanger Rede". *Akzente,* 7 (1960), 545 f.

[16] In: *Notes et Contre-notes,* 165.

[17] Zitiert in Richard N. Coe. „Eugène Ionesco. The Meaning of Un—Meaning" in:
Stout, 5.

[18] Esslin formuliert ähnlich in der Überschrift des 7. Kapitels, wo er vom „Sinn des
Absurden" spricht, 309.

„die prekäre, rätselhafte Situation des Menschen im Universum vor Augen.
... Es versucht, ihn mit dem menschlichen Dasein zu konfrontieren, wie es
wirklich ist. ..."[19] Aus der „Konfrontation des Publikums mit dem Absurden, indem es ihm seine eigene Absurdität vorhält"[20] ergibt sich eine anre-
gende Wechselwirkung zwischen Theater und Zuschauer, wie Hildesheimer
meint (S. 544), und gleichzeitig eine therapeutische Wirkung: Wenn die Zuschauer die Absurdität des Lebens klar erkennen, werden sie in die Lage ver-
setzt, die Sinnlosigkeit zu bewältigen, indem sie darüber lachen.

Das Bewußtsein der Absurdität findet sich bekanntlich bereits in den Dramen Camus' und Sartres, aber diese beiden Autoren kleideten ihre Weltsicht
noch in die traditionelle aristotelische Form ein. Dichter wie Alfred Jarry
(mit *Ubu Roi*), Guillaume Apollinaire (in *Les Mamelles de Tirésias*) und
Iwan Goll mit seinen „Überdramen" sowie der Theaterregisseur Artaud re-
bellierten zwar gegen die überkommenen Formen des Theaters und fanden
eine neue Theatersprache, können von ihren Intentionen und Inhalten her
jedoch noch nicht der Gruppe der absurden Dramatiker zugerechnet werden.[21] Sie sind eher als Wegbereiter des absurden Theaters zu betrachten.
Erst dort, wo eine absurde Dramaturgie dem absurden Inhalt entspricht
— wie dies bei den eingangs genannten Dramatikern der Fall ist — empfiehlt
es sich, von absurdem Theater zu sprechen.

8.2   Versuch einer Ästhetik des absurden Theaters

Die Erkenntnis von der Sinnlosigkeit des Menschen hat sich bei den Dramatikern des Absurden eine Ausdrucksform geschaffen, die von der bisher
etablierten Dramaturgie in fast jeder Hinsicht abweicht. Wie sehr die Erwartungshaltung der Zuschauer enttäuscht werden mußte — die frühe Rezeption der Stücke Ionescos liefert dafür den eindeutigsten Beweis —, zeigt eine
knappe Gegenüberstellung Esslins, die den Ausgangspunkt für die weiteren
Ausführungen bilden soll.

TEXT 5

> Wenn zu einem guten Stück eine geschickt konstruierte Handlung ge-
> hört — diese Stücke haben keine nennenswerte Handlung oder Intri-

----

[19] Ders., 311 und 333.

[20] Hildesheimer, 543 f.

[21] Vgl. Arnold P. Hinchliffe. *The Absurd.* The Critical Idiom, London, 1969, Kap. 6
und Esslin, Kap. 6.

ge; wenn für ein gutes Stück subtile Charakterzeichnung und Motivierung unabdingbar sind — diese Stücke weisen meist keine Figuren auf, die man als Charaktere bezeichnen könnte, sondern stellen dem Zuschauer fast so etwas wie Marionetten vor; wenn ein gutes Stück ein klar umrissenes Problem haben sollte, das eingangs sauber exponiert und am Ende gelöst wird — diese Stücke haben oft weder Anfang noch Ende; wenn es die Aufgabe eines guten Stückes ist, der menschlichen Natur den Spiegel vorzuhalten und in scharf beobachtenden Skizzen ein Bild der Sitten und Moden eines Zeitalters zu entwerfen — diese Stücke scheinen oft nur die Spiegelbilder von Träumen und Angstvorstellungen zu sein; wenn die Wirkung eines guten Stückes auf schlagfertigen Repliken und geschliffenen Dialogen beruht — diese Stücke bestehen oft nur aus zusammenhanglosem Geschwätz.[22]

Esslins Zusammenfassung der Unterschiede zwischen einer sog. *pièce bien faite* (dem *well-constructed* play) und den absurden Theaterstücken erklärt, warum Ionesco sein erstes Drama, *La Cantatrice Chauve*, als *anti-pièce* bezeichnete. Das bedeutet jedoch keineswegs, daß die konventionellen dramaturgischen Techniken überhaupt keine Rolle mehr spielen. Vielmehr greifen die Dramatiker des Absurden immer wieder auf sie zurück, höhlen sie jedoch aus, indem sie sie parodieren. Gerade in formaler Hinsicht spielt das Phänomen der Parodie eine große Rolle, vor allem was die Gestaltung des dramatischen Geschehens angeht.

In seiner stilgeschichtlichen Untersuchung der Bauformen des Dramas (Sprache, Dialog, Gebärde, Figuren, Raum, Zeit und Handlung) nennt Paul Goetsch[23] jene Bauelemente der intensiven und extensiven Handlung (vgl. Problemfeld 4), die von Beckett, Stoppard, Simpson einerseits und Pinter, Bermange und Saunders andererseits unterlaufen werden. Die Finalspannung, das erregende Moment, die Katastrophe und Exposition (als Merkmale des intensiven Handlungstyps) erscheinen parodistisch verzerrt, wenn die Wiederholung von Ereignissen, der Rückfall in alte Verhaltensweisen trotz des Auftritts neuer Figuren, der clowneske Selbstmordversuch oder die Widersprüchlichkeit von expositorischen Informationen zwar an die Konven-

------

[22] Esslin, 12.

[23] *Bauformen des modernen englischen und amerikanischen Dramas.* Darmstadt, 1977, 218 ff.

tionen traditioneller Handlungsgestaltung erinnern, aber nur als deren negative Verdeutlichung. Ähnliches gilt für die Erzähler- oder Spielleiterfiguren und den Kontrast zwischen dramatischer und theatralischer Handlung (als Konstituenten des extensiven, epischen Handlungstyps). In seinem „Versuch, das Endspiel zu verstehen" hob T.W. Adorno die Parodie konventioneller Handlungsmuster als „die Verwendung von Formen im Zeitalter ihrer Unmöglichkeit" hervor.[24]

Da der absurde Dramatiker nicht daran glaubt, daß die Absurdität des menschlichen Daseins in irgendeiner Weise aufhebbar sei, sondern als permanenter Zustand betrachtet wird, kann das GESCHEHEN nur statisch sein: Es bewegt sich nicht auf ein Ziel zu, sondern im Kreise.[25] Daher ist es angebracht, von Geschehen zu sprechen und den Begriff Handlung zu vermeiden (vgl. Problemfeld 4). Zwar werden konventionelle Bauelemente der Handlungsgestaltung verwendet, aber sie lassen sich nicht zu einer Gesamthandlung zusammensetzen. Vielmehr verweist die Sukzession der Geschehnisse auf die essentielle Statik.

Es lassen sich mehrere Techniken nennen, mit deren Hilfe der Eindruck des Zuständlichen vermittelt wird:

Häufig ist die Situation am Ende dieselbe wie am Anfang: „. . . im Ende steckt auch wieder der Anfang."[26] Dies läßt sich beispielsweise an Becketts *Waiting for Godot* und Pinters *The Basement* illustrieren. — Eine zweite Möglichkeit, Zuständlichkeit aufzuzeigen, ist die Wiederholung von Geschehnissen. So führt Winnie in Becketts *Happy Days* in Akt I und Akt II die gleichen Handlungen aus, die überdies sinnentleert sind und denen man allenfalls den Status von Spielen zum Zeitvertreib zusprechen kann. — Auch die Ziel- und Bedeutungslosigkeit von Einzelhandlungen verweist auf die Unmöglichkeit von Handlung und akzentuiert die Zuständlichkeit. Wenn Pinter zum Beispiel die einzelnen Handlungssegmente unverbunden nebeneinander stehen oder sie unvermittelt ineinander übergehen läßt, verneint er das dem aristotelischen Handlungstyp zugrundeliegende Kausalitätsprinzip und verhindert das Fortschreiten einer Handlung. — Schließlich ist der Abbau jeglicher Handlungsmotivation von den Figuren her eine Möglichkeit, die Sinnlosigkeit des Handelns zu betonen. Ionesco schreibt etwa in bezug auf *La Cantatrice Chauve:* » . . . tout s'achevait par une querelle dont il était impos-

––––––––

24 Abgedr. in: Reinhold Grimm, Hrsg. *Episches Theater,* Köln, ³1972, 455.

25 Esslin, 322 und Goetsch, 21.

26 Hildesheimer, 554.

sible de connaître les motifs «[27] Die Zuspitzung auf einen dramatischen Schlußpunkt ist hier zweifellos als Parodie auf die Tragödie zu verstehen, denn letztlich enthüllt sich nicht der Sinn, sondern der Widersinn des Handlungsverlaufs.

Mit der Entleerung des Handlungskonzepts ist die Aushöhlung der ZEIT eng verbunden. Den Dramatikern des Absurden stellt sich die paradoxe Aufgabe, Zeitlosigkeit durch die Folge zeitlicher Abläufe bewußt zu machen, ebenso wie Handlungslosigkeit durch die Sukzession von Einzelhandlungen verdeutlicht werden muß. Der Zeitbegriff an sich wird sinnlos, wenn weder Vergangenheit, noch Gegenwart und Zukunft genau zu erfassen sind und die Zeit nur als Endzustand erfahrbar ist.[28] Ionesco parodiert die Zeit, indem er in *La Cantatrice Chauve* die Uhr siebzehnmal schlagen läßt und die Woche auf drei Tage (Dienstag, Donnerstag und Dienstag) reduziert wird. Auch die Diskontinuität von Vorgeschichte und Gegenwart bzw. die Diskontinuität der Szenenfolge macht den Verlust der Zeit deutlich.

Es ist nur folgerichtig, daß die FIGUREN wie die Handlungs- und Zeitkonzeption ebenfalls die Sinnentleerung des Daseins signalisieren. Sie haben keinen Charakter mehr, und ihr Ich ist fragmentiert. Zu den Personen von *La Cantatrice Chauve* schreibt Ionesco: »Personnages sans caractères. Fantoches. Etres sans visage. Plutôt: cadres vides auxquels les acteurs peuvent emprunter leur propre visage, leur personne, âme, chair et os.«[29] Auch Hildesheimer verweist auf den mechanischen Charakter der Figuren.[30] Sie ,,funktionieren'' (Becketts *Play I*), vollführen Gesten und sprechen, allerdings ohne daß sie einander etwas mitteilen (Ionescos *Les Chaises*) oder verwandeln sich (Ionescos *Victimes du devoir*). Auch der problemlose Rollentausch, der sich an Stoppards *Rosencrantz and Guildenstern are Dead* und den häufig paarweise auftretenden Figuren zahlreicher Beckettscher oder Pinterscher Dramen illustrieren läßt, verweist auf den Verlust der Identität. Die Figuren in den absurden Dramen sind nur noch Reduktionen wirklicher Menschen auf Triebe wie den Sexualtrieb oder den Machttrieb (Ionescos *Jacques ou la Soumission),* auf geistige und physische Schwundstufen (bei Beckett) oder gesellschaftliche Rollen (bei Pinter).

---

[27] ,,La Tragédie du Langage'' in: *Notes et Contre-notes,* 158.

[28] Vgl. Becketts *Happy Days* oder *Endgame.*

[29] ,,La Tragédie du Langage'', 161.

[30] ,,Erlanger Rede'', 554 f.

Kernthema des absurden Theaters ist der Verlust der SPRACHE als Kommunikationsmittel. Daß die Dramatiker des Absurden nicht als einzige vom Bewußtsein einer Krise der Sprache durchdrungen sind, zeigt Martin Esslin.[31] So ist für Sartre die Sprache „krank", weil sie sich im Gegensatz zur Wirklichkeit befindet. Bezeichnendes und Bezeichnetes klaffen hoffnungslos auseinander.[32] »La tragédie du langage«[33] ist gleichzeitig eine Krise des Denkens, des Fühlens, des Seins: »Les Smith, les Martin ne savent plus parler, parce qu' ils ne savent plus s'émouvoir, n'ont plus de passions, ils ne savent plus être ...«[34]

Aus der Sinnentleerung der Sprache ergeben sich eine Reihe von Konsequenzen für die Dialoggestaltung.[35] Die Figuren reden aneinander vorbei, beziehen ihre Antworten nicht auf den Partner und dokumentieren so die Kommunikationsunfähigkeit. Wie Pinter in „Writing for the Theatre" feststellt, wird die Sprache allenfalls dazu verwendet, Kommunikation zu verhindern: „I feel that instead of any inability to communicate there is a deliberate evasion of communication. Communication itself between people is so frightening that rather than do that there is continual cross-talk, a continual talking about other things rather than what is at the root of their relationship."[36] Der dramatische Dialog besteht aus mechanisch verwendeten klischeehaften Wendungen oder aus Sprachspielereien, die mit den Sprechern nur wenig zu tun haben. Die Auflösung der Sprache äußert sich in den zahlreichen Wiederholungen, in der Tendenz zu unvollständigen Sätzen und in häufigen Pausen (die Regiehinweise sind in dieser Hinsicht sehr aufschlußreich). Schließlich macht der Zerfall von Wörtern in Silben, Konsonanten und Vokale, wie am Ende von Ionescos *La Cantatrice Chauve* die Auflösung der Sprache besonders deutlich[37], eine Auflösung, die konsequenterweise nur im totalen Schweigen enden kann.[38]

---

[31] Esslin, 315 ff.

[32] *Qu'est-ce que la littérature;* zit. in: Hinchliffe, 27 f.

[33] Über *La Cantatrice Chauve* in: *Notes et Contre-notes,* 155 und 159.

[34] Ebd. 160.

[35] Ausführlich und mit zahlreichen Beispielen belegt bei Goetsch, 41-52, „Sprache und Dialog".

[36] In: Wager, 141.

[37] Vgl. auch das Ende von *Les Chaises,* wo ein Taubstummer als Redner auftritt, aber nur unartikulierte Laute von sich geben kann, oder das Verhalten Stanleys in Pinters *The Birthday Party* am Ende von III.

[38] Vgl. W. Habicht. „Der Dialog und das Schweigen" im 'Theater des Absurden' ", *Die Neueren Sprachen,* 16 (1967), 53-66.

Das Versagen der Sprache muß weitgehend sprachlich gestaltet werden, und hier liegt für die absurden Dramatiker die Möglichkeit einer Rettung und Erneuerung der Sprache. Bereits Sartre hatte in seiner Schrift *Qu'est-ce que la littérature* darauf verwiesen, daß dies eine wichtige Aufgabe für den Schriftsteller sei.[39] „Zu diesem Zwecke muß man zunächst 'die Ehrfurcht vor dem, was geschrieben steht' abtöten . . . man muß die Sprache zerbrechen, um sie neu wieder zusammenzusetzen und um 'mit dem Leben in Fühlung zu kommen' . . ."[40] Paradoxerweise dient die Verfremdung und Zerstörung der Sprache also ihrer Erneuerung.

Gebärden und Mimik, Tanz und Requisiten übernehmen die Funktionen, die traditionellerweise der Sprache zugewiesen wurden, nämlich Gefühle und Sachverhalte zum Ausdruck zu bringen. Die Aufwertung der Gestik ist ein Charakteristikum des absurden Dramas und dokumentiert die Überlegenheit der Gebärde über das Wort. Die Tradition der Pantomime[41] ist besonders stark; Charlie Chaplin und die Marx Brothers mit ihren komisch-ernsten Clownerien haben nach eigenen Aussagen einen tiefen Eindruck auf Ionesco gemacht.[42]

Der visuelle Eindruck sagt dem Zuschauer häufig mehr als der akustische und zwingt ihn zum genauen Hinsehen.[43] Zweifellos ist die Sprache des absurden Dramas in einem stärkeren Maße als „Sprache des Theaters" zu bezeichnen als es für das Drama früherer Epochen zulässig wäre, das sich weitgehend auf das Wort stützte. Dies ist nur folgerichtig; denn die Entwertung der Sprache führt zwangsläufig zu einer Aufwertung der nichtsprachlichen Theatermittel, also der Körpersprache und Requisiten. Die eigentliche Aussage wird auf der Bühne sichtbar und gegenständlich präsentiert.

Wenn Becketts Figuren in Mülltonnen *(Endgame)* oder Urnen *(Play)* stecken, veranschaulicht das die Verstümmelung des Menschen sowie die Ausweglosigkeit seiner Situation eindringlich; und wenn in Ionescos Dreiakter

----

[39] Hinchliffe, 28.

[40] Ionesco. „Ni un dieu, ni un démon" zit. nach Esslin, 317.

[41] Vgl. Hildesheimer, 554 f.

[42] Vgl. „Interview" in: Wager, 123.

[43] Vgl. John Russell Browns Äußerungen zu Pinter in: *Theatre Language: A Study of Arden, Osborne, Pinter and Wesker*. London, 1972, 69 f.

Amédée ou comment s'en débarasser die Bühne von Pilzen überwuchert wird und eine Leiche ständig wächst, bis sie schließlich das Haus zu sprengen droht, dann sind dem Autor Bilder gelungen, die wirkungsvoller als die Sprache dies vermöchte, das Ersticken des menschlichen Geistes und der Liebe versinnbildlichen.

Es ist diese Tendenz zur Vergegenständlichung von Erfahrungen und Sachverhalten, die dem absurden Theater den Namen „Theater der Gegenstände" gegeben hat.[44] In der Konsequenz, mit der die Worte durch konkrete Metaphern ersetzt werden, liegt eine Eigenart der absurden Dramatiker. Daß dies in voller Absicht geschieht, belegt eine Aussage Ionescos in einem Interview, als er nach seinem Einakter *Les Chaises* gefragt wurde:

TEXT 5

> In *The Chairs* I tried for a kind of amplification. Objects themselves became a language. I wanted to find a visual language, a language of the stage more direct, more shocking and stranger than that of words. You see, the artist is seldom able to renew literary themes. There are few new themes. What he can do is renew language.[45]

Die Neigung, Dingen quasi-menschliche Ausdrucksfunktionen zuzugestehen, hat die Kritiker nicht zuletzt veranlaßt, das absurde Theater als eine Welt des Alptraums zu beschreiben. Hinchliffe spricht von „an existential nightmare from which reason, forgiveness and hope are absent."[46] Zur Darstellung ihrer Vision der Welt bedienen sich die absurden Dramatiker der Überzeichnung, Verzerrung und parodistischen Übertreibung. In diesem Sinne ist ihre Darstellung eine Deformationskunst, weshalb ihre Werke häufig als grotesk bezeichnet werden, beispielsweise von Esslin.[47] Zwar ist sowohl das Absurde als auch das Groteske eine Form der Deformation, aber zwischen beiden Kunstformen bestehen gravierende Unterschiede aufgrund ihres Inhalts und ihrer Wirkung.

----

[44] Vgl. Hans Hoppe. *Das Theater der Gegenstände.* Bensberg, 1971.

[45] „Interview" in: Wager, 124.

[46] *The Absurd,* 6.

[47] *Das Theater des Absurden,* 318.

Das Groteske ist die Darstellung einer durch den Menschen pervertierten Welt, entstellte, aber rational erklärbare Realität. Es treibt das Schreckliche und Lächerliche auf die Spitze und steigert sowohl das Lachen als auch das Grauen.[48] Das Absurde hingegen ist nicht rationalisierbar, da es *a priori* jeden Sinnzusammenhang verneint. ,,Es gibt kein Bild der Wirklichkeit, sondern weist auf die totale Fremdheit der Wirklichkeit. Davor bleibt Verstand ratlos, Lachen stumm.''[49] Das Absurde ist nicht von Menschen produziert, wie das Groteske. Vielmehr ist es der schon immer dagewesene Zustand der Welt.

---

[48] Vgl. Arnold Heidsieck. *Das Groteske und das Absurde im modernen Drama*. Stuttgart, ²1971, 16 ff.

[49] Ders., 37 f.

PROBLEMFELD 9: Das epische Theater

9.0 Groblernziele

Durch die Beschäftigung mit den folgenden Fragekomplexen kann der Leser zu einer adäquaten Kenntnis der Charakteristika des epischen Theaters finden, wenn er

— den Unterschied zwischem dem 'panoramischen' und 'szenischen' Dramentyp aufzeigen kann,

— die Merkmale des epischen Theaters im Gegensatz zum aristotelischen Dramentyp zu nennen versucht,

— die Rolle des Erzählers kommentieren kann,

— Spezifika der Handlungsstruktur zu erläutern vermag,

— den Begriff der Montage zu definieren versucht,

— die gewünschte Zuschauerhaltung umschreibt,

— den Begriff „Verfremdung" definiert und Verfremdungstechniken aufzählen kann,

— die Problematik der Beziehung von Schauspielern und Rollenfigur erkennt.

9.1   Einordnung des epischen Theaters

9.1.1 Vorbemerkung

Wenn Marianne Kesting in ihrem Buch *Das Epische Theater* Dramatiker wie Brecht, Paul Claudel und Thornton Wilder (wichtige Vertreter des epischen Theaters) und gleichzeitig Beckett, Ionesco oder Adamov (eindeutige Repräsentanten des absurden Dramas) behandelt[1], so läßt sich ihr Vorgehen nur aus der gegen die klassisch-aristotelische Dramaturgie gerichteten Tendenz dieser zwei Richtungen des modernen Dramas erklären. Gemeinsam ist beiden zwar die Verneinung zwischenmenschlicher Beziehungen, die Aufhebung der Selbstbestimmung menschlichen Handelns und damit die Aberkennung eines Motivationsverhältnisses zwischen Figur und Handlung. (All dies

——————

[1]   *Zur Struktur des Modernen Dramas.* Stuttgart, ²1959, 131-145.

sind wesentliche Merkmale des sog. aristotelischen Dramas.[2]) Dennoch unterscheidet sich das epische vom absurden Theater so grundsätzlich, daß die spezifischen Merkmale des epischen Theaters im strengeren Sinn eher verwischt als herausgearbeitet werden, wenn man diesen Begriff so weit spannt, daß auch das absurde Theater darunter zu subsumieren ist. Daher empfiehlt sich eine strenge Trennung der beiden Gattungen, wie sie Lawrence Ryan in seinem Vortrag über Brecht vorschlägt.[3] Dies ist ratsam erstens wegen der jeweilig anderen Tiefenstruktur sowie zweitens wegen des sehr unterschiedlichen Welt- und Wirklichkeitsverständnisses der spezifischen Vertreter.

9.1.2 Tiefenstruktur und Wirklichkeitsverständnis

Von Hempfers Modell der Gattungsbestimmung ausgehend ergibt sich für das epische Theater eine andere Tiefenstruktur als für die bisher behandelten Gattungen. Während Tragödie, Komödie und absurdes Drama durch die performative Sprechsituation als Charakteristikum der dramatischen Schreibweise gekennzeichnet sind, dominiert im epischen Theater die berichtende Sprechsituation. Das Narrative überlagert auf der Ebene der primären Schreibweise das Dramatische, was zu bestimmten Strukturänderungen führt. Programmatisch hatte Brecht in dem Beitrag *Letzte Etappe: ,,Ödipus''* formuliert: ,,Wie muß also unsere große Form sein? Episch . . . Sie muß berichten.''[4] Das Dramatische ist in das Narrative eingebettet; darin liegt das Andersartige im Vergleich zu den bisher behandelten Gattungen. Es ist für die berichtende Sprechsituation kennzeichnend, daß zwischen dem Berichteten und der Welt des Berichtenden eine zeitliche und/oder räumliche Distanz besteht.[5] Auf das epische Theater übertragen bedeutet dies: Autor, Schauspieler und Zuschauer stehen nicht *in* den dargestellten Vorgängen und sind an ihnen beteiligt, sondern *über* ihnen; sie berichten, betrachten, diskutieren und beurteilen sie.

Die Unterscheidung zwischen szenischer und panoramischer Darstellung — wie sie Heinrich Henel traf[6] — verweist in anderer Terminologie auf die

---

2 Vgl. Szondi, 14-19.

3 ,,Bertolt Brecht: a Marxist Dramatist?'' in: Coe, Hrsg., 73-111, 106.

4 *Schriften zum Theater*, 7 Bände. Frankfurt, 1963/64, Bd. 1., 205 ff.

5 Vgl. Hempfer, 162.

6 ,,Szenisches und panoramisches Theater'' in: Reinhold Grimm, Hrsg. *Episches Theater.* Köln, [3]1972, 383-395.

gleiche Diskrepanz von performativer und berichtender Sprechsituation: Die
szenische Darstellung ist durch die Abbildung eines Vorgangs „ausschließlich
durch die daran beteiligten Personen und ohne irgendwelchen Kommentar"
(386) gekennzeichnet und verwirklicht die absolute Geschlossenheit der
Bühnenvorgänge in weitgehender Unabhängigkeit von Autor und Zuschauer.
Die panoramische Gestaltung hingegen bedeutet, daß Autor, Schauspieler
und Zuschauer die „Übersicht, den Blick von oben" (386) haben, eine über-
geordnete Perspektive also, die den Beteiligten verwehrt ist.

Das Wirklichkeitsverständnis der Dramatiker des Absurden ist – wie oben
ausgeführt wurde – von der totalen und unveränderlichen Sinn*losigkeit* des
Seins und Daseins durchdrungen. Demgegenüber verweisen die epischen Dramatiker in ihren Dramen und theoretischen Äußerungen auf einen Sinn*zusammenhang* der Ereignisse. Die Frage nach der Existenzproblematik des
Menschen wird also grundsätzlich anders gelöst, nämlich indem Wege gezeigt
werden, „die Existenz trotz allem unbegreiflich Widersprüchlichen zu akzep-
tieren, und mit ihr fertig zu werden, ohne Resignation und ohne Verzweiflung."[7] Die epischen Theaterstücke wollen etwas lehren, auch wenn der Inhalt der Lehre bei den einzelnen Vertretern ganz unterschiedlich ist. Glauben Brecht und Arnold Wesker an eine Veränderbarkeit der menschlichen
Gesellschaft auf marxistischer Grundlage[8], so ist für Paul Claudel (in *Le
Soulier de Satin* und *Christophe Colomb*) sowie Hugo von Hofmannsthal
(im *Salzburger Großen Welttheater*) der Katholizismus die sinnstiftende und
hoffnunggebende Kraft.[9] Auch Thornton Wilder betont die Einheit des Universums und bringt in seinen Dramen das universale Bewußtsein der sich
über alle Länder und Zeiten erstreckenden *einen* menschlichen Grunderfah-
rung vom Wunder des Alltäglichen zum Ausdruck. „Das Tun und Treiben
des Alltags wird als kleiner, in sich kreisender Ablauf gezeigt, darin sich das
große Weltgeschehen spiegelt."[10]

----

[7] Margret Dietrich. „Episches Theater? Beitrag zur Dramaturgie des 20. Jahrhunderts" in: Grimm, [3]1972, 94-151, 104.

[8] Vgl. z.B. Brechts optimistische Aussage im Prolog zu *Herr Puntila und sein Knecht
Matti:* „Geehrtes Publikum, der Kampf ist hart / Doch lichtet sich bereits die Gegenwart" (Z. 1f.).

[9] Vgl. die Claudel-Zitate bei Kesting, 92-94.

[10] Kesting, 109; vgl. auch S. 106f.

9.1.3 Allgemeine Kennzeichen des epischen Theaters

Tiefenstruktur und Wirklichkeitssicht führten die Vertreter des epischen Theaters zu einer ganz anderen Dramaturgie, als sie im absurden Drama vorliegt. Das Streben nach der Darstellung der komplexen Zusammenhänge von Universum bzw. Geschichte und Gesellschaft erklärt die Figurenfülle und die Ausdehnung der Handlung in Raum und Zeit. Dies hat eine lockere, Ausschnitte zeigende Handlungsstruktur zur Folge. Die notwendigen Verbindungen zwischen den Szenen werden durch eine Erzählerfigur hergestellt, die gleichzeitig kommentieren und reflektieren kann und sich so in den Dienst der Didaxe stellen läßt. Die daraus resultierende Aufspaltung in eine Erzählerebene und eine Ebene der dramatischen Handlung bedingt eine distanzierte Zuschauerhaltung.

Zwischen dem aristotelischen Drama und dem nichtaristotelischen, epischen Theater ergeben sich folgende von Marianne Kesting (S. 51) zusammengestellten Gegensätze.

TEXT 1:

Das *aristotelische* Welt- anschauungstheater	Das *nichtaristotelische* Welt- anschauungstheater
Der Held ist die Hauptfigur	Der Betrachter ist die Hauptfigur
Die Handlung ist führend	Die Betrachtung ist führend
Die Handlung bestimmt die Betrachtung	Die Betrachtung bestimmt die Handlung
Die Betrachtung ist in die Handlung eingebaut	Die Betrachtung läuft der Handlung parallel
Drama und Fabel sind eins	Einklammerung der Fabel durch den Erzähler
Die Öffentlichkeit wird bestimmt	Die Öffentlichkeit wird zur Diskussion gezogen
Der Zeitverlauf ist immanent	Der Zeitverlauf wird bewußt gemacht
Vorwärtsstrebende Handlung	Bild, Zustand, Zeremoniell
Ausschnitt eines Geschehens	Das gesamte Geschehen
Raum-Zeit-Zusammendrängung	Ausdehnung in Raum und Zeit
Gewicht auf der zwischenmenschlichen Beziehung	Gewicht auf dem „Überindividuellen"
Handlung wird dem Zuschauer emotionell nahegebracht	Handlung wird vom Zuschauer entfernt

Die hier vorgestellte epische Dramaturgie hat im modernen Theater vor allem zwei Stoffbereiche ausgeschöpft: „Einmal erfaßt sie Stoffe, deren Blickpunkt auf eine Gesamtsituation, auf eine Totalität von räumlicher und zeitlicher Ausdehnung gerichtet ist; zweitens kann sie die Welt der inneren Vorstellung, Traum, Erinnerung, Vision in ihre Struktur einbeziehen."[11] Die Bühne wird zum Innenraum. Brechts *Galileo Galilei* oder *Mutter Courage* sind Beispiele für die erste Möglichkeit. Claudels Dramen *Christophe Colomb* und *Jeanne d'Arc au Bucher* illustrieren die zweite Möglichkeit.

Die bei Kesting zusammengefaßten epischen Elemente sind in der dramatischen Literatur von Anfang an vorhanden gewesen. Darüber sollte man sich im klaren sein. Das zwanzigste Jahrhundert hat hier also keineswegs eine neue Gattung geschaffen, sondern lediglich alte Traditionen aufgegriffen und weiterentwickelt. So war beispielsweise der Grundcharakter der mittelalterlichen Mysterienspiele vorwiegend erzählend, die Absicht didaktisch: In epischer Breite wurden Teile der Bibel dargestellt. Die elisabethanischen Historien des 16. Jahrhunderts zogen die dramatische Handlung zeitlich und räumlich auseinander, ein wichtiges Strukturmerkmal des epischen Theaters. Allerdings fehlte bei den Elisabethanern weitgehend der epische Kommentar[12], die Darstellung war vorwiegend „szenisch". Im Bereich des deutschen Dramas sind Schillers *Jungfrau von Orléans* oder *Wallensteins Lager* und Goethes *Faust* Beispiele für klassische Dramatisierungen epischer Stoffe. Schließlich hatte bereits Jakob Lenz in seinen Dramen eine gelockerte szenische Form propagiert, und Georg Büchners Werke *Dantons Tod* sowie *Woyzeck* zählen zu den unmittelbaren Vorläufern des epischen Theaters.[13]

---

[11] Kesting, 46f.

[12] Prologe, Epiloge und Chorpassagen bilden allerdings eine Ausnahme. Vgl. Shakespeares *Henry V.*

[13] In bezug auf die Tradition des epischen Theaters vgl. Kaspar Königshof. „Über den Einfluß des Epischen in der Dramatik" in: Grimm, [3]1972, 279-289; Walter Hinck: „Die Dramaturgie des späten Brecht", ebd., 316-347, v.a. 316-326, und Kesting, 21-30.

9.2 Die „epische" Handlungsstruktur

9.2.1 Der Erzähler

Der erzählende berichtende Grundcharakter des epischen Theaters wird vor allem in der Präsenz einer ERZÄHLERfigur deutlich. Sie tritt als Ansager (Claudels *Le Soulier de Satin*), Spielleiter (wie in Wilders *Our Town*) oder Sänger (beispielsweise Brechts *Der Kaukasische Kreidekreis*) auf. Ihre Funktionen sind vielfältig: Erstens übernimmt der Erzähler — beispielsweise im *Kaukasischen Kreidekreis* — die Aufgaben der Exposition in der traditionellen Dramaturgie. Er stellt die Figuren vor, führt sie in die Handlung ein, verweist auf den Handlungsort und die Handlungszeit. Außerdem informiert er über das, „was unsichtbar bleibt und nur gedacht werden kann, ja sogar darüber, was vielleicht gedacht werden könnte."[14] Da er außerhalb und über der Handlung steht und deren Gang kennt, verfügt er wie der auktoriale Erzähler im Roman über das gesamte dramatische Geschehen. Der folgende Text resümiert die verschiedenen Funktionen:

TEXT 2

> Wie der Autor überblickt der Erzähler in der Art des Stage Manager von *Our Town* den Handlungsverlauf, wählt nur die ihm wichtig erscheinenden Zeitabschnitte aus und gestaltet sie in freier Anordnung, überbrückt erzählend längere Zeiträume und greift in seinem Bericht beliebig vor und zurück. ... Durch seine Einschaltungen schwächt er zudem die Spannung auf den Ausgang der Handlung und richtet sie statt dessen auf deren Gang. Auch auf diese Weise erschwert er die Identifizierung des Zuschauers mit dem Geschehen und macht es als Theater durchschaubar.[15]

Meist ist der Proszeniumspfeiler der Ort, von dem aus der Erzähler zwischen der Ebene der dramatischen Handlung und den Zuschauern vermittelt. Gelegentlich kann er aber auch als Mitspieler an der Handlung teilnehmen, etwa in Wilders *Our Town* oder Robert Bolts *A Man for All Seasons*. Immer ist ihm ein Höchstmaß an Souveränität eigen, die sich vor allem in den Kommentaren, Erklärungen und Reflexionen äußert. Walter Benjamin bezeich-

---

[14] Andrzej Wirth. „Über die stereometrische Struktur der Brechtschen Stücke" in: Grimm, [3]1972, 197-230, 226.

[15] Goetsch, 185.

nete die Reflexion als eines der Hauptmomente im modernen epischen Theater und nannte den Betrachter/Beobachter den neuen epischen Helden.[16]

Die Erzählerperspektive ist ständig präsent; denn der Erzähler verbirgt sich nicht hinter der Erzählung. Die Koexistenz zweier Spielebenen, wobei die epische der dramatischen übergeordnet ist, kennzeichnet das epische Theater. Insofern kann man ein episches Theaterstück als ausgedehntes Spiel im Spiel bezeichnen. Allerdings wird diese alte Technik nicht nur punktuell verwendet, sondern die Erzählung selbst wird ins Spiel gesetzt.

In einer Kontrastierung der Ebene der dramatischen Aktion und der der epischen Reflexion verdeutlicht Marianne Kesting die besondere Erscheinungsform der epischen Handlung (S. 51):

TEXT 3

Spaltungsverlauf innerhalb des modernen epischen Theaters

Handlung	Betrachtung
Schauspieler	Ansager (Erzähler, Spielleiter)
Aktionsverlauf (optisch)	Sprachverlauf (akustisch)
Szene	Proszenium
Dauer	Verweis auf Dauer
Raum	Verweis auf Raum
Lehre	Beispiel

Hier muß vor allem das dritte Kontrastpaar — Aktionsverlauf (optisch) und Sprachverlauf (akustisch) — etwas näher erläutert werden. Für das Drama ist die Trennung des visuellen und akustischen Elements durchaus nicht die übliche Darstellungsweise. Vielmehr macht ihre Koexistenz das spezifisch Dramatische auf der Bühne aus. Gerade im epischen Theater werden Wort und Bild jedoch häufig getrennt. Pantomime und Tanz, d.h. die rein mimisch-gestischen Ausdrucksmittel, spielen eine besondere Rolle. In Claudels *Christophe Colomb* gibt es zum Beispiel ganze Partien, die in reinem Tanz und reiner Pantomime aufgeführt werden. In ähnlicher Weise verfährt Wilder in *Our Town,* wo die beiden Mütter der Familien Gibbs und Webbs in ihrer Küche pantomimisch agieren, während der Spielleiter über die Familien und deren Lebensumstände informiert.

----

[16] Vgl. Kesting, 48.

9.2.2 Die Handlungsstruktur

Das Vorhandensein des Erzählers ermöglicht eine ganz andere Art der Handlungsgestaltung, als sie im aristotelischen Drama vorliegt, das in strenger Kausalität der Ereignisfolge einen zusammenhängenden Ausschnitt aus einer Geschichte präsentiert. Im epischen Theaterstück ist die Handlung sehr umfangreich und infolgedessen dem extensiven Handlungstyp zuzuordnen.

Bei seiner detaillierten Betrachtung der Handlung in englischen und amerikanischen Dramen arbeitet Paul Goetsch vier Handlungstypen heraus, die auch miteinander kombiniert auftreten können: die Fabel, die Chronik, die freie szenische Erzählung und die Revue.[17] Die EPISCHE FABEL (zum Beispiel in Brendan Behans *The Hostage*) ist durch die Episierung einer an sich dem intensiven Handlungstyp zuzuordnenden geschlossenen dramatischen Aktion gekennzeichnet. Elemente der Reflexion − z.B. Song-Einlagen − brechen die Handlung jedoch zu einer lockeren Szenenfolge auf. Die Figuren- und Motivwahl betont den Parabelcharakter des Geschehens und verallgemeinert es zu einem Modellfall. − Die EPISCHE CHRONIK (etwa Osbornes *Luther* oder Bolts *A Man for All Seasons*) erfaßt eine Handlung, die sich über einen langen Zeitraum erstreckt, zahlreiche Schauplätze, eine Fülle von Figuren und vor allem einen nur schwach ausgeprägten kausalen Bezug der Szenenfolge aufweist. Nach Goetsch ist sie die häufigste und konservativste Variante des extensiven Handlungstyps (S. 216). − Demgegenüber ist die FREIE EPISCHE ERZÄHLUNG moderner. (Als Beispiele bieten sich Wilders *Our Town* und *The Skin of Our Teeth* an.) Sie gibt der Betrachtung eindeutig den Vorzug gegenüber der Aktion und verfügt frei über Figuren, Zeit und Raum der dramatischen Handlung. − Die EPISCHE REVUE schließlich (z.B. das in Joan Littlewoods Theatre Workshop entstandene *Oh What a Lovely War*) neigt dazu, „einen bekannten Geschehniszusammenhang in viele kleine Einheiten aufzusplittern und mit einer gleichfalls segmentierten theatralischen Handlung zu verschränken." (216) Themen und Ereignisse werden punktuell beleuchtet.

Neben der umfangreichen Handlung ist die freie Ausdehnung in RAUM und ZEIT ein weiteres Charakteristikum des epischen Theaters.[18] Claudel schreibt im Vorspruch zu *Le Soulier de Satin:* »La scène de ce drame est le monde ... L'auteur s'est permis de comprimer les pays et les époques ...«[19] Brechts *Mutter Courage und ihre Kinder* bekommt den Untertitel

---

[17] Vgl. zum folgenden S. 214-217.

[18] Vgl. Königshoff in: Grimm, ³1972, 284.

[19] Paris, 1944, 23. „L'Annoncier". Première Partie, Scène Première.

„Eine Chronik aus dem Dreißigjährigen Krieg" und *Das Leben des Galilei* umfaßt einen Zeitraum von über dreißig Jahren.

Für die Darstellung der ZEIT ist nicht nur die große Zeitspanne auffällig, sondern vor allem die Abweichung von der Chronologie. Der Erzähler erlaubt sich häufig Szenenumstellungen, Vor- und Rückgriffe und wählt einzelne Zeitabschnitte zur Darstellung aus. So handelt z.b. eine Szene im *Leben des Galilei* von den Jahren 1633-1642, die nächste greift das Jahr 1637 heraus.

Die Zerstückelung in Raum und Zeit sowie die umfangreiche Geschichte, die in der epischen Fabel zur Darstellung kommt, deuten darauf hin, daß die Handlung in einzelne Szenen zerfällt. Deren Geschlossenheit und Selbständigkeit in bezug auf andere Szenen unterscheidet die Handlungsstruktur des epischen Theaters von der einlinig durchgehenden Fabel des aristotelischen Dramas.[20] In seinen „Anmerkungen zur Oper *Aufstieg und Fall der Stadt Mahagonny*" differenziert Brecht folgendermaßen zwischen dem dramatischen und epischen Handlungstyp:

TEXT 4

Dramatische Oper	*Epische Oper*
. . .	
Spannung auf den Ausgang	Spannung auf den Gang
Eine Szene für die andere	Jede Szene für sich
Wachstum	Montage
Geschehen linear	In Kurven
Evolutionäre Zwangsläufigkeit	Sprünge[21]

Der epischen Handlung fehlt das Moment der Ganzheit, und damit ist der Anfang kein echter Anfang und der Schluß mehr oder weniger offen. Im Epilog zu *Der gute Mensch von Sezuan* heißt es: „Verehrtes Publikum, los, such dir selbst den Schluß." (Z. 21). Mutter Courage zieht weiter hinter dem Heer her, und in Claudels *Christophe Colomb* wird vom Ansager das Ende

––––––––

[20] Vgl. Aristoteles, *Poetik*, 35 mit Brechts *Anmerkungen zu Mahagonny*, wo dieser fordert, daß die Teile des Stückes einschiebbar und vertauschbar sein sollten.

[21] *Schriften zum Theater*, 2, 117.

der Geschichte verkündet, als jemand hinter dem Vorhang hervortritt und ruft: „Nein, nein! Es kommt noch eine Szene." Dennoch gibt es für die lockere Szenenfolge ein einheitsstiftendes Prinzip, den „Geist des Ganzen", wie Schiller es nannte, die dem epischen Theaterstück zugrundeliegende Idee bzw. Wirkungsabsicht.

Die MONTAGE der Einzelszenen ist nicht willkürlich: Die einzelne Szene soll in ihren sozialen, historischen oder politischen Zusammenhängen gezeigt werden. Sie ist Teil eines komplexen Weltbildes, das modellhaft vorgestellt wird. Dies gilt sowohl für Brechts marxistisches wie für Claudels katholisches Weltbild.

Der Begriff der MONTAGE stammt aus der Filmsprache und bezeichnet dort das „Aneinanderkleben von Aufnahmen mit verschiedener räumlicher und zeitlicher Situation."[22] Das Prinzip der Montage beruht auf der Freiheit des Films gegenüber den Bedingungen der räumlichen und zeitlichen Kontinuität. Dieselbe Freiheit hat das epische Theater durch die Einführung der Erzählerfigur (als Ansager, Spielleiter usw.) Zweck der Montage ist es, durch Zerlegen und Umbauen der Handlungszusammenhänge überraschende Bezüge aufzuzeigen. Die Abfolge simultaner Ereignisse, die Kombination von Kommentar oder Reflexion mit dem szenischen Vorgang, die Aneinanderreihung von Szenen, die an unterschiedlichen Orten sowie in verschiedenen Zeiträumen spielen, sind Beispiele für die Montagetechnik. Die Einblendung der ersten Liebesszene am Hochzeitsmorgen in Wilders *Our Town,* das Einfügen der Kommentare der Nachwelt über Kolumbus in die Handlung von Claudels *Christophe Colomb* oder der Vortrag von etwas lediglich Gedachtem durch den Sänger in Brechts *Kaukasischem Kreidekreis* (während die szenischen Personen schweigend und wie erstarrt stehen) vermögen zusätzlich die für das epische Theater charakteristische Montagetechnik zu illustrieren.[23]

9.3 Die Funktionalisierung des epischen Theaters

TEXT 5

Worum es dem epischen Theater zu tun ist, läßt sich vom Begriff der Bühne her leichter definieren als vom Begriff eines neuen Dramas her. Das epische Theater trägt einem Umstand Rechnung, den man

----

[22] R. Arnheim. *Film als Kunst.* Berlin, 1932, 110.

[23] Vgl. Hinck in: Grimm, [3]1972, 331-337 „Das Dialektische Verhältnis von Theater und Film".

zu wenig beachtet hat. Er kann als die Verschüttung der Orchestra bezeichnet werden. Der Abgrund, der die Spieler vom Publikum wie die Toten von den Lebenden scheidet, . . . dieser Abgrund, der unter allen Elementen der Bühne die Spuren ihres sakralen Ursprungs am unverwischbarsten trägt, hat an Bedeutung immer mehr eingebüßt. Noch liegt die Bühne erhöht. Aber sie steigt nicht mehr aus einer unermeßlichen Tiefe auf: sie ist Podium geworden. Lehrstück und episches Theater sind ein Versuch, sich auf diesem Podium einzurichten.[24]

In dieser Passage aus Walter Benjamins Essay über das epische Theater werden zwei Dinge hervorgehoben: die didaktische Funktion und die Beziehung zwischen Bühne und Publikum.

9.3.1 Didaktische Intention und Zuschauerbeziehung

Das epische Theater ist „Lehr- und Publikationsstätte", wie Brecht im *Kleinen Organon für das Theater* feststellte;[25] die Schaubühne ist eine „paradigmatische Anstalt".[26] Auf der Bühne wird dem Zuschauer anhand der Geschichte etwas gezeigt; die Handlung hat beispielhaften Charakter und ist Demonstrationsobjekt. So schrieb Brecht in bezug auf *Mutter Courage:* „Dem Stückeschreiber obliegt es nicht, die Courage am Ende sehend zu machen, . . . ihm kommt es darauf an, daß der Zuschauer sieht."[27] Die didaktische Intention ist nicht nur bei Brecht (und da vor allem in den Lehrstücken[28]), sondern in den meisten epischen Theaterstücken spürbar. Ohne sie würde die in 9.2 beschriebene Szenenfolge zum bunten Bilderbogen ohne tiefere Aussage.

Die Beziehung zwischen der Bühne und dem Publikum unterstützt die päda-

----

[24] Walter Benjamin. „Was ist das epische Theater?" in: Grimm, [3]1972, 88-93, 93.

[25] *Kleines Organon für das Theater* in: *Schriften zum Theater*, Bd. 7, 22.

[26] Ernst Bloch. „Die Schaubühne als paradigmatische Anstalt und die Entscheidung in ihr" in: *Das Prinzip Hoffnung*. Berlin, 1953, Bd. 1, 441 ff.

[27] Anmerkungen zu *Mutter Courage* in: *Schriften zum Theater*, Bd. 6, 153.

[28] Als sog. „Lehrstücke" bezeichnet man Brechts *Der Flug der Lindberghs, Das Badener Lehrstück vom Einverständnis*, die Schulopern *Der Jasager* und *Der Neinsager, Die Maßnahme, die Mutter, Die Ausnahme und die Regel* sowie *Die Horatier und die Kuratier.*

gogische Absicht, insofern als die Zuschauer nicht mehr in einer rituellen oder metaphysischen Beziehung zu den Vorgängen auf der Bühne stehen. Trotz des engen Publikumskontakts, der sich beispielsweise darin dokumentiert, daß in Wilders *Our Town* Schauspieler im Zuschauerraum sitzen[29], ist die Beziehung zwischen Bühne und Publikum keine emotionale, sondern eine aufklärerisch-rationale, wie auch aus dem folgenden Brechtzitat hervorgeht:

TEXT 6

> Das Wesentliche am epischen Theater ist es vielleicht, daß es nicht so sehr an das Gefühl, sondern mehr an die Ratio des Zuschauers appelliert. Nicht miterleben soll der Zuschauer, sondern sich auseinandersetzen.[30]

Die Ablehnung des gefühlsmäßigen Engagements hatte Brecht schon früher provokatorisch formuliert, als er in einem Gespräch sagte: „Die einzige Pietät dem Publikum gegenüber ist, seinen Verstand möglichst hoch einzuschätzen."[31] Dennoch bedeutet dies keineswegs die vollständige Ausschaltung des Gefühls, sondern eher eine Akzentverschiebung.[32] Der Zuschauer soll aktiver Betrachtet sein und durch die Ereignisse „zu Erkenntnissen getrieben" werden. Er „studiert" die Zusammenhänge, und dies ist nur möglich, wenn er dem Bühnengeschehen „gegenübergesetzt" wird.[33]

9.3.2 Die Verfremdung

Die für eine rationale Reaktion notwendige Distanzierung des Geschehens wird im epischen Drama durch eine Reihe dramaturgischer Techniken bewußt hervorgerufen, die die Handlung vom Zuschauer „entfernen"[34] oder

----

[29] Hinsichtlich weiterer Beispiele aus dem englischen und amerikanischen Drama vgl. Goetsch, 151.

[30] Brecht. „Betrachtung über die Schwierigkeit des epischen Theaters", *Schriften zum Theater,* Bd. 1, 184 ff.

[31] „Gespräch mit Guillemin". *Schriften zum Theater,* Bd. 2, 267.

[32] Zu Brechts Wandel in bezug auf bestimmte Rezeptionshaltungen vgl. Angermeyer, 81ff., wo genauer differenziert wird, als dies hier möglich ist.

[33] Brecht. „Anmerkungen zur Oper *Aufstieg und Fall der Stadt Mahagonny".* *Schriften zum Theater,* Bd. 2, 116.

[34] Kesting, 51.

– um einen gebräuchlicheren Begriff zu verwenden – sie „verfremden". Die Wirkung soll in der „Aufgabe der Illusion zugunsten der Diskutierbarkeit"[35] bestehen.

Der VERFREMDUNGSEFFEKT (in abgekürzter Form als V-Effekt bekannt) will einen vertrauten Gegenstand zwar erkennen lassen, ihn aber gleichzeitig so präsentieren, daß er fremd erscheint, wie z.B. ein Mensch, der eine Maske trägt. Im *Kleinen Organon* hat Brecht den V-Effekt folgendermaßen definiert (§ 42):

TEXT 7

> Eine verfremdete Abbildung ist eine solche, die den Gegenstand zwar erkennen, ihn aber doch zugleich fremd erscheinen läßt. Das antike und mittelalterliche Drama verfremdete seine Figuren mit Menschen- und Theatermasken, das asiatische benutzt noch heute musikalische und pantomimische V-Effekte.

Zweck der Verfremdung ist es, den Zuschauer kritisch zu machen. Der einsetzende Zweifel kann dann zur Produktivität, d.h. einer Veränderung der Umstände anspornen. Brecht führt Galileo Galilei als Beispiel an, der den „ins Pendeln gekommenen Kronleuchter betrachtete. Den verwunderten diese Schwingungen, als hätte er sie so nicht erwartet, und verstünde es nicht von ihnen, wodurch er dann auf die Gesetzmäßigkeiten kam. Diesen Blick, so schwierig wie produktiv, muß das Theater mit seinen Abbildungen des menschlichen Zusammenlebens provozieren." (§ 44)

Es gibt eine Reihe von dramaturgischen Kunstgriffen, „dem Vorgang oder dem Charakter das Selbstverständliche, Bekannte, Einleuchtende zu nehmen und über ihn Staunen und Neugierde zu erzeugen."[36] Nach Benjamin führt die „Unterbrechung von Abläufen" zur Verfremdung des dramatischen Vorgangs.[37] Damit fungieren die Reflexionen und Kommentare des Erzählers

---

[35] Brecht. „Das moderne Theater ist das epische Theater" in: *Schriften zum Theater,* Bd. 1, 23.

[36] Brecht. „Über experimentelles Theater" in: *Theater der Zeit,* 15 (1959), Beilage Nr. 1, 9. Um die Brauchbarkeit des Begriffes Verfremdung nicht unnötig einzuengen, empfiehlt es sich, ihn als „Sammelbegriff für die Wirkung der distanzierenden Techniken, nicht unbedingt aber als V-Effekt im Sinne Brechts mit den entsprechenden gesellschaftskritischen und politischen Implikationen" zu verwenden. Goetsch, 34.

[37] „Was ist das epische Theater?" in: Grimm, ^{3}1972, 90.

als verfremdende Momente, denn sie durchbrechen die Illusion der dramatischen Handlung und relativieren sie gleichzeitig. Das gleiche gilt für den CHOR, der als beteiligter oder unbeteiligter Beurteiler zwischen den Rezipienten und dem Bühnengeschehen vermittelt (etwa in Claudels *Christophe Colomb*).

Für Brecht spielt der CHOR eine bedeutende Rolle (beispielsweise in der *Heiligen Johanna der Schlachthöfe*, der *Mutter* oder im *Kaukasischen Kreidekreis.*) In seiner Auffassung knüpft er an die Schillersche Tradition an[38], geht aber über diese hinaus, wenn er die Chöre anweist, dem Zuschauer „die richtige Haltung vorzumachen, ihn einzuladen, sich Meinungen zu bilden, seine Erfahrung zu Hilfe zu rufen, Kontrolle zu üben.''[39]

Auch die in die epische Handlung eingeschobenen SONGS — sie verraten den Einfluß von Kabarett, *vaudeville* und *music hall* — gehören zu den verfremdenden Konventionen. Der Schauspieler vollzieht einen Funktionswechsel vom Mitspieler zum Betrachter und soll den Song deutlich vom Vorhergehenden und Nachfolgenden absetzen. Dabei können der Vortrag an der Rampe oder eine andere Art der Beleuchtung die Diskrepanz zwischen Rolle und Schauspieler verstärken helfen. Bekannte Beispiele finden sich in Brechts *Dreigroschenoper* sowie der *Mutter Courage.* Die in den Songs zum Ausdruck kommende auktoriale Perspektive — die Sänger werden zu „Mitwissern des Stückeschreibers''[40] — ist direkt als Mitteilung an den Zuschauer gedacht und will ihn zur Kritik aufrufen. — Eine ähnliche Funktion erfüllen die Szenentitel oder auf Tafeln geschriebenen und Leinwand projizierten Texte. Sie verdeutlichen die Handlung, nehmen ihr die scheinbare Selbstverständlichkeit und regen zu Reflexionen über ihren Sinn an.

Neben der Verfremdung der Handlung ist vor allem die Verfremdung der Figuren auffällig. Sie kann auf zweierlei Art verwirklicht werden: durch den Schauspielstil und durch die Art der Figuren selbst.

TEXT 8

So ist der epische Schauspieler ein „Zeigender'' und ein „Vorschla-

———————

[38] „Über den Gebrauch des Chors in der Tragödie.'' [Als Vorwort zu *Die Braut von Messina* geschrieben.]

[39] Zit. in: Wirth, 198.

[40] *Versuche,* H. 14, 116.

gender"; er ist derjenige, durch den sich ein philosophischer Vorgang vollzieht; er ist ein Erkennender, durch den sich Erkenntnisse anbahnen. ... Der Schauspieler hat seine Figur darzustellen, aber so, daß sie sich der Kritik der Zuschauer aussetzt, d.h. er baut die Reflexion über seine Figur in die Figur selbst ein.[41]

Wie der Zuschauer muß der Schauspieler sich jegliche Einfühlung versagen. Er darf sich nicht mit dem dargestellten Charakter identifizieren, sondern soll soweit außerhalb seiner Rolle stehen, daß seine Darstellung einen mehr oder weniger losgelösten Kommentar der Rolle mitzuliefern vermag. Er *ist* also nicht Lear, sondern er *zeigt* ihn vor, demonstriert ihn. Indem der Schauspieler gleichzeitig auf der darstellerischen und reflektierenden Ebene agiert, wird die dargestellte Figur „vielsichtig"[42], d.h. der Zuschauer bekommt mehr als eine „Ansicht" von ihr.

Rein schauspieltechnisch kann dies auf verschiedene Weise geleistet werden. Entweder „fällt der Schauspieler aus der Rolle", wendet sich direkt ans Publikum und kommentiert sie (wie in Wilders *The Skin of Our Teeth*) oder er schlüpft vor den Augen der Zuschauer nacheinander in mehrere Rollen. Dies tut z.B. der Common Man in Robert Bolts *A Man for All Seasons*. Der Schauspieler kann aber auch gleichzeitig auf zwei Ebenen spielen und seinen Kommentar durch die Gestik zum Ausdruck bringen. Der unterkühlte, die Gebärde betonende Schauspielstil, den Brecht verlangte[43], entspricht in vollkommener Weise dem Gestus des Zeigens.

Wenn auch die Schauspieleraktion wesentlich dazu beiträgt, daß die Figuren in eine kritische Reaktionen ermöglichende Distanz gerückt werden, verhindert bereits beim Entstehen des Dramas die Figurenkonzeption des Autors eine Identifikation des Zuschauers. Das epische Theater versteht den Menschen als einen Gegenstand der Untersuchung, an dem man typische Verhaltensweisen aufzeigen will. Verschiedene Merkmale einer Figur werden scharf voneinander abgegrenzt und Widersprüche eher betont als verwischt. Das Kontrastprinzip beherrscht die Figurengestaltung. Beispielsweise ist Puntila in Brechts *Herr Puntila und sein Knecht Matti* in nüchternem Zustand ein

---

[41] Kesting, 63f.

[42] In Brechts „Anmerkungen zur Berliner Aufführung von *Mann ist Mann*" heißt es, die Rede solle „nach dem Gestischen aufgelöst werden". *Schriften zum Theater*, Bd. 2, 75. Vgl. auch seine „Anmerkungen zur Neuen Technik der Schauspielkunst", ebd., Bd. 3.

[43] Vgl. seine Äußerungen im *Messingkauf*, „Straßenszene", *Schriften zum Theater*, Bd. 5, 69, sowie die *Übungsstücke für Schauspieler;* ebd.

rücksichtsloser Ausbeuter, betrunken jedoch menschlich. Auch der Arzt in John Ardens *The Happy Haven* zeigt sich einerseits als skrupellos und autoritär, andererseits als liebenswürdig.[44] Vor allem der jähe Umschlag der Figuren von einer Verhaltensweise in die andere betont die verfremdende Darstellung: Nicht nur für Puntila gilt also Martinis Feststellung, er produziere in sich selbst den V-Effekt, indem seine beiden Wesenshälften grell aufeinander hinweisen, sich gegenseitig der Kritik unterziehen und mit schonungsloser Ironie widerlegen.[45]

Die Figuren im epischen Theater lassen sich nicht als individualisierte Charaktere auffassen. Daher können sie auch keine Entwicklung durchmachen. Sie sind entpersönlicht und agieren als Vertreter politischer, gesellschaftlicher oder historischer Mächte. Galy Gay etwa in Brechts *Mann ist Mann* ist nicht mehr als eine Verkörperung von Widersprüchen und kann ohne weiteres zu einem anderen Menschen ummontiert werden. Eine psychologische Interpretation ist daher grundsätzlich fragwürdig. Vielmehr sind die *dramatis personae* im epischen Theater in hohem Maße funktionalisiert, d.h. den Bedingungen der Handlung und der Intention des Autors angepaßt.

Allerdings gibt es graduelle Abstufungen in der Entindividualisierung der Figuren, die Goetsch — Brechts Klassifizierung nach dem Typus der Biographie *(Das Leben des Galilei),* der Historie *(Mutter Courage und ihre Kinder)* und der Parabel *(Der gute Mensch von Sezuan)* folgend — aufzeigt: (S. 106-108) Am wenigsten ausgeprägt ist die Tendenz zur Abstraktion bei den Hauptfiguren des Biographietyps. Denn die Konzentration auf die Hauptgestalt verlangt ein gewisses Maß an Individualisierung. Da im Historientypus der Akzent auf der Behandlung geschichtlicher Vorgänge liegt, sind die Hauptfiguren als Träger bestimmter Kräfte stärker typisiert. Am weitesten schreitet die Abstrahierungstendenz in der Parabel fort; die Gestalten verkörpern exemplarische Eigenschaften, Einstellungen, Verhaltensweisen oder gesellschaftliche Rollen.

Nur kurz sei noch angemerkt, daß auch die räumliche Ausgestaltung der Bühne der Verfremdung dient. Indem das Bühnenbild zwar einen bestimmten dramatischen Ort darstellt, aber zugleich angedeutet wird, daß es von

---

[44] In seinen Darlegungen zu den Konventionen der Figurendarstellung im epischen Drama bringt Goetsch eine Fülle weiterer Beispiele (S. 109ff.).

[45] Fritz Martini. „Soziale Thematik und Formwandlungen des Dramas" in: Grimm, 3 1972, 246-278, 270.

Pappe ist, verfremdet der Bühnenbildner den Spielort. Die spärliche Aus-
stattung der Bühne, auf der unter Umständen sogar die vom Sprechtext
her geforderten Requisiten fehlen können, zwingen zur imaginären, panto-
mimischen Spielweise und dienen damit dem gleichen Zweck: den Zuschauer zu distanzieren und die Illusionswirkung zu verhindern.

In seiner Struktur weicht das epische Theater von der aristotelischen Dramaturgie ab; von der Tendenz zur Verfremdung her ist es antirealistisch.
Es gilt als das Verdienst der Vertreter dieser dramatischen Gattung, daß
sie entscheidend zur ,,Re-Theatralisierung'' des Dramas beigetragen haben.
,,Theatricalism favors the cultivation of the histrionic sensibility of the
playwright, the actor, and the public in full recognition of the fact that
the medium — namely, *theater* — should be revealed rather than concealed
in the text of the play, and that the theatricality of the stage and drama
should be developed rather than suppressed.''[46]

---

[46] John Gassner. ,,Forms of Modern Drama''. *Comparative Literature,* 7 (1955)
129-143, 141.

Abschlußtest

Ziel der folgenden Fragen ist es, die Brücke zwischen einem konkreten Text
(Shakespeares Tragödie *Romeo and Juliet*) und den in den einzelnen Pro-
blemfeldern dargestellten Aspekten zu schlagen. Die Textangaben beziehen
sich auf folgende Ausgaben: Shakespeare. *Romeo and Juliet.* The Signet
Classic Edition. New York und Toronto, zuerst 1963 (im Normaldruck) und
Shakespeare (deutsch). *Romeo und Julia.* Übers. v. A.W. v. Schlegel, Hrsg.
Dieter Klose. Reclam. Stuttgart, 1976. (Kursivdruck). Vor der Bearbeitung
muß die Tragödie natürlich genau gelesen werden.

1. Durch welchen Begriff läßt sich Romeos Aussage in I,4,11 f. *(I,4,
   12 f.)* beschreiben?

   □ Requisit
   □ Nebentext
   □ Implizite Bühnenanweisung
   □ Mimik

2. Welche Funktion(en) kann man dem Prologsonett von II,1 *(II,1)* zu-
   schreiben?

   □ Information über den Handlungsverlauf
   □ Kommentar
   □ Erinnerung an die Motive von Liebe und Feindschaft
   □ *Comic relief* (Entspannung durch Komik)

3. Welche der hier angeführten Funktionen der Sprache herrscht in
   V,1,37-52 *(V,1,37-52)* vor?

   □ Metasprachliche Funktion
   □ Referentielle Funktion
   □ Phatische Funktion
   □ Appellative Funktion

4. Welche(r) Teil(e) des Bühnenraums ist (sind) in Shakespeares Konzeption von II,2 *(II,2)* eingegangen?

   □ Platea
   □ Bühnenplattform
   □ Proszenium
   □ Oberbühne

5. Welchem Darstellungsmodus von Handlung im Drama ist V,2 *(V,2)* zuzuordnen?

☐ Schilderung zeitlich verdeckter Handlung
☐ Szenische Präsentation
☐ Schilderung simultaner Ereignisse
☐ Pantomime

6. Welche der folgenden Figuren sind zu den Hauptfiguren zu zählen? (Erstellung einer Rangordnung)

☐ Mercutio
☐ Romeo
☐ Gräfin Montague
☐ Peter

7. Wie ist die in I,1,95 *(I,1,87)* enthaltene Angabe zu bezeichnen? Als

☐ Nennung des fiktiven Schauplatzes
☐ Wortkulisse
☐ Gedachter Raum
☐ Nonverbale Lokalisierung

8. Welches sprachliche Phänomen liegt in I,1,1-5 *(I,1,1-7)* vor?

☐ Bildersprache
☐ Vers
☐ Wortspiel *(pun)*
☐ Dialog

9. Ist I,1,1-106 *(I,1,1-99)* ein Beispiel für

☐ Sukzessive Exposition
☐ Klimax
☐ Verwicklung
☐ Dramatischen Auftakt

10. Welche Charakterisierungstechnik wird durch I,1,134-145 *(I,1,126-137)* illustriert?

☐ Direkte Charakterisierung
☐ Indirekte Charakterisierung
☐ *Telling name* („sprechender Name")
☐ Selbstcharakterisierung

11. Welcher der folgenden Begriffe eignet sich am besten zur Beschreibung der Fabel von *Romeo und Julia?*

☐ Konflikt zwischen Protagonist (Held) und Antagonist (Gegenspieler)
☐ Bericht
☐ Lineare Handlungsentwicklung
☐ Geschehen

12. Welche Funktion erfüllt die implizite Bühnenanweisung in III,1,82-87 *(III,1,82-86)?*

☐ Angabe zur Einheit des Ortes
☐ Redundanz von direkter und indirekter Bühnenanweisung
☐ Hinweis auf Bewegungsregie
☐ Angabe im Nebentext

13. Durch welche sprachliche Eigenschaft wird das Wortspiel von III,1, 46-50 *(III,1,45-50)* ermöglicht?

☐ Homophonie
☐ Silbentausch
☐ Vers
☐ Ambiguität

14. Welchen Figuren von *Romeo und Julia* lassen sich folgende Begriffe zuordnen?

Julia	a) flat character
Capulet	b) stock figure
Julias Amme	c) Dynamik
Apotheker	d) Nebenfigur

15. Welchen Stellenwert haben Tybalts Worte (I,5,93 f.; *I,5,94 f.)* in bezug auf die Beziehung zwischen Handlungsverlauf und Zeitstruktur der Tragödie?

☐ Anagnorisis
☐ Ankündigung
☐ Rückgriff
☐ Retardierendes Moment

16. Welcher Begriff kennzeichnet die Haltung der Zuschauer/Leser in bezug auf Romeos Worte in V,3,91-96 *(V,3,94-99)?*

[ ] Beiseite

[ ] Störung des Kanals

[ ] Illusionsdurchbrechung

[ ] *Discrepancy of awareness*

17. Wodurch läßt sich der Dialog zwischen Julia und Gräfin Capulet in III,5,65-104 *(III,5,63-102)* charakterisieren?

[ ] Unterschied in der Erfassung des Kontexts von Julias Rede

[ ] Stichomythie

[ ] Gemeinsamer Redegegenstand

[ ] Seelische Verfassung von Julias Mutter

18. Welche Beschreibung erfaßt Romeos Rede in I,1,174-185 *(I,1,154-165)* am zutreffendsten?

[ ] Prosa

[ ] Absurdes Theater

[ ] Rhetorischer Vers

[ ] Schlichter Stil *(stilus humilis)*

19. Welcher Kategorie ist der Prolog zu Akt I von *Romeo und Julia* im Kommunikationssystem des Dramas zuzuordnen?

[ ] Vermittelndes Kommunikationssystem

[ ] Absolutheit des Dramas

[ ] Rückkopplung

[ ] Offene Perspektivenstruktur

20. Ist die Fabel in *Romeo und Julia*

[ ] Mehrsträngig

[ ] Extensiv

[ ] Komplex

[ ] Offen

21 Welche Eigenschaft der Sprache im Drama wird in Romeos Aufforderung in III,1,85 *(III,1,83)* deutlich?

[ ] Referentielle Funktion

[ ] Handlungscharakter (performatives Sprechen)

[ ] Situationsbedingtheit

[ ] Figurengebundenheit

22. Welche Tragödienkonzeption liegt Romeos Worten in III,1,138 *(III,1, 141)* zugrunde?

☐ Klassizistische Tragödie
☐ Hamartia des Helden
☐ Decorum
☐ Wirkung Fortunas

23. Welche Bildbereiche sind für die Sprache sowohl von Romeo als auch von Julia charakteristisch?

☐ Wasser und Meer
☐ Licht — Dunkel
☐ Kaufmannssphäre
☐ Tierwelt

24. Benvolios Worte in III,1,123 *(III,1,126)* ordnen Tybalt folgendem Figurentyp zu:

☐ Individualisierte Gestalt
☐ Intrigant
☐ Typ
☐ Nebenfigur

25. Worin liegt die Bedeutung der Szene III,1 *(III,1)* für den Handlungsverlauf? Sie ist

☐ Peripetie
☐ Exposition
☐ Katastrophe
☐ Episode

26. Welche Funktion haben die Worte der Amme in I,3,16-25 *(I,3,19-29)*?

☐ Charakterisierung ihres Ehemannes
☐ Kommentar
☐ Information über die Vorgeschichte
☐ Spannungserweckung

27. Durch welchen der folgenden Begriffe ist die Passage III,2,1-31 *(III,2, 1-34)* zu kennzeichnen?

☐ Kommentar
☐ Monolog
☐ Vorgriff
☐ Epilog

28. Welcher historischen Manifestation des Dramas weisen die komischen Passagen, beispielsweise I,2,38-84; I,5,1-16 oder II,4,106-151 *(I,2,38-84; I,5,1-17; II,4,61-95)* das Stück *Romeo und Julia* zu?

☐ Episches Theater
☐ Klassizistische Tragödie
☐ Romantische Komödie
☐ Elisabethanische Tragödie

29. Welcher Begriff erfaßt die Sprache von II,2,2-25 *(II,2,2-26)* am besten?

☐ Poetischer Vers
☐ Realistische Alltagssprache
☐ Rhetorische Prosa
☐ Charakterisierende Rede

30. Welches Verhalten charakterisiert Romeo und Julia in der Begegnungsszene (I,5,95-112; *I,5,96-117)*?

☐ Distanzierte Kühle
☐ Religiosität
☐ Rollenspiel
☐ Diskrepanz von Sprechen und Handeln

Lösung

Da jeweils vier Lösungsmöglichkeiten angegeben waren, beziehen sich die Zahlen 1-4 auf die entsprechende Alternative.

1. Nr. 3 (vgl. Problemfeld I.3)
2. Nr. 1 und 3 (vgl. Problemfeld V.5.4)
3. Nr. 2 (vgl. Problemfeld V.5.4)
4. Nr. 2 und 4 (vgl. Problemfeld I.2.1)
5. Nr. 1 (vgl. Problemfeld IV.1)
6. Nr. 2,1,3,4 (vgl. Problemfeld III.5.1 und III.5.2)
7. Nr. 1 (vgl. Problemfeld I.2)
8. Nr. 3 (vgl. Problemfeld V.5.4)
9. Nr. 4 (vgl. Problemfeld IV.3.2)
10. Nr. 1 (vgl. Problemfeld III.2)
11. Nr. 3 (vgl. Problemfeld IV.3.2)
12. Nr. 2 und 3 (vgl. Problemfeld I.2.2; I.2.3 und I.3)
13. Nr. 4 (vgl. Problemfeld V.5.4)
14. Nr. 1 c; 2 a; 3 b; 4 d (vgl. Problemfeld III.4)
15. Nr. 2 (vgl. Problemfeld IV.4)
16. Nr. 4 (vgl. Problemfeld II.2.2)
17. Nr. 1 (vgl. Problemfeld V.5.2)
18. Nr. 3 (vgl. Problemfeld V.3)
19. Nr. 1 (vgl. Problemfeld II.3.2)
20. Nr. 3 (vgl. Problemfeld IV.3.2)
21. Nr. 2 (vgl. Problemfeld V.4)
22. Nr. 4 (vgl. Problemfeld VI.2)
23. Nr. 2 (vgl. Problemfeld V.3)
24. Nr. 3 (vgl. Problemfeld III.1)
25. Nr. 1 (vgl. Problemfeld IV.3.2)
26. Nr. 3 (vgl. Problemfeld IV.3.2)
27. Nr. 2 (vgl. Problemfeld II.3.2)
28. Nr. 4 (vgl. Problemfeld VI.2 und VI.3)
29. Nr. 1 (vgl. Problemfeld V.3)
30. Nr. 3 (vgl. Problemfeld III.3)

Auswahlbibliographie

Zur Dramentheorie

Clark, Barrett H., Hrsg. *European Theories of the Drama. An Anthology of Dramatic Theory and Criticism from Aristotle to the Present Day.* Cincinnati, 1919.

Goetsch, Paul, Hrsg. *English Dramatic Theories. 20th Century.* Tübingen, 1972.

Grimm, Reinhold, Hrsg. *Deutsche Dramentheorien.* 2 Bde. Frankfurt/Main, 1973.

Platz, Norbert H., Hrsg. *English Dramatic Theories,* I. Tübingen, 1973.

Van Kesteren, Aloysius und Herta Schmid, Hrsg. *Moderne Dramentheorie.* Kronberg/Taunus, 1975.

Zum Drama (allgemein):

Szondi, Peter. *Theorie des modernen Dramas.* Frankfurt/Main, [9]1973. Zuerst 1956 erschienen.

Nicoll, Allardyce. *The Theatre and Dramatic Theory.* London, 1962.

Bentley, Eric. *The Life of the Drama.* New York, 1967.

Calderwood, James L. und Harold E. Toliver, Hrsg. *Perspectives on Drama.* New York, 1968.

Dawson, S.W. *Drama and the Dramatic.* The Critical Idiom 11. London, 1970.

Styan, Joseph L. *Drama, Stage and Audience.* Cambridge, 1975.

Styan, Joseph L. *The Elements of Drama.* Cambridge, 1976. Zuerst 1960.

Pfister, Manfred. *Das Drama. Theorie und Analyse.* München, 1977.

Zum Theateraspekt:

Hürlimann, Martin, Hrsg. *Das Atlantisbuch des Theaters.* Zürich, 1966.

Berthold, Margot. *Weltgeschichte des Theaters.* Stuttgart, 1968.

Williams, Raymond. *Drama in Performance.* London, 1968.

Gassner, John und Edward Quinn, Hrsg. *The Reader's Encyclopedia of World Drama.* New York, 1969.

Bentley, Eric. *The Theory of the Modern Stage.* Harmondsworth, [2]1970.

Taylor, John Russell. *The Penguin Dictionary of the Theatre.* Harmondsworth, repr. 1970.

Wuttke, Bernhard. *Nichtsprachliche Darstellungsmittel des Theaters.* Diss. Münster, 1974.

Zu den Gattungen (allgemein):

Hempfer, Klaus W. *Gattungstheorie.* München, 1973.

Hinck, Walter, Hrsg. *Textsortenlehre – Gattungsgeschichte.* Heidelberg, 1977.

Zur Tragödie:

Sewall, Richard B. *The Vision of Tragedy.* New Haven, 1959.

Michel, Laurence und Richard B. Sewall. *Tragedy. Modern Essays in Criticism.* Englewood Cliffs, 1963.

Leech, Clifford. *Tragedy.* The Critical Idiom 1. London, 1969.

Sander, Volkmar, Hrsg. *Tragik und Tragödie.* Darmstadt, 1971.

Zur Komödie:

Lauter, Paul. *Theories of Comedy.* New York, 1964.

Corrigan, Robert W. *Comedy: Meaning and Form.* San Francisco, 1965.

Olson, Elder. *The Theory of Comedy.* Bloomington, 1968.

Merchant, Moelwyn. *Comedy.* The Critical Idiom 21. London, 1972.

Zum Absurden Theater:

Ionesco, Eugène. *Notes et Contre-Notes.* Paris, 1962.

Esslin, Martin. *Das Theater des Absurden.* Frankfurt, 1965.

Camus, Albert. *Der Mythos von Sisyphos. Ein Versuch über das Absurde.* Reinbek, 1965.

Hinchliffe, Arnold P. *The Absurd.* The Critical Idiom 5. London, 1969.

Heidsieck, Arnold. *Das Groteske und das Absurde im modernen Drama.* Stuttgart, ^{2}1971.

Goetsch, Paul. *Bauformen des Modernen Englischen und Amerikanischen Dramas.* Darmstadt, 1977.

Zum Epischen Theater:

Brecht, Bertolt. *Schriften zum Theater.* 7 Bde. Frankfurt/Main, 1963/64.

Kesting, Marianne. *Das Epische Theater.* Stuttgart, ^{2}1962.

Grimm, Reinhold, Hrsg. *Episches Theater.* Köln, ^{3}1972.

Goetsch, Paul. *Bauformen des Modernen Englischen und Amerikanischen Dramas.* Darmstadt, 1977.

Bei Bedarf finden sich in den angegebenen Werken viele Angaben zu weiterführender Literatur.

Register

LITERATURWISSENSCHAFT IM GRUNDSTUDIUM